Angelika Dohlien

Voice
Vocal
Peace

Völkerverständigungsprojekt

Band I - Die erste Reise

Scholastika Verlag

Stuttgart

Erschienen im
Scholastika Verlag
Rühlestraße 2
70374 Stuttgart
Tel.: 0711 / 520 800 60

www.scholastika-verlag.com
E-Mail: c.dannhoff@scholastika-verlag.com

Zu beziehen in allen Buchhandlungen,
im Scholastika Verlag und im Internet.

2. Auflage
© 2020 Scholastika Verlag, 70374 Stuttgart
ISBN 978-3-947233-35-9
Bilder: Angelika Dohlien
Lektorat: Claudia Matusche
Druck: Druckerei Hallwich GmbH

Voice
Vocal
Peace

Angelika Dohlien

Völkerverständigungsprojekt I

VVP

VÖLKERVERSTÄNDIGUNGS PROJEKT I
Voice   Vocal   Peace

Begegnung von Orient und Okzident bzw. von Islam und Christentum – Auf den Spuren der Windhunde

Band I – Die erste Reise

Inhaltsverzeichnis

Band I – Die erste Reise

Vorwort

Hier möchte ich drei Sätze von drei großen Persönlichkeiten der Kulturgeschichte zitieren. Miteinander verknüpft ergeben sie das Urmaterial dieses Werkes:

*„Wer fremde Sprachen nicht kennt, weiß nichts von seiner
eigenen."*
sagte Goethe.

Fremde Sprachen sollten wir nicht als Hindernis oder gar
als Barrieren betrachten. Die unterschiedlichen, fast an
unendliche Möglichkeiten grenzenden Artikulationsformen
können wir vielmehr als Reichtum menschlich kultureller
Entwicklung bestaunen. Mit unbefangener Neugier können
wir hineintauchen und die tiefen Geheimnisse des emotio-
nalen Ausdrucks erahnen.

*„Ein Tierfreund zu sein, gehört zu den größten seelischen
Reichtümern des Lebens."*
Dieser Satz stammt von Richard Wagner.

Meine Windhunde fungieren als Musenkräfte für dieses
Werk, dennoch richtet es sich keineswegs vorzugsweise an
Windhundliebhaber und -halter oder generell nur an Hundehalter. Das bunte Kaleidoskop von Beiträgen möchte die
Sinne schärfen, damit die Leserinnen und Leser völkerver-
bindende Spuren, welcher Art auch immer, erkennen, ihnen
ohne ängstlichen Vorbehalt folgen und die befreiende Wirkung aufnehmen.

*„Die Erziehung zur Musik ist von höchster Wichtigkeit,
weil Rhythmus und Harmonie machtvoll in das Innerste der
Seele dringen."*
lehrte Platon seine Zeitzeugen.

Auf diese Aussagen vertrauend soll die Magie der Musik und die Kraft der Worte die Gemüter unserer Leser und Zuhörer erreichen und öffnen.

Einleitung

Eine entscheidende Begegnung

Der Einkauf war erledigt, die Waren im Auto verstaut und die Zeit für einen kleinen Spaziergang mit meinen beiden Windhunden war noch einzuräumen.

Es war ruhig, in der späten Vormittagsstunde war auf dem breiten Radweg stadtauswärts kaum jemand unterwegs. Ich ließ den Leinen meiner beiden Azawakhs (afrikanische Windhunde) relativ freies Spiel, denn der Weg war gut zu übersehen.

In großer Entfernung tauchte ein Radfahrer auf und ich holte meine Hunde, die am Wegrand geschäftig schnup–perten, in aller Ruhe näher heran. Der sich nähernde Radfahrer drosselte das Tempo, und da ich vermutete, dass er sich vor den Hunden fürchtete, nahm ich meine Hunde auf der dem Weg abgewandten Seite nun dicht zu mir. Zu meinem Erstaunen hielt der Radfahrer aber an und stieg von seinem Rad ab. Es war ein älterer Herr und aufgrund seiner Kopfbedeckung vermutete ich, dass er türkischer Herkunft war. Er zeigte auf meine Hunde und aus seinem von harter Arbeit und der Last der Jahre gezeichneten Gesicht strahlte Freude: „Ich kenne diese Hunde", sagte er in leicht gebrochenem Deutsch und erzählte mir mit Eifer seine Geschichte:

Als er noch in der Türkei, seiner Heimat, lebte, hatte er in seiner Jugend selber diese Rasse gezüchtet. Er kannte sich gut mit dem Charakter und den spezifischen Ansprüchen dieser Hunde aus. Nach einem anregenden Gespräch, bei dem wir von Herzen kommende Ratschläge austauschten, verabschiedeten wir uns, als wären wir gute Bekannte. Dann stieg er auf sein Rad und ich setzte meinen Weg fort. Erst jetzt wurde mir bewusst, wie ruhig sich meine ansonsten Fremden gegenüber eher misstrauischen Hunde während der ausgiebigen Unterhaltung verhalten hatten. Ich fühlte mich eigentümlich bewegt, so, als wäre ein schief hängendes Bild geradegerückt worden oder vor mir der winzige Zipfel einer weißen Friedensfahne über den Weg geflattert.

Gedankenfetzen von immer wieder aufgeheizten Zwistigkeiten über Kopftücher von Muslimas, über Kreuze in Schulen, alle möglichen Verbote, Gesetzesentwürfe und über aggressiv geführte Diskussionen gingen mir durch den Kopf – und die Sinnlosigkeit, über Dinge zu streiten, die uns unterscheiden, anstatt sich für Gemeinsamkeiten, die uns verbinden, wie Freuden oder alte und neue Gefühle, zu öffnen. Was für ein Potenzial, welch eine Möglichkeit des menschlichen Miteinanders in einer Zeit der globalen Vernetzung und der internationalen Reiseaktivitäten!

Die Idee war mit einem Mal geboren!

Ich wollte Lieder sammeln, Gesänge der Völker, von denen unsere Windhunde abstammen. Der Windhund sollte mir als Medium dienen, mittels dessen sich Orient und Okzident begegnen, denn die Abstammung der einzelnen Rassen erstreckt sich von Ost nach West, vom eurasischen Kontinentalblock über Afrika bis zu den britischen Inseln. Ein Völkerverständigungsprojekt wollte ich produzieren, mit dem Gedanken, Menschen zum Hinhören einzuladen, zum Nachdenken, Mitsingen und Überwinden alter festgefahrener Muster. Meine Sängerinnen und Sänger sollten Lieder aus achtzehn Ländern in Originalsprache singen, große und kleine Ethnien würden mit ihren ureigenen Worten zu hören sein. Davon wollte ich eine CD aufnehmen, außerdem Geschichten sammeln und ein Buch dazu verfassen.

Selbst wenn die Schwierigkeit der Artikulation von so manch einer Sprache doch nur teilweise zu bewältigen sein würde – ich wollte die Herausforderung annehmen! Kinder, die sich begegnen und in ihrer Offenheit und Unvoreingenommenheit nicht nur Grenzen und Rassenhass, sondern auch religiösen Wahn überwinden und das Geheimnis des Dialogs beherrschen, sollten uns ein Vorbild sein. Und auf dieser Reise durch Kulturen, Sprachen, Historien, Geschichten und Lieder, die durch die mannigfaltige menschliche Ausdrucksfähigkeit in Wort und Ton gezeigt werden, sollte der Windhund, der Impulsgeber dieses Projekts, unser Lotse sein und unsere Gäste leiten!

Eines ist gewiss: Dieses Werk wäre ohne diese Begegnung mit Windhundliebhabern nie entstanden. Und mir wurde nicht zum ersten Mal bewusst: Wenn wir die Sinne für die Wegweiser des Lebens wachhalten, so begegnet uns immer wieder die Einladung, einfach nur genau hinzuschauen, den Weg unbeirrt weiterzugehen, um den Berg zu besteigen, vor dem wir gerade zaudernd stehen.

Es klingt so einfach, die drei Voraussetzungen, die ich für dieses Projekt mitbringe und die auf den ersten Blick nicht in Verbindung zu stehen scheinen, miteinander zu verknüpfen und zu einer Idee zusammenzufügen. Und doch wäre es ohne Anstoß von außen nie dazu gekommen.

Welche drei Voraussetzungen meine ich?

1. Durch meinen Beruf als Opernsängerin hatte ich zahlreiche Kontakte mit ausländischen Kollegen, Erfahrungen mit Fremdsprachen und eine allen Künstlern eigene Neugier auf alles Neue und Fremde.

2. Seit 20 Jahren leite ich ein Sängerensemble, mit dem ich zahlreiche Konzerte veranstaltet und viele CDs aufgenommen habe, vorwiegend caritativen Charakters.

3. Seit mehr als 34 Jahren bereichern Windhunde mein Leben.

Es entstand ein Projekt, das die Botschaft der Annäherung von zwei Weltkulturen zum Inhalt hat. Eine Einladung, alte und neue Pfade der Gemeinsamkeit von Freuden, Inter–essen, Notwendigkeiten und Gefühlen zu entdecken, sie aufzuspüren und dem roten Faden der Verständigung und der Aufforderung zum Frieden zu folgen!

Warum? Weil …

Doch zuerst möchte ich mich noch mit den mir immer wieder gestellten Fragen und den daraus resultierenden Gedanken auseinandersetzen:

Warum ich dieses Projekt mache,
warum es unbekannte Lieder in solch fremden Sprachen zum Inhalt hat und
warum ich ein Buch darüber schreiben wollte.

Weil …
ich selber eine Wanderin bin, die weder ihre Heimat noch ihr Ziel kennt. Vielleicht aber auch, weil ich dieses Land liebe und die poetischen und philosophischen Werke deutscher Kultur bei mir einen tiefen Eindruck hinterlassen haben – dieses Land, dessen schwarze Schatten endlich ein wenig kürzer geworden sind und in dem nun Gedanken von Fremdenhass mit der saloppen Bezeichnung „Mainstream" umschrieben werden. Ich hoffe, dass ich mit diesem Projekt ein Signal setzen kann, getreu dem musikalischen Gesetz des "kontrapunktischen Einsatzes".

Eine unglaubliche Erkenntnis

Bevor ich Sie nun einlade, uns auf dieser Reise durch Kul–
turen, Zeiten und Emotionen zu begleiten, möchte ich noch
eine unglaublich anmutende Theorie an Sie herantragen.

Vor einiger Zeit sah ich, eher zufällig, im Fernsehen eine
Sendung über die Forschungsarbeit eines internationalen
Wissenschaftlerteams der kynologischen Fakultät (Kynolo–
gie = Lehre über die Zucht, Dressur und Krankheiten von
Hunden) an der Universität Stockholm.
Es wurde von den Ergebnissen jahrelanger Nachfor–
schungen über die Entwicklung des Hundes, seiner Domes–
tikation und deren Auswirkung auf den Menschen be–
richtet.
Laut dieser Studie müsste die Annäherung des Wolfsver–
wandten an den jagenden und sammelnden Urzeitmenschen
eine entscheidende Wende in der Entwicklung des Men–
schen herbeigeführt haben.
Der wolfsverwandte Kanide (Hund) folgte dem als Jäger
und Sammler umherziehenden Menschen, denn die Über–
reste der vom Menschen erlegten Jagdbeute waren ein will–
kommenes und leicht zu erlangendes Futter. Die Kaniden
verteidigten die Lagerplätze der Jäger und Sammler wie ihr
eigenes Revier gegen jede Art von Raubtieren. Schon bald
erkannte der frühe Mensch den großen Vorteil, der sich aus
diesem Schutz ergab, und er begann die Kaniden systema–
tisch anzulocken, in der Nähe zu halten und nach und nach
zu zähmen. Von seinen neuen Weggefährten beschützt und
rechtzeitig vor Feinden gewarnt, begann der Mensch, so die
Erkenntnis, sein Jäger- und Sammlerdasein aufzugeben und
sich als Hackbauer sesshaft zu machen.
Somit wäre darin der Anfang jedweder kulturellen Ent–
wicklung zu sehen. [1]

---

[1] Vgl. ER 4, Seite 1

Und warum ein Buch?

Zwei Aspekte gilt es zu erwähnen: Zum einen entwickelt sich dieses Projekt ständig. Wie durch eine unergründliche Führung zeigen neue Anregungen, gerade in der Zeit der Entstehung, immer wieder andere Wege auf.

So wurde mir von Herrn Rainer Haarmann, Mitbegründer des JazzBaltica, geraten, ein Buch zu verfassen, um unsere Intentionen besser verständlich zu machen. Dann lautete die Bitte, die eigenen Erlebnisse niederzuschreiben, die das Projekt begleitet haben, da diese die Leser doch auch interessieren würden.

Während der Arbeit an dem Gesamtprojekt ist mir die Aussage der Gefühle in besonderem Maße bewusst geworden. Tief unter dem Nährboden des Unbewussten hängen wir, einem verflochtenen Myzel gleich, über Grenzen, Historie, ja sogar religiösem Suchen, aneinander.

Rahmengeschichte

Jede Reise wird durch eine Rahmengeschichte begleitet, in der uns Menschen aus unserer Zeit in realen Situationen begegnen, die die Intention der Völkerverständigung schon umsetzen und leben. Somit wird eine ganz bewusste Verknüpfung von Fiktion und Realität herbeigeführt, um Sie, sehr geehrte Leserin und Leser, durch die Kraft der Phantasie und Wirklichkeit zu Gedanken der Völkerverständigung zu führen.

Die Zielgruppe

Und last but not least: Für welche Zielgruppe ist dieses Projekt gedacht? So lautet die immer wieder an mich gestellte Frage.

In den drei Begriffen **Voice Vocal Peace** liegt das Geheim–
nis dieses Werkes:

Voice: Stimmen sind der Ausgangspunkt meiner Idee, denn
sie bringen die Lieder der Völker zu Gehör.

Vocal: die Vokale sind die Träger unserer Stimme und
damit unserer Sprache. Solange wir miteinander reden, ist
Frieden möglich, sind wir auf dem Weg zum Miteinander.
Womit wir beim Kern unseres Projektes angekommen
wären:

Peace: Friede, das ist die Sehnsucht, die treibende Kraft,
die alle Menschen, ja alle Lebewesen antreibt.

So ist es die Jugend, die unsere Zukunft dereinst prägen
wird, die über Frieden oder Unfrieden entscheiden wird,
und deshalb ist es mir eine Herzensangelegenheit, ganz
besonders die jungen Menschen mit diesem Projekt
anzusprechen, sie für die Idee der Völkerverständigung zu
gewinnen und sogar als Mitgestalterinnen und Mitgestalter
einzubinden. Auf meiner Reise werden mich deshalb eine
junge Reporterin und ein junger Reporter begleiten, die
anstelle meiner jungen Leserschaft und aller im Herzen
Junggebliebenen das Konzept dieses Werkes erstellen
werden:

Gestatten, mein
Name ist:
Fräulein Wiki.
Ich werde
zusammen …

… mit meinem Reporter–
kollegen Mr. Media unsere
Autorin Angelika Dohlien
auf der Reise in unserem
Chronomobil begleiten.
Unter vvv.gssor:// werden
wir auf dem Zeitstrahl durch
Raum und Zeit, Ereignisse,
Geschichte und Geschichten
reisen. Zutritt zu den Län–
dern gewährt uns der jewei–
lige Windhund, er ist sozu–
sagen unser Pin-Code.

Lehnen wir uns nun also zurück, erfahren die dreidimen–
sionale Ansprache, spüren den Einband in unseren Händen,
lassen uns mit diesem Lesestoff zu Ihren oder unseren
Wurzeln, zu neuen, alten und interessanten Eindrücken
führen. Betreten Sie leise unsere Länder, jedoch soll Ihnen
das fließende Gleiten Ihrer Augen über das Geschriebene,
der kaum spürbare Widerstand des Papiers zwischen Zei–
gefinger und Daumen, das sanfte Rascheln beim Umwen–
den einer Seite das Hier und Jetzt bewusst machen, und
lauschen Sie dann den Liedern, horchen Sie auf die Bot–
schaften alter Kulturen und die Gefühle, die unsere
Sängerinnen und Sänger mit großer Liebe dem Herzen
unserer lesenden Zuhörer vermitteln möchten …

Persien – *Shekare Aho*

Unsere Reise beginnt

Etwas eingezwängt sitzen wir in unserem Chronomobil und starten in das große Abenteuer.

Rechts neben mir sitzt Fräulein Wiki, die 15-jährige Schü–lerin, die sich für ihre Präsentation das Thema Völkerver-ständigung, Begegnung von Orient und Okzident, ausge-sucht hat, direkt hinter mir sitzt Mr. Media, ein junger Stu-dent, der Musikwissenschaft studiert und sich besonders den Einflüssen fremder Kulturen auf die europäische Musik verschrieben hat, und zu meinen Füßen liegt, in einem run-den, weichen Bett gemütlich eingekuschelt, Setare, ein jun-ger Salukirüde.

Vor uns liegt die Begegnung mit uns völlig unbekannten Menschen, Kulturen, Zeiten und Gegenden, hinter uns eine lange Zeit der Vorbereitung, des Hin- und Herschwankens und Nachdenkens, und im Gepäck haben wir jede Menge Neugier, Vorfreude und Aufregung.

Wenn Persien seine „Sesam-öffne-dich"-Tür vor unseren Augen auftut, betreten wir eine Schatzkammer ungeahnten Ausmaßes, das wissen wir, doch wie wird uns diese andere Zeit empfangen? Was werden die Menschen zu uns sagen, die wir, ausgerüstet mit frisch aufgeladenen Laptops und Handys, in ihre Zeit eindringen, sie befragen und erkunden wollen?

Ein bisschen mulmig ist mir schon …

Fräulein Wiki scrollt fleißig auf ihrem Handy rauf und runter und selbst Mr. Media, der sonst immer einen lockeren Spruch drauf hat, drückt sich tief in seinen Sessel und gibt – außer einem gelegentlichen unverständlichen Gebrumme – keinen Ton von sich. Einzig Setare scheint das alles nicht im Mindesten zu erschüttern! Als wisse er, dass er der Schlüssel unserer Reise ist, schläft er leicht schnarchend vor sich hin …

Gregorio stand Pate für unseren Setare und ließ sich von mir zeichnen

Fräulein Wiki gleitet mit einer schwungvollen Bewegung ihres Fingers über den Minibildschirm ihres Handys, so dass ihr Arm durch die Luft fliegt:

„Was für ein Programm!", ruft sie, ihr Gesicht mir zuge–wandt, und ihre Augen leuchten.

Wir werden …

- die immensen Kräfte von drei Kontinentalriesen kennenlernen,
- unsere sprachlichen Wurzeln entdecken,
- zwei verwirrende Bezeichnungen und ihre Zu–ordnung entschlüsseln,
- zwei Königen begegnen, von denen einer sogar als „Messias" in der Bibel verehrt wird,
- den Ursprung des Paradieses aufstöbern,
- dem Teufel auf die Spur kommen,
- mit dem kostbarsten Teppich der Welt einen „Flug" in fremde Welten unternehmen,
- dem Geheimnis der geheimnisvollsten Erzählun–gen nachgehen,
- dem ältesten Hund der Menschengeschichte be–gegnen,
- die wunderbare Spontaneität der Völkerverständi–gung erleben,
- die persische Version von „Romeo und Julia" lesen
- und ein bezauberndes persisches Lied hören!

Fräulein Wiki ist hellauf begeistert!

Wir heben ab und gleiten durch den Raum, über das Blau, Braun und Grün des Globus, so nach und nach nehmen die Farben Gestalt an, und aus dem Rund des Globus erheben sich Berge, breiten sich Hochebenen aus, schlängeln sich ein paar wenige Flüsse durch die Landschaft und eine beeindruckende Gebirgsformation bildet sich heraus.

Fräulein Wiki legt ihren Laptop auf die Oberschenkel, klappt ihn auf und fährt ihn hoch. Umgehend beginnt sie laut vorzulesen:

„Drei Kontinentalplatten treffen im Gebiet des Iranischen Hochlandes aufeinander, die Indische Platte im Südosten, die Eurasische im Norden und die Arabische im Westen. Die gewaltigen, heute noch aktiven Kräfte dieser sich übereinander schiebenden Kontinentalplatten formten das Iranische Hochland, das nicht nur iranisches Staatsgebiet, sondern auch das gesamte afghanische Territorium und Teile Pakistans, Aserbaidschans und Turkmenistans einschließt.[5] Das habe ich schon erarbeitet", sagt sie mit gewissem Stolz.

Die rundumlaufende Fensterfront unseres Chronomobils ermöglicht einen wunderbaren Blick auf die Landschaft unter uns. Ich lehne mich etwas nach vorn und schaue aus dem Fenster.

Iranisches Hochland

Wie die Zacken einer riesigen Krone umgeben die sich aneinander reihenden Gebirgsketten das Iranische Hochland.

Die Höhenzüge des Kleinen Kaukasus bilden die nordwestliche Begrenzung, dem schließt sich das Elbursgebirge an, welches als Randgebirge gegen das Kaspische Meer stößt. Es findet seine Fortsetzung mit dem turkmenischen Gebirge *Koppe Dagh* und dem nördlichen Randgebirge Afghanistans, wo sich im Osten die Gebirgsregion des *Pa*

---

[5] Vgl. ER 5, Seite 1f

mir und des *Hindukusch* anschließen. Der *Karakorum* bildet den äußersten östlichen Rand, dann erstreckt sich der weitere Verlauf der Gebirgskette im Süden über die Berge Belutschistans. An den Uferregionen des Arabischen Meeres und des Persischen Golfes fällt das Iranische Hochland zu einem schmalen Küstenstreifen ab und schließlich begrenzt das *Sagrosgebirge* im Westen die Niederungen des Zweistromlandes von Euphrat und Tigris.[6] Die meisten Gebirge des Iranischen Hochlandes übersteigen Höhen von 4.000 Metern und die Durchschnittswerte dieses Hochplateaus liegen bei über 2.000 bis 3.000 Metern über N. N.

Von Nordwest nach Südost durchlaufen Nebenzüge des Sagrosgebirges das Iranische Hochland, und mehrere große Wüsten mit Salzseen und Salzsümpfen liegen in diesem Hochbecken. Obgleich in dieser gebirgigen Region ein kontinentales Trockenklima herrscht und große Teile von Wüsten und Steppen eingenommen werden, hatte sich dort vor nahezu fünfeinhalb Jahrtausenden eine der bedeutendsten Kulturen entwickelt, deren Einflüsse bis in unsere Zeit reichen.[7]

---

[6] Vgl. ER 6, Seite 138f
[7] Vgl. ER 7, Seite 2f

Unser Chronomobil zieht gerade ein paar große Kreise über dem Iranischen Hochland, da wird unter uns eine Menschenmenge sichtbar, die an einem gewaltigen Gebäude arbeitet.

„Sieht aus wie der Turmbau zu Babel"[8], flachst Mr. Media.

„Ist gar nicht so falsch", antworte ich lachend, „schließlich begegnen wir in diesem Kulturraum der indogermanischen Sprachfamilie." Und dann frage ich ihn, welche Sprache er denn denke zu sprechen.

Er stutzt einen Moment, dann lacht er und sagt: „Also Deutsch und Englisch, ich bin nämlich zweisprachig aufgewachsen!"

„Na ja, eigentlich sprichst du auch irgendwie Persisch", wende ich ein. „Wir wollen uns selbstverständlich mit Persien befassen, doch bevor wir in dieses geheimnisvolle Reich eintreten und uns kostbarste, vielleicht fliegende Teppiche und Teufel, nicht nur aus Flaschen, begegnen, möchte ich euch auf ein ausschlaggebendes, spannendes Geheimnis aufmerksam machen."

Drei Milliarden Verwandte

„Die beiden Begriffe Persien und Iran führen uns auf die Spur uralter „Familienbande". Mittels der sprachlichen Zugehörigkeit erhalten wir interessante Auskünfte über unsere eigenen Wurzeln, und alte, längst vergessen geglaubte Verbindungen werden uns vieles über unsere eigene Entwicklung veranschaulichen.

Unter die Begriffe indogermanische Sprachen oder indoeuropäische Sprachfamilie fallen eine Vielzahl von Sprachen, die zuerst im Zuge der großen Völkerwanderungen

---

[8] Vgl. 8

(zum Teil schon im 3. Jahrtausend vor Christus) von Ost nach West auf den eurasischen Kontinent gebracht wurden und die sich dann in der Neuzeit mit der Besiedelung der neuen Welt durch die Europäer sogar über den amerika–nischen und australischen Kontinent ausgebreitet haben.

Weltweit sprechen etwa drei Milliarden Menschen eine Sprache, die von diesem Sprachenstamm abzuleiten ist. Somit ist die indogermanische beziehungsweise indoeuro–päische Sprachengruppe die größte Sprachfamilie mit den meisten Sprechern der Erde.

Zu unserer vielsprachigen Verwandtschaft gehören alle ira–nischen Sprachen, die griechische und romanische Spra–chengruppe und auch alle germanischen Sprachenzweige.

Um dies einmal ins Bewusstsein zu bringen und einen winzig kleinen Eindruck zu vermitteln, will ich euch drei Beispiele anführen:[9]

Sagte das Kind im alten Persien:	**metar und pitar,**
so rief das griechische Kind nach:	**meter und pater,**
im alten Rom verlangte es nach:	**mater und pater,**
und in Deutschland lautet sein Ruf:	**Mutter und Vater**.

Wenn die Identität verlangt wird,	
fragt der Alt-Perser nach dem:	**nama**,
der Grieche nach:	**onoma**,
der Römer möchte den:	**nomen,**
und der Deutsche den:	**Namen** wissen.

Und wer ahnt schon, der über einen	**joke**
herzhaft lacht, dass der „Alt-Perser" seine Zuhörer mit einem	**Yaug** amüsierte
und der „Mittel-Perser" einen gab,	**Dschog**[10] zum Besten

---

[9] Vgl. ER 9, Seite 1ff
[10] Vgl. ER 10, Seite 1f

derweil eine Deutsche sich einen **Jux** daraus macht, die Zusammenhänge unter die Leute zu bringen.

Diese Reihe wäre noch beliebig fortzusetzen, es sei hier nur noch abschließend eine Verbform aufgezeigt, die ihren Jahrtausende währenden Weg bis in unsere Zeit gefunden hat:

Aus dem Indogermanischen:	**est**
wurde im Altpersischen:	**astiy**,
die Altgriechen bildeten:	**esti,**
der Lateiner formte:	**est**
und im Deutschen heißt dies dann:	**ist**.

Es ist also unschwer zu erkennen, dass wir seit Jahrtausenden sehr ähnliche Formen verwenden.

Ein ganz besonderes Wort, das wir aus der Bibel als Bezeichnung für den ersten Menschen, den Gott schuf, kennen, ist Adam (als Name). Aber im Altpersischen bezeichnet es die erste Person Singular, also:

Adam = ich[11]

Und sollte jetzt die Völkerverständigung als leuchtender **stare** zum **greftan**[12] nahe sein, so **greifen** wir doch tatsächlich einmal nach diesem **Stern**, zum Wohle für den Frieden unter den Menschen.

„Kann mich vielleicht mal jemand aufklären?" Mr. Media klopft mir auf die Schulter. „Einmal sprichst du von Persien und einmal vom Iran, wohin reisen wir nun eigentlich, in den Iran oder nach Persien?"

---

[11] Vgl. ER 11, Seite 11
[12] Vgl. ER 12, Seite 4

24

„Das sind in der Tat für die meisten Menschen zwei Begriffe, die sich nicht wirklich klar zuordnen lassen", antworte ich und fahre fort: „Deshalb lasst sie mich euch einmal gegenüberstellen!"

Persien oder Iran?

Persien

Persien ist die bis ins 20. Jahrhundert im Abendland ge–bräuchliche Bezeichnung für das Land, dessen Kerngebiet im heutigen Iran liegt.

Der Name Persien stammt von dem Wort „Pars", auch „Parsa" (arabisch „Fars") ab, was so viel wie Perser heißt und sich im eigentlichen Sinn auf einen Persisch sprechenden Volksstamm aus der Provinz Fars um Schiras bezieht.[13]

Um 550 v. Chr. verdrängten die persischsprachigen Achä–meniden die Meder-Dynastien[14] und unter der Führung Kyros II, des Großen, entstand mit dem Persischen Reich das erste Großreich der Weltgeschichte.[15]

Die Ausmaße des Perserreiches erstreckten sich zeitweilig von Nordwestindien im Osten bis Thrakien im Westen und Ägypten im Südwesten.

Wenn es auch in seiner Ausdehnung stark variierte, so überdauerte es doch mehr als 1.000 Jahre: von 550 v. Chr. bis 651 n. Chr.

Mit dem Einbruch des Islam um 642 n. Chr. ging die eigentliche Epoche des Perserreiches zu Ende.[16]

---

[13] Vgl. ER 13, Seite 1ff

[14] Vgl. ER 14, Seite 1

[15] Vgl. ER 15, Seite 1

[16] Vgl. ER 16, Seite 1-8

Iran

Eigenbezeichnung der Bevölkerung für ihr Land, die sich vom Mittelpersischen „Eran Schar" ableitet, was mit „Land der Arier" zu übersetzen ist.[17]

Die Historie des Iran reicht bis in die Jungsteinzeit (Neolithikum) zurück. So finden sich Zeugnisse erster Hochkulturen aus dem 4. vorchristlichen Jahrtausend. Um 3.500 v. Chr. ist das Reich der Elamier, *Elam*, bekundet, das bis 569 v. Chr. bestand. Das erste Großreich im iranischen Raum war das Reich der Meder (728 bis 550 v. Chr.). Mit den Medern kämpften die „Parsa", das waren Perser, die in einer Wanderbewegung den Medern folg–ten.[18] Mit der Islamisierung des iranischen Raumes im frühen Mittelalter war die Zeit des Perserreiches endgültig vorüber[19] und die Herrschaft oblag dem unter arabischen Einfluss stehenden Kalifat.

Verschiedene Herrscherhäuser stellten im Verlauf der Jahr–hunderte – teils aus persischen, aber auch mongolischen und türkischen Dynastien – den Kalifen.[20]

In der Neuzeit bestiegen Herrscher der turkiranischen *Kad–scharen*[21] und danach der *Pahlavis* den iranischen Thron. Der letzte iranische (persische) König (Schah), stammte aus der Dynastie der Pahlavis: *Mohammed Reza Pahlavi*, der am 17. September 1941 das Amt des Schah antrat und am 16. Januar 1979 den Iran nach einer pro-islamischen Revo–lution verlassen musste.[22]

Ab 1935 wird auch im Westen die Bezeichnung „Iran" als Staatsname erwähnt, aber offiziell erst nach der Auflösung

---

[17] Vgl. ER 7, Seite 1

[18] Vgl. ER 7, Seite 2f

[19] Vgl. ER 16, Seite 9

[20] Vgl. ER 17, Seite 2ff

[21] Vgl. ER 7, Seite 10

[22] Vgl. ER 18, Seite 7

des Persischen Königreichs international festgelegt. Die heutige Staatsbezeichnung lautet: Islamische Republik Iran. Der Staat erstreckt sich über eine Fläche von mehr als 1,5 Millionen Quadratkilometern und ist mit einer Einwohnerzahl von 75 Millionen einer der bevölkerungsreichsten Staaten der Erde. Die Hauptstadt ist Teheran.[23]

Mr. Media klappert eifrig in die Tastatur seines Laptops, dann liest er laut vor:

„Das antike Großreich Persien war also das erste Weltreich der Geschichte, und Kyros II – oder auch Kyros der Große genannt – war der Begründer beziehungsweise Baumeister dieses Reiches. Dareios I.[24], auch mit der Zusatzbezeichnung ´der Große´ betitelt, verstand es, das Persische Reich geschickt zu verwalten und zu einem Riesenreich zu erweitern. Zu dieser Zeit erstreckte sich Persien von Indien über den Iran, Babylon, Kleinasien bis Ägypten."

Mr. Media hebt den Kopf und trommelt mit seinen Fingern auf meine Sessellehne.

„Das muss man sich mal vorstellen", sagt er und schaut versonnen aus dem Fenster unseres Chronomobils auf die Weite des Iranischen Hochlandes, „die hatten doch keine Autos, geschweige denn Flugzeuge, das haben die alles mit den Pferden abgeackert!"

„Und diese beiden Herren wollen wir gleich kennenlernen", erinnere ich ihn und bin gespannt, wie die jungen Leute ihre geplanten Interviews mit zwei so bedeutenden Herrschern der Weltgeschichte aufziehen werden.

Meine Finger gleiten über das Touchscreen, und unter **vvv.gssor://** gebe ich schließlich „Landung Perserreich" ein. Blitzschnell rutschen wir durch den Zeitstrahl nach unten auf die Erde. Ein sanfter Ruck zeigt an, dass wir festen Boden unter uns haben. Fräulein Wiki will die Tür

---

[23] Vgl. ER 19, Seite 1
[24] Vgl. ER 20, Seite 1

öffnen, doch nichts tut sich, das Chronomobil bleibt verschlossen. „Malefiz Maschine!", zischt sie.

Ich muss lachen. „Schon wieder ein persisches Wort, Ma– schine kommt nämlich von Mager[25] oder Magier und geht auf die Bedeutung von „machen" oder „Macht" zurück."

„Setare, aufwachen!", spreche ich unseren vierbeinigen Reisegefährten an, „wir sind soeben in deiner Heimat ange– kommen."

Setare streckt seine langen, schlanken Beine ganz weit nach vorn, gähnt ausgiebig nach Windhundart, um im nächsten Moment mit der Sprungkraft seines geschmeidigen Körpers gegen eine der Wände des Chronomobils zu springen – und schon geht die Tür auf.

Nun sind wir also mittendrin, im Orient, dem Morgenland, dem Land der aufgehenden Sonne. Von hier kamen zwei große Herrscher Persiens, von denen der erste gewiss einer der außergewöhnlichsten Herrscher der Weltgeschichte war, und so wird seinem Namen das Attribut „der Große" wohl sehr trefflich beigefügt.

Kyros II., der Große

Und mit ihm haben wir nun einen Termin!

Es ist ein wunderschöner Sommerabend, blutrot steht die Sonne im Westen am Himmel und taucht die Welt in ein warmes Licht.

Ein Platz, der von dem zarten Flackern unzähliger Öllam– pen sanft erhellt ist, liegt vor uns, in der Mitte steht ein kleiner, zierlicher Tisch mit ein paar Teegläsern darauf, ringsherum liegen bunte Sitzkissen, und hinter dem Tisch sitzt Kyros II. auf einem prächtigen Sessel.

---

[25] Vgl. ER 21, Seite 1

Mr. Media hatte von vornherein klargestellt, dass *er* dieses Interview führen möchte, denn er ist ein großer Fan dieses Königs.

Mr. Media räuspert sich, er streicht an der Knopfleiste sei–nes Hemdes herunter, als wolle er eine Krawatte richten, die jetzt vielleicht angebracht wäre, jedoch nicht vorhanden ist. Er trägt stattdessen über seinem weißen Shirt schwarze Hosenträger, was zugegeben nicht schlecht aussieht.

„Gnädiger Herrscher über die Feinde", Mr. Medias Stimme vibriert etwas, „Ihre Persönlichkeit, Ihre Geschichte hat unzählige Historiker und Schriftsteller bis in unsere Zeit fasziniert und dazu veranlasst, große Werke über Sie zu verfassen, und die bemerkenswertesten Aufzeichnungen über Sie, Gnädiger Herrscher über die Feinde, finden wir in keiner geringeren Schriftensammlung als der Bibel. So wird im Buch Esra 1,1 davon geschrieben:

´… erweckte der HERR den Geist des Kores, des Königs in Persien, dass er ausrufen ließ durch sein ganzes Königreich, auch durch Schrift und sagen: 2 So spricht Kores der König in Persien: Der HERR, der GOTT des Himmels hat mir alle Königreiche der Erde gegeben und hat mir befohlen, ihm ein Haus zu bauen Jerusalem in Juda. 3 Wer nun unter euch seines Volkes ist, mit dem sei GOTT, und er ziehe hinauf gen Jerusalem in Juda und baue das Haus des HERRN; des GOTTES Israels ….´

In weiteren Textstellen der Bibel findet Ihre Person, Gnädiger Herrscher über die Feinde, Erwähnung, und in dem Buch des Propheten Jesaja sind Sie als Kyrus an der Stelle Jes 45,1 sogar als der Gesalbte (Messias) des HERRN benannt: ´So spricht der HERR zu Kyros, seinem Gesalbten, den er an der rechten Hand gefasst hat.´

Nicht nur die Schreiber der Bibel würdigen Sie, Gnädiger Herrscher über die Feinde, viele nach Ihnen kommende Herrscher und Könige verehrten Sie, so unter anderem Alexander der Große, der ja ein vergleichsweise ähnlich großes Reich gründete und circa 200 Jahre später das Persische Großreich einnahm. Obgleich er damit die Epoche des Antiken Persischen Reiches beendete, sah er in Ihnen, Gnädiger Herrscher über die Feinde, ein leuchtendes Vorbild, dem er in vielem nacheiferte."

Schweigend hat Kyros II. Mr. Media zugehört, den jungen Mann aufmerksam betrachtet, und nur hin und wieder sind seine Augen zu Fräulein Wiki und mir herübergeglitten. Als Mr. Media innehält, lächelt Kyros II und spricht:

„Die Menschen haben mir viele Namen gegeben, so nannten sie mich auch" ´Sonne` oder ´Wie die Sonne´,[26] aber bevor wir fortfahren, junger Mann, lassen wir diese Attribute menschlicher Projektionen. Sagen Sie doch ein–fach Kyros II. zu mir."

Etwas verlegen schaut Mr. Media zu mir herüber, ich nicke ihm aufmunternd zu, er sammelt sich endlich wieder und fährt fort:

„Ihr Geburtsdatum ist historisch nicht einwandfrei fest–stellbar und wird mit der Zeitspanne zwischen 590 bis 580 v. Chr. angegeben. Wie ist das möglich?"

„Ach wissen Sie, junger Mann, das ist in meiner Zeit so, dass die Geburt eines Menschen erst mit seinen Taten eine Bedeutung bekommt, deshalb wird in unserer Zeit der Todeszeitpunkt einer wichtigen Persönlichkeit erst dann genannt, wenn er in seinem Leben großartige Taten vollbracht hat."

Mr. Media nickt versonnen und denkt bei sich: Deshalb ist dann auch sein Todeszeitpunkt mit der Angabe August des Jahres 530 v. Chr.[27] genauer belegt.

„Aber Ihre genaue Todesursache liegt, ähnlich wie die Zeit Ihrer Jugend, verborgen im Dickicht von Legenden und Geschichten", meint Mr. Media. „So heißt es, bezüglich

---

[26] Vgl. ER 15, Seite 1
[27] Vgl. ER 15, Seite 4

Ihres Todes, dass Sie wahrscheinlich an den Folgen einer Verletzung, die Sie in einer Schlacht erlitten haben, ver–storben seien.[28] Können Sie uns dazu vielleicht etwas Erhellendes sagen?" In Mr. Medias Augen funkelt die Hoffnung, durch das Interview eine Weltneuheit zu erfahren. Fräulein Wiki aber reißt erschrocken die Augen auf und gibt Mr. Media einen gehörigen Rempler. Hat er doch soeben dem großen Herrscher offenbart, wie dieser einmal sterben würde!

Aber nur ein verschmitztes Lächeln umspielt den Mund Kyros II., als er geheimnisvoll antwortet: „Nicht alles ist für jeden gedacht und nicht jeder muss alles wissen!"

Mr. Media schluckt, fühlt er sich doch ertappt, und setzt erneut an: „Sie sind der Sohn des Königs Kambyses I., der Persien als sechster König regierte und angeblich der Achämeniden-Dynastie angehören soll, wobei Sie Ihre Ab–stammung auf Teispes und nicht auf Achaimenes zurück–führen.[29] Die Zuordnung zu den Achämeniden hat, laut neuester Erforschung von Keilschrifttexten, ein anderer großer Perserkönig vorgenommen,[30] mit dem wir auch ein Interview eingeplant haben."

„Soso, da haben Sie ja ganz genau hingeschaut, und somit wissen Sie also, dass meine Aussage stimmt!" Kyros mus–tert Mr. Media wohlwollend und sein Blick drückt eine gewisse Anerkennung aus.

Mr. Media streckt sich ein wenig und schaut Kyros II. an, die Augen der beiden Männer begegnen sich und für einen kurzen Augenblick lässt sich eine gewisse Nähe zwischen diesen beiden so verschiedenen Geistern erahnen. Mit ge–festigter Stimme spricht Mr. Media weiter: „Um Ihre Kind–heit und Jugend ranken sich einige Legenden, so habe ich

---

[28] Vgl. ER 15, Seite 12
[29] Vgl. ER 22, Seite 1f
[30] Vgl. ER 20, Seite 4

eine Erzählung gefunden, in der es heißt, auf Anordnung des Meder-Königs Astyages solle das Baby Kyros getötet werden, denn ein Traum habe Astyages geweissagt, dass Kyros ihn dereinst stürzen und der neue König von Persien werden würde. Der kleine Kyros wurde jedoch nicht umgebracht, sondern wuchs in der Abgeschiedenheit der Berge bei einer Hirtenfamilie auf. Als junger Mann soll er dann an einem Aufstand gegen Astyages teilgenommen und diesen letztendlich doch gestürzt haben.

Auch andere Legenden befassen sich mit dem Herrscher Kyros II., und all diese Schriften bezeugen die hohe Wertschätzung und charismatische Ausstrahlung Ihrer Persönlichkeit.[31] Was ist nun davon wahr und was eben einfach nur erfunden? Mr. Media versucht erneut, endlich Klarheit aus der Vielzahl an Informationen über Kyros II. zu bekommen.

„Nun", Kyros´ Stimme wirkt erheitert, „ich habe tatsächlich erfolgreich einen Krieg gegen den Meder-König Astyages geführt und mit meinem Sieg über das Meder-Reich eine gut aufgestellte Streitmacht übernommen. Es gelang mir dann ebenfalls, den Lyder-König Krösus zu besiegen. Jener König Krösus, der – dem Orakel von Delphi folgend – mich, den Perserkönig, angriff, und der die Erfüllung seiner Prophezeiung fand: ´Wenn du gegen die Perser in den Krieg ziehst, wirst du ein großes Reich zerstören´. Es war sinnigerweise sein eigenes Reich, das er dann an mich verlor."[32]

„Die Historienforschung hat die Zeit Ihrer Herrschaft jedoch sehr genau nachvollziehen können", stellt Mr. Media fest. „Demzufolge waren Sie von 559–530 v. Chr. König der Perser."[33]

---

[31] Vgl. ER 15, Seite 1ff
[32] Vgl. ER 15, Seite 5ff
[33] Vgl. ER 15, Seite 1

„Wenn Sie das sagen ...", entgegnet Kyros langsam und fährt fort:

„Und in dieser relativ kurzen Zeitspanne gelingt es mir also, mein kleines ererbtes Königreich zum ersten Großreich der Weltgeschichte auszudehnen."

Mr. Media schaut Kyros eine Weile an, und in seinem Blick liegen Bewunderung und Erstaunen, als er sagt: „Sie müssen ein hervorragender Stratege sein!"

„Ich denke", das Gesicht Kyros II. bekommt jetzt einen hellen, klaren Ausdruck, „die Toleranz, die ich den Menschen entgegenbringe, indem ich ihre Kultur, ihre Geisteshaltung und ihre Religion toleriere, macht mir die Menschen gewogen, und ich kann auf ihre Gefolgschaft hoffen. Das ist eine unschätzbar wichtige Grundlage, um solch ein Reich aufzubauen – und, was noch wichtiger ist, zu halten."

„Stimmt es, dass Ihre Truppen die Schlacht am Diyala-Fluss aufgrund der persisch-medischen Allianz relativ schnell für sich entscheiden konnten?", fragt Mr. Media neugierig.

„Ja, so ist es! Was dann das Ende des babylonischen Herrschers Nabonaids und Babyloniens bedeutete."

„In der Nabonaid-Chronik wird davon berichtet, dass die Menschen vor Freude sogar Schilfzweige auf den Straßen ausgebreitet haben, als Sie mit Ihrem Gefolge in Babylon einmarschiert sind."

„Die Menschen sehnen sich nach Frieden, und ich habe den Frieden für das Land verkündet."[34]

„Nun sind Sie auch König von Babylon, aber es ist diese eine Entscheidung, die Sie in Babylon gefällt haben, die Sie zum Mythos werden ließ", bohrt Mr. Media weiter.

„Ja, ich habe entschieden, die vor Jahrzehnten nach Babylon zwangsumgesiedelten Israeliten aus ihrer Gefangen-

---

[34] Vgl. ER 15, Seite 8ff

schaft zu entlassen, damit die Kinder Israels zurück in ihre Heimat Juda ziehen können."[35]

„Diese Völkerrückführung war die erste in der Geschichte der Menschheit und steht historisch wohl außer Zweifel", weiß Mr. Media zu berichten.

„Was meinen Sie mit ´historisch außer Zweifel´?", möchte Kyros wissen.

Mr. Media rutscht auf seinem Sessel etwas zurück, öffnet in seinem Laptop eine neue Datei und erklärt: „In unserer Zeit, Gnädiger Herrscher über die Feinde, möchte man alles genauestens und wissenschaftlich belegen können, und wir möchten beweisen, inwiefern die biblischen Aufzeich- nungen als absolut historisch korrekt anzusehen sind. Der Bau des Tempels von Jerusalem, von welchem in der Bibel ebenfalls als von Ihrem Werk berichtet wird, ist zum Beispiel eher nicht Ihren Aktivitäten zuzuordnen."

„Soweit ich informiert bin, ist der Tempelbau doch schon *vor* meiner Zeit begonnen worden", meint Kyros.

„Ja, ganz richtig", bestätigt Mr. Media, „und er wurde nach Ihrem Tod abgeschlossen."[36]

„Das ist doch sehr erfreulich, dass sich die Kinder Israel mit dem Bau ihres Gotteshauses in ihrem Land wieder ganz heimisch gemacht haben. Lass die Menschen in Frieden ihren Göttern huldigen und du hast gute Untertanen, das ist meine Devise, junger Mann!"

„Der griechische Geschichtsschreiber Herodot[37], die Bibel: Sie alle geben Einblick und Auskunft über Ihr Leben, von Ihrer klugen politischen Strategie und vom Erblühen einer hohen Kultur auf vielen Ebenen, die eine neue Epoche eröffnet hat. Wieso haben Sie kaum persönliche Nieder- schriften abgefasst?"

---

[35] Vgl. ER 15, Seite 11
[36] Vgl. ER 23, Seite 3ff
[37] Vgl. ER 15, Seite 3

„Das gemeine Volk kann doch nicht lesen und schreiben, wozu dann viele Schriften verfassen? Es gibt doch schon genug. Nabonaids Geschichtsschreiber haben alles geflissentlich in ihren babylonischen Chroniken festgehalten."

„Ja schon, aber leider ist in unserer Zeit nicht mehr der gesamte Text der Nabonaid-Chronik lesbar."

„Aus welchem Jahrhundert kommt ihr gleich noch zu mir gereist?", möchte der König wissen.

„Wir leben im Jahr 2020 nach Christus."

Da muss Kyros aus vollem Hals lachen und lehnt sich in seinem Thronsessel zurück. „Mal schauen, wie viele von *euren* Schriften die Menschen nach circa 3.000 Jahren noch lesen werden", meint er.

„Aber wie erklären Sie es sich", hakt Mr. Media nach, „dass Ihre Person und Herrschaft schon bald mythologisch verklärt wird und die Grundlage zahlreicher Legenden und Sagen bildet, wenn doch, wie Sie sagen, die Menschen zu Ihrer Zeit nicht lesen können?"

„Was die Menschen interessiert und bewegt, teilen sie mit, erzählen sie sich, und dem Ansehen meiner Persönlichkeit ist es doch ganz dienlich, dass nicht alles so haarklein feststeht", sagt Kyros II. augenzwinkernd.

„So betrachtet mögen Sie Recht haben", gibt Mr. Media zu, „denn nicht nur in der Literatur, sondern auch in der darstellenden Kunst und der Musik fand und findet Ihr Leben und Wirken Würdigung. In Deutschland, wo wir herkommen, spiegelt sich Ihre religiöse und menschliche Bedeutung unter anderem in der Glasmalerei des Klosters Ebsdorf wider."[38]

„Sehen Sie, junger Mann, im Gedächtnis der Menschen bleibt man, wenn die Ideen, die man hat, und die Einstellung zum eigenen Handeln die Sehnsucht des Menschen nach Frieden erfüllt." Kyros räuspert sich. „Damit möchte

---

[38] Vgl. ER 15, Seite 14 ff

ich mich nun von euch dreien verabschieden", beendet Kyros II das Gespräch.

Mr. Media legt die Hand an den Deckel seines Laptops, um ihn zu schließen, doch dann hält er inne. „Darf ich Ihnen zum Abschluss noch eine Frage stellen?" Seine Stimme klingt plötzlich wieder unsicher, wie am Anfang.

„Was bewegt Sie noch, junger Mann?", fragt Kyros etwas überrascht.

„Was hat Sie eigentlich angetrieben, so ein großes Reich zu gründen?"

„Die Menschen sind stark, wenn sie zusammenhalten", ant–wortet Kyros mit sehr ernstem Gesicht, „und dann können sie Unglaubliches erreichen, und diese Stärke wollte und will ich in ihnen erwecken. Deshalb habe ich sie in meinem Reich vereint."

Er erhebt sich und schreitet erhaben der aufgehenden Sonne entgegen. Unerwartet bleibt er dann stehen, dreht sich noch einmal zu uns um und schaut mich wohlwollend an. Ich lächle ihm voll Dankbarkeit zu, Kyros erwidert mein Lächeln und nickt bedächtig, dann dreht er sich von uns weg und entschwindet endgültig im hellen Licht der Mor–gensonne.

Schemenhaft erscheinen in der Ferne die Umrisse eines kleinen rechteckigen Gebäudes in der Nähe des ehemaligen Herrschersitzes Pasargadai – dem heutigen Schiras – und aus unseren Recherchen wissen wir, dass dieser inter–essante und außergewöhnliche Herrscher im „Grab der Mutter Salomos" bestattet wurde.[39]

Die Öllampen sind verloschen und der Tag gebietet uns mit seinem hellen, klaren Licht, nun weiterzureisen. Setare liegt auf dem wunderschönen Teppich, der für ihn bereitliegt, und macht keine Anstalten aufzustehen, sondern hebt nur

---

[39] Vgl. ER 15, Seite 12f

den Kopf und schaut uns mit seinen mandelförmigen Augen an.

„Jetzt komm schon!", rufe ich etwas ungeduldig, „wir müssen weiter!"

Endlich erhebt er sich, packt den Teppich an einer Ecke mit seinem Fang und zerrt ihn bis zu unserem Chronomobil hinter sich her. Dort springt er in unser Zeitreisefluggefährt und versucht vergeblich, den Teppich hineinzuziehen. Flink schnappe ich mir die kostbare persische Handarbeit und lege sie in Setares Hundebett. Sofort legt er sich darauf und rollt sich zufrieden ein. Unsere Reise kann also weiter–gehen.

In angenehmer Höhe, so dass wir alles unter uns gut sehen können, gleiten wir lautlos über das persische Reich.

Fräulein Wiki setzt sich im Schneidersitz zu Setare auf einen freien Zipfel des Teppichs, der vom Hundebett heraushängt und auf dem Boden liegt. Sie legt ihren Laptop auf die verschränkten Beine, klappt ihn auf und schaltet ihn ein. „Hier", sagt sie und scrollt die Präsentation auf Punkt 4, „da habe ich auch über die Perserteppiche recherchiert, ich les´ es euch mal vor, solange wir hier rumfliegen. Ist das okay?", und schon legt sie los.

Persiens kulturelle Mitgift

1. Der kostbarste Teppich der Welt

Wer von Persien spricht oder liest, denkt unwillkürlich an das sicherlich bekannteste Exportgut dieses Landes: die persischen Teppiche.

Aber wie lange schon werden die unzähligen Knoten von unermüdlich fleißigen Händen in das Gewebe eingearbeitet und wer mag auf die Idee gekommen sein, solche sinnlich weichen Kunstwerke herzustellen?

Der genaue Beginn des Teppichknüpfens ist bis heute nicht erforscht. Der älteste, bisher je gefundene Nachweis eines Perserteppichs ist ein Teppich, der 1947 bei Ausgrabungen in Sibirien in einem Grab eines skythischen Fürsten gefunden wurde. Dieser Teppich stammt schätzungsweise aus dem 5. Jahrhundert v. Chr. Aber da dieses Fundstück schon eine sehr fortschrittliche Knüpftechnik aufweist, muss davon ausgegangen werden, dass die Anfänge des Teppichknüpfens wesentlich weiter zurückliegen, eventuell in der Bronzezeit.[40]

Die Perserteppiche erzählen auf jeden Fall mehr von ihrer Ursprungsregion als so manches Geschichtsbuch. So vielseitig wie das Land sind auch die Materialien und Gestaltungsmöglichkeiten, und selbst die Knüpftechnik weist gravierende Unterschiede auf.

So gibt es den sogenannten türkischen oder auch symmetrischen Ghiordes-Knoten und den persischen oder asymmetrischen Senneh-Knoten[41] (nach der Stadt Senneh benannt). Die Knoten und auch das Gewebe bestimmen die Struktur des Teppichs. Grundsätzlich sind die persischen Teppiche feiner und die Teppiche der Nomadenstämme Persiens gröber geknüpft. Jede Gegend, ja sogar die einzelnen Städte in Persien haben ihre eigenen Muster, ihre ureigenen Materialien und Farbzusammenstellungen, und anhand dieser Kriterien können sie von einem Fachkundigen leicht zugeordnet und bestimmt werden.[42]

Wurden normalerweise Wolle oder Seide verarbeitet, so wurden für die Königshäuser Exemplare hergestellt, in denen Gold- und Silberfäden sowie Edelsteine eingeknüpft waren.[43] Die Kunstwerke aus Abertausend oder gar Millio-

---

[40] Vgl. ER 24, Seite 1f

[41] Vgl. ER 25, Seite 21

[42] Vgl. ER 25, Seite 29-35

[43] Vgl. ER 27, Seite 4

nen von winzigen Knoten finden immer wieder begeisterte Liebhaber, und so waren die beiden folgenden Teppiche die teuersten, die bisher verkauft worden sind:

Bei einer Versteigerung im Auktionshaus Christie's in London erzielte ein persischer Vasenteppich aus dem 17. Jahrhundert den Preis von 7,2 Millionen Euro, wobei dieser Teppich zuvor von dem deutschen Auktionshaus Georg Rehm mit 900 Euro eingestuft worden war.

Ob da nicht wohl ein Flaschenteufelchen seinen Schaber–nack getrieben hat?

Den sagenhaften oder besser gesagt märchenhaften Preis von 33,8 Millionen US Dollar zahlte im Jahr 2013 ein In–teressent für einen persischen Vasenteppich![44]

Aber dann gibt es da noch einen ganz besonderen Teppich, und wer hätte ihn nicht gern, wäre er doch mit keinem Geld der Welt zu bezahlen: der fliegende Teppich! Dieser kann einem Menschen nur von einem ihm gewogenen Flaschen–geist vererbt werden!

„Wie findet ihr das?", fragt sie und schaut uns an.

„Richtig gut", antworte ich, „da habe ich als begeisterte Teppichknüpferin schon wieder etwas gelernt."

„Wo sind wir eigentlich?" fragt Mr. Media. „Da hat man doch gar keine Orientierung mehr hier oben in dem Chro–nomobil!" Er nimmt sein Handy und gibt *Google Earth* ein. Zu meinem Erstaunen funktioniert das Mobiltelefon und zeigt an: ´circa 30 Kilometer östlich von Kermanschah, Straße von Kermanschah nach Hamadān.´ Wir verlieren etwas an Höhe und unter uns erscheint eine Felswand mit sonderbaren Schriftzügen darauf.

„Das sind die Behistun-Inschriften!", ruft Fräulein Wiki ganz aufgeregt. „Hier hat Dareios I. gut sichtbar – wie in ein steinernes Werbeplakat – in eine Felswand die Ge–schichte seiner Abstammung, seines politischen Aufstiegs,

---

[44] Vgl. ER 25, Seite 38

seiner Taten und ein Verzeichnis der ihm untergeordneten Völkerschaften einmeißeln lassen."

Fräulein Wiki ist ganz außer sich.

„Nicht nur der Umstand, dass sich diese Idee dann weit über 2.000 Jahre später bei der Weltmacht USA im Mount Rushmore, South Dakota, wiederfindet, ist faszinierend. Ihr müsst wissen", und es sprudelt nur so aus ihr heraus, „dass Dareios I. für seine, ich will mal sagen ´Werbeplattform´ auch noch eigens eine Schrift entwickeln ließ: die altpersische Keilschrift. Und damit noch nicht genug! Die Texte wurden außerdem noch in elamischer und babylonischer Schrift in die Felswände geschlagen. Diese dreisprachige Schriftentafel lieferte dann Jahrhunderte spä– ter den Schlüssel zur Entzifferung der assyrischen Keil– schrift. Die Behistun-Inschriften sind in unserer Zeit noch lesbar und im Jahr 2006 als einmaliges Zeugnis persischer aber auch eurasischer Kulturgeschichte von der UNESCO zum Weltkulturerbe ernannt worden."

Fräulein Wiki beugt sich weit nach vorn, sodass ich schon befürchte, sie purzelt gleich mitten auf das Kulturdenkmal.

„Echt?" Jetzt erwacht auch Mr. Media aus seiner Lethargie. Auf seinem Handy gibt er die entsprechende Homepage ein. „Ach schau", sagt er und grinst, „das kann auch mal von Nachteil sein, wenn man sich so verewigen will. Dareios I. lieferte anhand seiner Selbstdarstellung unge– wollt den Beweis, dass er wohl doch nicht ganz der war, für den er sich ausgab. Diese Inschriften, auf denen Kyros II. als Achämenide bezeichnet wird, sind in altpersischer Keilschrift verfasst, jedoch gab es eben jene Keilschrift zu der Zeit Kyros II. noch gar nicht, und somit ist nach heu– tiger Erkenntnis sicher anzunehmen, dass Dareios I. seine Nachweise über die verwandtschaftlichen Beziehungen zu dem ersten persischen Großkönig selbst anfertigen ließ.[45]

---

[45] Vgl. ER 26, Seite 1

Steht hier zu lesen. Ich sag´s ja immer, die Presse ist einfach nicht zu unterschätzen", sagt er vergnügt und lacht vergnügt.

2. Das Paradies

Unser Chronomobil gewinnt wieder an Höhe. Wir schweben über ein Land, in dem große Flächen von kargen, wüstenähnlichen Landschaften bedeckt sind, doch überall in dieser Wüstenlandschaft entdecken wir Anlagen, bestehend aus Pflanzenarrangements, Wasserkanälen und unterschiedlichsten Bauwerken. Als wir uns einer dieser Oasen nähern, tauchen wir ein in ein Spiel von Licht und Schatten. Sonnenstrahlen, die wie in Mustern eingefangen scheinen, Baumalleen, die ihre Baumkronen vor der gleißenden Sonne Persiens schützend ausbreiten, glitzernde Wasserflächen, die sich wie lebensspendende Adern unter dem azurblauen Himmel durch die Anlage ziehen, und immer wieder prächtige Gebäude oder verspielte Pavillons, die zum Verweilen einladen – das alles beschreibt das Wunder der Persischen Gärten!

Das Chronomobil senkt sich behutsam und landet auf einer sich weit erstreckenden Rasenfläche.

Setare springt als Erster heraus und legt sich in den Schatten eines Granatapfelbaumes. Fräulein Wiki steuert eines der Wasserbecken an, zieht die Schuhe aus, setzt sich an den Rand und lässt ihre nackten Füße in das Wasser baumeln. Mr. Media und ich setzen uns auf eine Plattform aus Stein, die im Schatten einer Mauer dicht am Wassergraben steht.

Zartes, helles Grün vor tiefdunklen Zypressen, Sonnenlicht, das auf glitzernden Wasserspiegeln tanzt, ein strahlend weißer, hochaufragender Tempel, ein prächtiges Schloss mit verspielten Pavillons, die sich wie Chimären-Gebilde gegen das endlose Blau des Himmelsgewölbes abheben – der Zauber dieses Gartens nimmt uns gefangen!

„Paradaidha, so lautet das persische Wort für Garten, und der persische Paradaidha hat den Gast schon vor vielen tausend Jahren derart in den Bann gezogen, ihn verzaubert, dass er zum Inbegriff für den Garten aller Gärten wurde."[46]

Leicht erschrocken drehen Mr. Media und ich die Köpfe nach hinten, von wo die Stimme kommt. Dicht hinter uns, direkt an der Mauer, steht ein hochgewachsener, in ein weißes Gewand gehüllter Mann, der uns amüsiert mustert.

„Im Übrigen – hatten Sie einen guten Flug?", fragt der Fremde und scheint unsere Verwirrung ob seiner Frage und unsere Überraschung über sein unvermitteltes Erscheinen zu genießen.

Mr. Media schüttelt den Kopf und seinem Gesichtsausdruck entnehme ich, dass er gleich ein wenig patzig werden könnte, deshalb frage ich etwas hastig: „Können Sie uns vielleicht sagen, wo wir hier sind?"

„In Susa, der neuen Hauptresidenz im Zentrum der Persis, und Sie befinden sich direkt in den großzügig angelegten Gärten mit weiten Terrassen des vor Kurzem erbauten Palastes unseres Königs Dareios I."[47], klärt uns der Fremde auf und seine Augen funkeln immer noch belustigt.

„Susa? Ist das nicht eine der ältesten Städte der Welt, die immerzu bewohnt war?"[50], fragt Fräulein Wiki neugierig.

„Ganz richtig", antwortet der Fremde, „ich muss sagen, Sie sind gut informiert! Gestatten Sie, dass ich mich zu Ihnen auf die steinerne Bank setze? Ich will Ihnen gern ein wenig von unserer Kultur berichten, bevor ich Sie dann weitergeleite und unserem Herrscher vorstelle", sagt er, und ohne meine Antwort abzuwarten, setzt er sich links neben mich.

„In dieser Stadt haben wir eine der ältesten Gesetzesniederschriften der Menschheit, die ´Codex Hammurapi`,

---

[46] Vgl. ER 27, Seite 1ff
[47] Vgl. ER 29, Seite 7
[50] Vgl. ER 29, Seite 1

und es wird gemunkelt, dass sie sogar die biblische Gesetzgebung beeinflusst haben soll.[51] Sie müssen wissen, die Israeliten kamen in der Zeit ihrer babylonischen Gefangenschaft mit der persischen Kultur in Berührung, und so haben die Kinder Israel vieles von uns Persern mit nach Hause genommen. Die Anlagen der persischen Gartenbauarchitektur hat sie wohl zutiefst beeindruckt – jedenfalls übernahmen sie den Begriff in ihre Sprache. Bis heute heißt das hebräische Wort für Garten ´Pardes´, von dem altpersischen Wort ´Paradaidha`.“[52]

„Paradaidha, Pardes, Paradies, voll krass, so nahm das Wort Paradies also Einzug in die Bibel?“, will Fräulein Wiki wissen. Sie schreibt alles, was der Fremde erzählt, so schnell sie kann, mit und fügt es sofort in ihre Präsentation ein.

„So ist es, junge Dame“, bestätigt der geheimnisvolle Fremde Fräulein Wikis Vermutung und mit seiner angenehm warmen Stimme erzählt er weiter: „Weit über viertausend Jahre lässt sich die persische Gartenbaukultur zurückverfolgen, und wahrscheinlich war es die einzigartige Technik der Bewässerung, welche den ersten nomadisierenden Stämmen ermöglichte, dieses karge Land zu besiedeln. Qanat, so heißt das wohl älteste Bewässerungssystem aus Brunnen und tief unter der Erde von Menschenhand ausgehöhlten Schächten. Über viele Kilometer lassen die Menschen auf diese Weise unterirdisch Wasser aus den Tiefen der Gebirge, geschützt vor der Glut der Sonne, in die trockenen Gebiete unseres persischen Reiches fließen. Über 40.000 solcher Qanate gibt es in unserem Reich.[53] Tritt das Wasser an die Oberfläche, so fließt es, die Sinne beruhigend, durch Kanäle, die den Garten durchziehen, und

---

[51] Vgl. ER 30, Seite 1
[52] Vgl. ER 27, Seite 1
[53] Vgl. ER 31, Seite 1-4

oftmals stehen Bäume an den Ufern, die mit ihren schatten–
spendenden Kronen die Verdunstung verringern. Anderer–
seits stehen sie in wassergefüllten Gräben, damit ihre Wur–
zeln stets genügend Feuchtigkeit ziehen können."[54]

„Das ist doch echt ein voll ausgeklügeltes Ökosystem!",
bemerkt Fräulein Wiki voller Bewunderung.

„Ob man es glaubt oder nicht", murmelt Mr. Media vor
sich hin, während er natürlich gleich in seinem Handy re–
cherchiert, „es gibt heute noch mehr als 20.000 solcher
Qanate im Iran!" Und voller Bewunderung fügt er hinzu:
„Also wirklich, alle Achtung vor den alten Persern!"[55]

Der Fremde schaut Mr. Media erheitert an und fragt ihn:
„In welcher Zeit lebt ihr denn, dass ihr das alles so er–
staunlich findet?"

„Im 21. Jahrhundert", sagt Mr. Media und ich meine, da
schwingt ein etwas Überheblichkeit in seiner Stimme mit.

„Schön, dass ihr euch da für uns so interessiert und ich
wünsche euch, dass ihr somit einiges lernen könnt", sagt
der Fremde mit einem gütigen Lächeln.

Fräulein Wiki hat in ihrem Laptop nachgeschaut: „Ist das
richtig, dass es vier spezielle Gartentypen gibt?"

„Ja, das ist richtig", antwortet der Fremde und erklärt: „Es
gibt erstens die öffentlichen Gärten, die der Erholung
dienen und auch für Versammlungen der Allgemeinheit
genutzt werden, wie der ´Hajat` oder der ´Meidan`. Kyros
liebte seinen Garten sehr, den ´Tschahar Bagh`. Das ist ein
privater Garten und diente eher dem Wohlbefinden von
Familien gehobenen Standes. Der ´Bagh´ ist ein Garten mit
heimischen Pflanzen, Bäumen, Beeten, Rasenflächen und
manchmal auch einem kleinen Wasserlauf, den die meisten
Perser um ihre Häuser herum anlegen.[56]

---

[54] Vgl. ER 27, Seite 2f
[55] Vgl. ER 31, Seite 4
[56] Vgl. ER 27, Seite 3

Der Persische Garten ist schließlich das Sinnbild für den Triumph des Lebens, er umschmeichelt die Sinne, bietet Liebenden in heimeligen Nischen Schutz, findet Würdigung in mythischen Teppichmustern und geheimnisvollen Stoffgespinsten.

Der Persische Garten wird die Wechsel von Herrschern und Reichen überstehen und gewiss von vielen großen, fremden Kulturen übernommen und kopiert werden."

„Jetzt wundert es mich nicht, dass das Paradies, der Garten Eden, sogar von manchen Forschern im Iran vermutet wird",[57] meint Fräulein Wiki.

„Dass ihr Menschen immer alles so genau wissen müsst, anstatt auf eure inneren Eingebungen zu hören! Daran scheint sich wohl, trotz aller Entwicklung, nichts geändert zu haben!", sagt da plötzlich eine Stimme. Wir sind so in das Gespräch mit dem Fremden vertieft, dass keiner von uns mitbekommen hat, wie sich noch jemand zu uns gesellt hat und sich nun unvermittelt einmischt. Wie lange mag er uns wohl schon zugehört haben?

Der Unbekannte ist in ein rubinrotes Gewand aus schwerem Stoff gehüllt, das an den Saum-Enden prächtig mit Goldfäden bestickt ist. Seinem Gesicht nach müsste er so um die 60 Jahre alt sein, wobei seine Augen wesentlich jünger wirken. Voller Klarheit und Strahlkraft wandern sie von einem zum anderen. „Ihr wollt also etwas für die Völkerverständigung tun?", fragt er.

Ich bin total verdutzt, doch bevor mir etwas einfallen kann, stellt sich der unbekannte Gedankenleser vor: „Ich bin Daniel, der Lehrer dieses Herrn, der euch gerade über Persiens Mitgift für eure spätere Kultur berichtet hat."

Dieser erhebt sind nun von unserer steinernen Bank und gesellt sich zu dem Herrn namens Daniel. Die beiden Männer stecken die Köpfe zusammen und sprechen leise

---

[57] Vgl. ER 32, Seite 3

miteinander. Ihren Gesichtern ist zu entnehmen, dass es eine wichtige Angelegenheit zu sein scheint, über die sie da verhandeln.

„Und du denkst, Meister, dass sie dafür reif genug sind?", höre ich den Fremden Daniel leise fragen. Daniel nickt, dreht sich um und bewegt sich in Richtung eines Pavillons in der Nähe des prächtigen Schlosses.

Der Fremde geht in dieselbe Richtung, aber nach ein paar Schritten dreht er sich zu uns um und winkt uns, ihm zu folgen.

Sonderbare Geräusche, so wie das Fauchen von Katzen, kommen aus dem Pavillon. Daniel öffnet die Tür und verschwindet in dem Gebäude. Vorsichtig folgen wir ihm, treten ebenfalls ein und … erschaudern im nächsten Augenblick! Hinter dem Eingang des Pavillons fällt der Boden in die Tiefe und eine große Grube tut sich auf, in der ein Rudel von sechs Löwen herumschleicht.

Fräulein Wiki schreit auf und mir stockt der Atem!

Zwischen den Löwen steht Daniel, die Hände hinter dem Rücken verschränkt und den Blick ruhig und fest nach oben in den Himmel gerichtet.[58]

„Mein Gott", entfährt es mir, „Daniel in der Löwengrube! Daniel 6, 16-24."

„Daniel, der Prophet von Nebukadnezar II.?", fragt Fräu–lein Wiki.

„Ja, Daniel, der Prophet und große Meister!", sagt der Fremde und schließt die Tür hinter uns.

„Da müssen wir doch was tun!", ruft Mr. Media.

Völlig hektisch rennt er am Grubenrand hin und her. „Ich ruf die Polizei, die müssen ihn da rausholen!" Er tippt hastig auf seinem Handy herum, rutscht mit einem Fuß aus und schwankt. Ich bekomme ihn gerade noch am Ärmel seines Hemdes zu fassen und zerre ihn mit einem Ruck zu

---

[58] Vgl. ER 34, Seite 6

mir herüber. „Danke, das war echt knapp", keucht er und auf seiner Stirn stehen Schweißperlen.

Ich muss mir ein Lachen verkneifen, er scheint nicht zu wissen, dass die Geschichte gut ausgeht.

Fräulein Wiki schaut mich an und rollt mit den Augen. „Er blickt´s aber echt nicht, oder?" sagt sie, doch noch bevor wir Mr. Media aufklären können, schließt sich die Grube vor unseren Augen mit einer Steindecke und wir befinden uns in einem Raum, in dessen Mitte ein Tischchen steht.

Der Fremde bittet uns, an das Tischchen zu treten, auf dem ein großes, dickes Buch liegt. Er nimmt das Buch in die Hand und als er es aufschlägt, schwebt ein Kreis aus reinstem, klarem Licht heraus. Es bewegt sich über unseren Köpfen, umfließt uns und lässt auf uns die herrlichsten Regenbogenfarben widerspiegeln. Ein Gefühl der Wärme und des Friedens durchströmt mein Herz.

„Das Licht Ahura Mazdas[59]", sagt der Fremde und verneigt sich ehrfürchtig. Er schlägt das Buch zu und legt es wieder zurück auf den Tisch. Der Lichtkreis fließt zurück zu dem Buch, legt sich darauf und plötzlich teilt es sich in zwei Halbkreise. Einer der Halbkreise schließt sich erneut zu dem wunderschönen Lichtgebilde, aber aus dem Licht des zweiten Halbkreises lodert plötzlich eine glutrote Flamme empor. Rasend schnell breitet sie sich aus, immer neue Flammen lodern aus dem Feuergebilde auf und züngeln nach der Umgebung. Entsetzt weichen wir zurück, ich suche die Tür, doch der Raum scheint keinen Ausgang mehr zu haben. Es wird immer heißer und die Glut droht uns alle zu verbrennen!

„Entweiche, Ahriman! Ich befehle dir: Ahriman, Geist der Zerstörung,[60] entweiche!", herrscht der Fremde das Flammengebilde an.

---

[59] Vgl. ER 35, Seite 1
[60] Vgl. ER 36, Seite 1

Augenblicklich erlöschen die Flammen und fallen als ein Häufchen Asche auf das dicke schwarze Buch. Der Fremde geht an das Tischchen, hebt das Buch vorsichtig hoch und schlägt es behutsam auf. Im Zeitlupentempo fällt die Asche zu Boden. Ein Pfeifen, das in den Ohren schmerzt, erfüllt den Raum. Immer lauter und greller wird das Pfeifen, so– dass wir alle intuitiv die Hände schützend auf unsere Ohren halten. Vor unseren Augen entwickelt sich ein dunkler Aschewirbel, der sich bis an die Decke des Pavillons auf– bauscht, dann regnet er herunter und aus dem Ascheregen formt sich ein pferdefüßiger Teufel!

Plötzlich strömt Licht in den Raum, die Tür, die ich zuvor nicht finden konnte, steht jetzt offen und Daniel tritt ein. Da windet und krümmt sich der Teufel, wird ganz dünn und durchsichtig, fällt auf das offene Buch und verschwindet darin. Daniel geht zu dem Tischchen, nimmt das Buch in die Hand, klappt es behutsam zu und streckt es Fräulein Wiki entgegen. Diese schaut ihn mit fragenden Augen an und tritt einen Schritt zurück.

„Nimm das Buch", sagt Daniel liebevoll, „es ist euer Buch der Bücher!"

Zögernd nimmt Fräulein Wiki das Buch in die Hand. „Das ist ja ...", ungläubig sieht sie Daniel an, „... das ist ja die Bibel!"

Daniel nickt. „Nun weißt du, wie der Teufel in die Bibel kam", sagt er, „und Zoroaster, mein Schüler, wird es dir noch einmal genau erklären. Wenn du ihm bitte einmal dein sonderbares Schreibgerät geben würdest?" Daniel deutet auf den Laptop in Fräulein Wikis Umhängetasche.

Fräulein Wiki bemüht sich um Haltung, doch dann prustet sie lauthals los. „Das ist ein Laptop", sagt sie, als sie sich wieder ein wenig beherrschen kann. „Also ich glaube nicht, dass jemand aus eurer Zeit damit umgehen kann!"

Doch Daniel bleibt gelassen, geht auf sie zu, nimmt die Tasche von ihrer Schulter, holt den Laptop heraus und gibt ihn dem Fremden, der ja wohl dieser besagte Zoroaster ist. Zoroaster klappt den Rechner auf, hebt ihn hoch und dreht ihn hin und her. Dann legt er ihn auf den Tisch, fährt mit der flachen Hand über die Tastatur und streicht über den Bildschirm. Nach diesen sonderbaren Handlungen schließt er vorsichtig den Deckel und gibt das Gerät Fräulein Wiki zurück.

Mr. Media reibt sich mit der linken Hand das Kinn und ich sehe es seinen Augen an, dass er sich ein Grinsen verkneifen muss.

Daniel und Zoroaster aber gehen zur Tür, drehen sich noch einmal kurz zu uns um – und sind auf einmal verschwunden.

„Na hoffentlich funktioniert das Teil jetzt noch", neckt Mr. Media Fräulein Wiki, doch sie ist nicht gerade fröhlich über die Tatsache, dass Zoroaster ihren Laptop in den Händen hatte. Mit finsterer Miene klappt sie ihn auf und gibt ihr Passwort ein.

Zu ihrem Erstaunen fährt er sofort hoch, eine interessante Zeichnung baut sich auf:

Faravahar, die unsterbliche Seele

Faravahar ist ein Symbol aus dem Zoroastrismus und stellt den Geist in seiner Unvergänglichkeit dar, also vergleichbar mit dem Begriff unserer Seele

3. Wie der Teufel in die Bibel Einzug hielt

Und dann liest sie: Für unsere Freundin aus einem anderen Zeitalter und all ihren Kolleginnen und Kollegen:

Das Teuflische am Teufel ist, dass wohl keiner so genau weiß, woher er kommt und wieso er überhaupt sein muss, aber auf jeden Fall ist er auf einmal da. Um ihm etwas näher auf die Schliche zu kommen, musst du einer alten Spur im antiken Persien nachgehen.

Mein persischer Name lautet Zoroaster, und ich gelte als Religionsstifter und Prophet. Über meine genauen Lebens–umstände und meine Lebenszeit wirst du wenig historisch Konkretes finden, wohingegen meine Lehren in vielen Schriften und Überlieferungen bis in eure Zeit gegenwärtig sind.

Du kannst lesen, dass ich, Zoroaster oder Zarathustra, wie mich die Griechen nennen, wahrscheinlich zwischen dem 6. und 5. Jahrhundert v. Chr. in Baktrien, einem Teil des heu–tigen Afghanistan, gelebt und gelehrt habe. Vielleicht kön–nen die Menschen die Zeit meines Lebens deshalb so schwer festlegen, weil meine Lehre Elemente aus den altiranischen Weisheitsschriften, dem *Avesta*, enthält und diese Heiligen Schriften bis ins 2. Jahrtausend v. Chr. zu–rückgehen.

Ihr habt mich ja nun als einen Schüler des alttestamen–tarischen Propheten Daniel kennengelernt. Wenn ihr euch nur meine Lehren anschaut, könnt ihr doch einige Fäden entwirren, die sich im Dunkel der Menschengeschichte heimlich verknüpft haben.

Im Gegensatz zu den meisten Religionen meiner Zeit habe ich den Glauben an einen einzigen Gott gelehrt, meine Lehre ist also ebenso monotheistisch wie die Religionslehre des jüdischen Volkes.

Der Gott meiner Theologie heißt ´Ahura Mazda´, was so viel wie ´Der gute, der weise Herr´ bedeutet. Ahura Mazda schuf die Welt, indem er sowohl den guten Geist als auch den bösen Geist als Zwillingsgestalt in sich vereint. Der Mensch hat die Aufgabe, sich zwischen Gut und Böse zu entscheiden. Wenn das Gute im Leben eines Menschen überwiegt, wird er nach seinem Tod über eine Brücke in das Paradies gelangen.[61]

Im Lauf der Geschichte gehen immer wieder neue Elemente in diese Lehre ein. So kommt es, dass letztendlich der ursprünglich eine Gott in zwei Gestalten zerfällt: Ahura Mazda, der gute Herr, steht plötzlich Ahriman, dem bösen Herrn, gegenüber. Der Kampf zwischen Gut und Böse bemächtigt sich nun also des Menschen.[62]

Mit der Ausdehnung des griechischen Reiches sind einige philosophische und religiöse Anschauungen der Griechen in unsere religiösen Lehren eingeflossen. So kannten weder die Juden noch die Zoroastrier einen Begriff, der der Hölle entsprach, doch das Griechentum kannte den Hades als Schreckensort für die Verstorbenen.

Es ist die Zeit, als das jüdische Volk in der babylonischen Gefangenschaft lebt und der Zoroastrismus eine größere Bedeutung im persischen Reich erlangt. Sie haben vieles gemeinsam, diese beiden monotheistisch geprägten Religionen, und so ist es nicht verwunderlich, wenn JAHWE, dem barmherzigen Schöpfer, ein böser Geist, ein abtrünnig gewordener Teil seiner Ganzheit, entgegentritt, ähnlich wie es bei Ahura Mazda geschehen war. Und außerdem muss es dann logischerweise im Gegenzug zum Reich Gottes, dem Paradies, ein Reich des Bösen, die Hölle, geben.

So nehmen wohl die Kinder Israel, deren Schriften ursprünglich aussagen, dass Jahwe der Spender aller Gaben sei – der also dem Menschen das Gute wie auch die Strafen und das Unbill schickt – nach ihrer Befreiung aus der babylonischen Gefangenschaft die Lehre sowohl vom Pa-

---

[61] Vgl. ER 37, Seite 4f
[62] Vgl. ER 36, Seite 3

radies als auch vom Bösen und der Hölle mit nach Jeru–salem.[63] Seitdem hat sich wahrscheinlich der Teufel klammheimlich in die Heilige Schrift eingeschlichen. Aber wie schon zuvor erwähnt, weiß keiner ganz genau, wieso und wann, und ganz gewiss hat ihn niemand wirklich gewollt.

Versonnen schaut Fräulein Wiki auf den Text in ihrem Laptop. „Unglaublich", murmelt sie vor sich hin, „was wir so alles von den Persern übernommen haben, echt unglaub–lich!" Sie streicht über die Außenkanten ihres Laptops und senkt behutsam, beinahe zärtlich den Deckel.

„Haben wir jetzt nicht ein Date mit Dareios I., einem wei–teren bedeutenden Herrscher des großen Perserreiches?", fragt Mr. Media. Er schaut Fräulein Wiki über die Schulter. „Guck doch mal bitte in deiner Gliederung nach, bei wel–chem Punkt Dareios I. kommen sollte!"

„Ich muss die Reihenfolge noch einmal neu ordnen", sagt sie, „denn das Interview mit Dareios I. war eigentlich nach Kyros II. vorgesehen."

In einiger Entfernung taucht eine zierliche Frau auf. Sie kommt auf dem breiten Weg, der vor uns liegt, auf uns zu. Auf dem Kopf balanciert sie einen flachen Korb, und ihr Gang ist so geschmeidig, dass sich ihre Kopflast nicht im Mindesten bewegt. Als sie nicht mehr weit von uns entfernt ist, nimmt sie den Korb vom Kopf und trägt ihn vor sich her. Bei uns angekommen, bleibt sie stehen.

„Darf ich euch eine kleine Erfrischung anbieten?", sagt sie, nimmt eine frische Feige heraus und gibt sie mir.

„Wir haben einen Termin mit König Dareios I.", sagt Fräu–lein Wiki und zupft mich am Ärmel.

„Ich weiß", entgegnet die junge Frau, „er hat mich ge–schickt. Ich soll euch in Empfang nehmen."

---

[63] Vgl. ER 37, Seite 8f

Sie nimmt erneut zwei Früchte aus ihrem Korb und reicht je eine Fräulein Wiki und Mr. Media, den sie aufmerksam mustert. Ihre großen dunkelbraunen Augen funkeln und die durchsichtigen, zarten Schleier, die von ihrem Kopf– schmuck herunterhängen, umspielen ihren verführerisch lächelnden Mund. Sie macht einen winzig kleinen Schritt auf Mr. Media zu, dann dreht sie sich abrupt um und geht zurück in Richtung des prächtigen Palastes.

„Hat die mich gerade angebaggert?", brummelt Mr. Media an Fräulein Wiki gewandt. Fräulein Wiki kichert und zuckt die Achseln.

Die schöne Fremde dreht sich um. „Kommt nur!", ruft sie. In ihren seidenen Pluderhosen, dem knappen Oberteil und den zierlichen Pantöffelchen sieht sie so gar nicht nach einer Schlossbediensteten aus. Ihre Hüften schwingen ver– führerisch bei jedem Schritt und lassen die Seidenschleier um ihre zarte Figur schwingen. Etwas zögernd folgen wir ihr.

„Im Übrigen, ich bin Scheherazade", sagt sie, den Kopf ko– kett in unserer Richtung gedreht.

Scheherazade, die Schönheit aus den ´Erzählungen aus 1001 Nacht´? Jetzt weiß ich auch, wieso sie mir sofort so bekannt vorkam, und ich muss an meine Kindheit denken.

Was erzählte Scheherazade wirklich?

Es war wohl eines der schönsten Geschenke aus der Welt der Poesie, mit dem man mein Kinderherz erfreuen konnte, und ich erinnere mich noch gut an das Weihnachtsfest, an dem ich ein dickes Paket in den Händen hielt. Das Buch war in silbernes Papier gewickelt, geschmückt mit einer glänzend roten Schleife.

Sie standen auf meinem Wunschzettel, „Die Erzählungen aus 1001 Nacht", und dann lag es vor mir, das Buch, dessen

Einband mich sogleich in eine geheimnisvolle Welt entführte.

Wunderschöne Frauen, deren dunklen Augen hinter zarten Schleiergespinsten hervorstrahlten, und Männer, auf deren Köpfen riesige Turbane schwankten. Ein fliegender Teppich, der einen vergnügten Burschen durch die Lüfte trug, und geheimnisvoll verzierte Lampen, deren Bewohner zaubermächtige Geister waren.

Am liebsten hätte ich sie gleich alle kennengelernt, ihre Geschichten sofort verschlungen, doch mein Vater hielt es damit, wie die kluge Scheherazade: Er las uns in den Weihnachtsferien jeden Abend ein Stückchen vor, und so begleiteten sie mich in die Nacht hinein, in meine Träume, die Figuren der persischen Märchen- und Geschichtensammlung. Sie gruben sich tief in meine kindliche Phantasiewelt ein und haben eine große Liebe zu diesen Erzählungen hinterlassen.[64]

Während ich noch meinen Gedanken nachhänge, sind wir am Palast angekommen.

Scheherazade geht durch einen riesigen Torbau, an dessen Eingang die überlebensgroße Statue Dareios I. steht.

Wir betreten einen großen Innenhof, dessen Wände mit wunderschönen Mosaiken aus gebrannten und glasierten Ziegeln verziert sind, die Geschichten zu erzählen scheinen.

Wir drehen die Köpfe, schauen nach rechts, nach links und immer wieder nach oben, so fasziniert uns die kostbare, prächtige Ausstattung. Beinahe wäre Fräulein Wiki an eine der Säulen gelaufen, weil sie die Augen gebannt nach oben an die Decke, auf die Protomen, auf die aus Stein gemeißelten Stierköpfe, geheftet hat.

„Was für eine Pracht!", murmelt sie ein um das andere Mal, „was für eine Pracht!"

---

[64] Vgl. 38

Doch Scheherazade lässt uns wenig Zeit. Sie geht ziel-strebig weiter, von einem Innenhof zum nächsten, bis wir vor dem Eingang zu den Privaträumen des Herrschers an-gelangt sind.[65]

Scheherazade bleibt stehen und sagt zu Fräulein Wiki ge-wandt: „Du musst draußen bleiben, denn in den Privat-gemächern des Herrschers erzähle ich ihm die Geschichten aus 1001 Nacht."

„Wieso soll ich da draußen bleiben?", fragt Fräulein Wiki erstaunt, „die liebe ich doch, und die möchte ich gern einmal von dir hören, wenn sich jetzt schon die Gelegenheit dazu ergibt."

Ich muss sagen, ich verstehe das auch nicht und hake nach: „Was erzählst du denn, das Fräulein Wiki nicht hören soll?"

„Ich erzähle auf jeden Fall nicht von ´Sindbad, dem Seefahrer´ oder ´Aladin und der Wunderlampe´", antwortet Scheherazade und lächelt ganz geheimnisvoll hinter ihrem Schleier. „Meine Geschichten stammen vermutlich aus dem alten mythischen Schatz indischer Erzählungen und sind nicht unbedingt jugendfrei"[66], und schon wieder wirft sie Mr. Media einen eindeutig interessierten Blick zu, der ein wenig unter die Gürtellinie gleitet. Jetzt grinst Mr. Media, und zu Fräulein Wiki gewandt sagt er: „Du kannst ja auf dem Diwan da ein bisschen chillen, während Scheherazade mich über Indiens 1001 Nacht aufklärt."

Fräulein Wiki schüttelt den Kopf und macht einen hekti-schen Schritt auf Scheherazade zu. Ihre Augen funkeln wie die einer kleinen, wütenden Katze und ich befürchte fast, dass sie Scheherazade gleich anfaucht. Aber sie hält sich dann doch in letzter Sekunde zurück und schmollt vor sich hin.

---

[65] Vgl. ER 39, Seite 1f
[66] Vgl. ER 40, Seite 2

„Seid mir willkommen, ihr Gäste aus einer anderen Zeit!",
begrüßt uns ein stattlicher Mann mit einer männlich tiefen,
festen Stimme. Scheherazade eilt zu dem großen Sessel
vor, der auf einer Treppengalerie steht, und lässt sich auf
dem reich bestickten Kissen nieder.

„Ich, Dareios I., lade euch herzlich in meinen Palast ein",
spricht der Herrscher eines der größten Weltreiche der Geschichte zu uns und weist uns an, dass auch wir auf den
Kissen am Fuß der Treppe Platz nehmen können.

„Zuerst einmal möchte ich einige Missverständnisse aus-
räumen: Die Geschichten aus 1001 Nacht, die ihr für eine
persische Märchensammlung haltet, hat es in dieser Form
nie gegeben. Tatsächlich sind es ursprünglich erotische Erzählungen für Erwachsene – und nicht für Kinder geschriebene Texte", erklärt Scheherazade nun.

Ich spüre Enttäuschung und Traurigkeit in mir aufsteigen.
Also ist da keine Wunderlampe und kein fliegender Teppich? Keine „Sesam öffne dich"-Tür und kein Ali Baba, der
es mit 40 Räubern locker aufnimmt? Schmilzt da gerade ein
alter Kindertraum dahin?

„So spannend wie dieses Buch, so interessant ist auch die
Geschichte, die mit diesen Erzählungen in Zusammenhang
steht", unterbricht Dareios I. meine Gedanken. „Jede Zeit
hat ihre eigenen Vorbilder, und so sind reale Personen aus
unserem Kulturkreis als Heldenfigur eingeflochten worden.
Die Griechen haben mit ihren Legenden von Odysseus an-
regend auf die Geschichtensammlungen eingewirkt, die
Araber brachten ihre Persönlichkeiten wie den großen
Kalifen Harun ar Raschid mit ein, und selbst die Ägypter
wussten die Erzählungen mit magischen und phantastischen
Geschichten zu erweitern. Dann kamen eure europäischen
Reisenden, Forscher und Wissenschaftler, angezogen von
der bunten, fremden und geheimnisvollen Welt des Orients.
Zu Beginn des 18. Jahrhunderts kam aus Frankreich der
Orientalist Antoine Galland (1646-1715) und kaufte wohl

eher zufällig einen Teil der Erzählungen von 1001 Nacht, übersetzte diese Geschichten und erweiterte sie um eben eure geliebten Märchen von ´Sindbad, den Seefahrer´, ´Aladin und der Wunderlampe´ und ´Ali Baba und den vierzig Räubern´. Woher er diese Geschichten hatte, weiß wohl sicher nur der Geist aus Aladins Wunderlampe", sagt der große Herrscher und zwinkert mir zu. „Aber eines steht fest", fährt er fort. „Hättet ihr Europäer die Geschichten nicht zu euch geholt, sie entschärft und mit euren Sehn–süchten nach persischer Magie verfeinert, hätten wir in unseren Ländern diese wunderbaren Geschichten, die so viel über unsere Kultur berichten, nicht, denn wir haben sie dann in unser Kulturgut genau so übernommen, wie ihr sie in euren Stuben übersetzt, zurechtgerückt und mit per-sischer Magie kunstvoll bereichert in die Welt entlassen habt."[67]

„So lauschen nun seit Jahrhunderten die Kinder auf der ganzen Welt den Geschichten, die Scheherazade auf einem wundervoll bestickten Kissen, zu Füßen ihres Gemahles sitzend, zu erzählen wusste. Mit großen Augen staunen sie über die fliegenden Teppiche und zittern mit den Helden", sage ich heiter. „Und auch wenn es nicht genau die Geschichten sind, die die schöne Scheherazade durch ihren schimmernden Schleier mit weichen, nach persischem Rosenöl duftenden Lippen ihrem Mann in lauen Nächten zärtlich ins Ohr flüsterte, so dürfen wir uns weltweit auch weiterhin in eine der reizendsten Phantasiewelten entführen lassen, in der das Wünschen oftmals hilft."

Mir wird plötzlich ganz leicht ums Herz, ich freue mich, dass ich meine Märchen aus 1001 Nacht nun doch wieder habe!

„So ist es", bestätigt Dareios I. und schmunzelt – hat er doch in mir das Kind entdeckt.

---

[67] Vgl. ER 40, Seite 3f

Fräulein Wiki richtet sich etwas auf ihrem Kissen auf, öffnet ihren Laptop, schaukelt dann auf dem Po ein-, zweimal leicht vor und zurück, holt tief Luft und räuspert sich.

Dareios I., der Große

Dürfte ich Sie jetzt um ein Interview bitten?", fragt Fräu–lein Wiki etwas schüchtern.

„Nur zu, junge Dame, fragen Sie, was Sie über Dareios I. und der Zeit des Persischen Großreiches wissen möchten", antwortet Dareios I. und sein Blick ruht wohlgefällig auf Fräulein Wiki.

„Nachdem Kyros II. das Persische Großreich aufgebaut hat, haben Sie, Dareios I., das Territorium doch noch erheblich erweitert, und dank Ihrer genialen Führungsfähigkeiten zu dem blühendsten Staatengefüge Ihrer Zeit gemacht", be–ginnt Fräulein Wiki das Interview.

„Nun", Dareios I. richtet sich ein wenig in seinem Prunk–sessel auf, „es ist mir gelungen, die aufflackernden Unru–hen im Reichsinneren innerhalb weniger Monate zu be–sänftigen, meine Territorialansprüche bis ins Indus-Tal im Osten, bis an den Nil mit der Eingliederung Ägyptens im Süden und bis ans Schwarze Meer und die Donau mit der Einnahme Thrakiens im Norden auszudehnen und auch zu sichern."[68]

Mr. Media googelt natürlich sofort wieder in seinem Handy und schaut sich die Landkarte an. „Unwahrscheinlich", murmelt er, „das sind ja Strecken!"

„Wir sind eben gut zu Fuß und zu Pferd unterwegs!", sagt Dareios I. zu Mr. Media gewandt und schmunzelt.

---

[68] Vgl. ER 20, Seite 4ff

Fräulein Wiki wirft Mr. Media einen etwas strengen Blick zu, schließlich hat sie ihn ja bei seinem Interview mit Kyros II. auch nicht unterbrochen, wendet sich jedoch sofort wieder an Dareios I. und fragt: „Wie können Sie über so lange Zeit in solch einem großen Reich den Frieden wahren?"

Frei gezeichnet nach: File: Perserreich um 500 v. Chr. jpg-Wikimedia Commons

Dareios nickt und sagt: „Sehr kluge Frage, junge Dame. Die Wahrung des Friedens in meinem Reich beruht auf drei Säulen:

1. Zum Schutz der Bevölkerung habe ich ein stehendes Heer gegründet, das als Polizei in allen größeren Städten stationiert ist.
2. Ich achte, wie Kyros II. vor mir, die Religionen und philosophischen Lehren der von mir eingenommenen Völker und stehe ihnen absolut tolerant und duldsam gegenüber.
3. Ich fördere einen regen Austausch der handwerklichen, geistigen und künstlerischen Strömungen."

„Aha", sagt Fräulein Wiki und tippt alles emsig in ihren Laptop ein, „deshalb ist Persien zu Ihrer Zeit ein reiches und friedliches Land und so können sich eine vielfältige Bautätigkeit und künstlerische Aktivitäten ungestört entfalten."

„Ja, das ist richtig. Ich habe Persepolis gegründet und Susa erneuert und erweitert, und bei all diesen Baumaßnahmen die verschiedensten Materialien aus dem ganzen persischen Reich verwendet. Die Bauwerke habe ich mit prächtigen Reliefs, Skulpturen und Statuen ausgeschmückt und Sie können sehen, dass die kostbarsten Materialien, wie Lapislazuli oder Elfenbein, in beträchtlichem Ausmaß verarbeitet worden sind. In Ägypten habe ich zahlreiche Tempel erstellen oder restaurieren lassen, wie zum Beispiel den Ptah-Tempel in Memphis oder den Nechbet-Tempel in El-Kab."

Mr. Media ist sogleich im Netz unterwegs, doch bevor er schon wieder etwas zum Besten geben kann, spricht Fräulein Wiki sofort weiter:

„Die Ruinen von Persepolis und den ägyptischen Tempelanlagen sind sogar noch nach über 2.000 Jahren, also in unserer Zeit, zu besichtigen und ein beliebtes Reiseziel. Doch stimmt es, dass Sie den ersten Suezkanal der Geschichte gebaut haben?"

Dareios I. nickt etwas verwundert und brummt: „Soso, nach 2.000 Jahren!" Ein Lächeln breitet sich auf seinem Gesicht aus, doch dann wird er wieder ernst. „Die unter meiner Herrschaft durchgeführte Fertigstellung des von Pharao Necho II. begonnenen Kanals, der den Nil mit dem Roten Meer verbindet, betrachte ich als eines meiner größten baulichen Werke!"[69]

„Jedoch ein ganz anderes Bauwerk, nämlich die Vollendung des Tempels in Jerusalem, hat Ihnen ein kleines Stück Unsterblichkeit verliehen", unterbricht Fräulein Wiki

---

[69] Vgl. ER 41, Seite 3

den Herrscher, „denn darüber wird in unserer Heiligen Schrift, im Alten Testament der Bibel, aber auch in den Büchern „Esra" sowie „Nehemia" berichtet."

„Ich sehe es als absolut wichtig an, die Menschen in ihren religiösen Bedürfnissen zu unterstützen, deshalb habe ich auch diese Baumaßnahmen gefördert", erklärt Dareios I.

„'Dareios' bedeutet doch 'Das Gute aufrecht erhaltend', habe ich das richtig recherchiert?", fragt Fräulein Wiki.

„Das ist die korrekte Übersetzung meines Namens aus dem Persischen. Man nennt mich auch 'Mit trefflichem Willen' und 'Sohn des Re'. Re oder Ra, nach dem altägyptischen Sonnengott. Aber lassen Sie es nur bei Dareios I. bewenden."

Fräulein Wiki nickt. „Okay, Dareios I., etwas beschäftigt mich schon die ganze Zeit: Wie können Materialien wie Elfenbein aus Afrika und Lapislazuli aus Afghanistan in Persepolis oder Susa verbaut werden? Das sind doch unglaubliche Entfernungen, die die Händler mit ihren Waren da überwinden müssen!"

„Das weit verzweigte Straßennetz, das ich, Dareios I., in meinem Reich angelegt habe, ermöglicht einen reibungslosen Ablauf des Handelsverkehrs. Ich habe auch die Meeresstraße am Bosporus mit einem Brückenbau überspannen lassen und so die gegenüberliegenden Ufer verbunden, was ebenfalls dem Transport von Waren entgegenkommt."

„Echt stark, so eine Infrastruktur aufzubauen!", kann sich Mr. Media nun doch nicht verkneifen.

Fräulein Wiki räuspert sich hörbar und fährt fort: „Noch ein Thema, das auch uns in unserem vereinigten Europa beschäftigt, möchte ich ansprechen."

„Was beschäftigt euch, was ich vor nahezu 3.000 Jahren vor euch gemacht habe?" Dareios I. scheint leicht amüsiert zu sein.

„Sie haben den Gedanken einer den Binnenhandel fördernden Einheitswährung im Jahr 512 v. Chr. umgesetzt, indem

Sie das Münzwesen reformiert und in Ihrem gesamten Reich eine einheitliche Währung, den Dareikos, einführt haben. Sind denn die Menschen mit der Einführung der Einheitswährung alle einverstanden gewesen?"

„Ich bin vom Nutzen und Vorteil einer Einheitswährung absolut überzeugt und stehe dafür ein, so kann ich die Völker dafür begeistern!", antwortet er und seine Stimme lässt zum ersten Mal eine starke Autorität erkennen.

Fräulein Wiki nickt, zaudert dann ein wenig, doch dann neigt sie den Kopf etwas zur Seite und legt ihr charmantestes Lächeln auf. „Darf ich auch etwas aus Ihrem Privatleben in meine Präsentation einbringen?"

„Aber gern!" Der König schmunzelt. „Ich bin der Herrscher über viele Völker und sehe deshalb auch eine gewisse Vorbildfunktion in meinem Leben. Somit bin ich eben eine Person des allgemeinen öffentlichen Interesses. In gewissem Maße bin ich schon jetzt für die Völker ein Idol mit mythologischen Zügen."

„Sie verstehen das aber auch geschickt aufzubauen und aufrechtzuerhalten – mit einer für diese Zeit außergewöhnlichen Publicity."

„Publicity? Nun ja, ich sorge in gewissem Maße dafür, dass ich, soweit als möglich, in vielen Inschriften und auf zahlreichen Reliefs allgegenwärtig bin – und das auch in den entferntesten Teilen meines Reiches. Aber mal ehrlich, das meinen Sie doch nun nicht so ganz, wenn Sie von privaten Fragen sprechen, oder gehe ich da falsch in der Annahme? Also, nur zu, was möchten Sie wissen?" Dareios I. schmunzelt wiederum und macht es sich in seinem Sessel bequem.

Fräulein Wiki rutscht ein wenig verlegen auf ihrem Kissen hin und her und streicht sich eine imaginäre Haarsträhne aus der Stirn, bevor sie etwas zögernd weiterspricht: „Wenn wir einen kleinen Blick hinter die privaten Vorhänge von Dareios I. werfen, könnten die männlichen Leser meiner

Zeit ein wenig vor Neid erblassen – oder aber doch eher müde lächelnd abwinken, nicht wahr?"

Dareios I. lehnt sich herzhaft lachend zurück. „Sie spielen auf meine sechs Ehefrauen an, mit denen ich zwölf Söhne bekommen habe?" Er lacht immer noch.

„Wobei es ja von Töchtern keinerlei Aufzeichnungen gibt", ergänzt Fräulein Wiki etwas trotzig.

„Das ist eine in unserer Zeit durchaus gängige Familienführung", antwortet er belustigt.

„Das kann doch nur zu einem Familienleben mit … Wie soll ich es ausdrücken …" Fräulein Wiki zögert einen Augenblick, bevor sie weiterspricht: „… leichten Verwirrungen führen?"

„Nun, in der Tat ist meine Gattin Atossa, eine Tochter von Kyros II., zwar meine zweite Frau, so doch die einflussreichste Herrin am Hof."

„Also besteigt den Perserthron dann auch dereinst Atossas Sohn Xerxes I. und nicht Ihr erstgeborener Sohn von Ihrer ersten Frau Gobryas? Wird das nicht Schwierigkeiten geben?"

„Ich bin der Herrscher dieses Reiches, und nur ich werde meinen Nachfolger bestimmen!", sagt Dareios I. mit ernstem Tonfall.

„Ich habe wiederum gelesen", fährt Fräulein Wiki unbeirrt fort, „dass Artystone, eine weitere Tochter Kyros II., die Frau Ihres Herzens ist, weshalb Sie ihr zu Ehren ein Standbild der Muttergöttin Anahita anfertigen lassen."[70]

„Auch ein Herrscher wie ich ist tief im Herzen nur ein Mann, der liebt", sagt er vollkommen offen und freundlich. Fräulein Wiki senkt den Kopf und wird etwas rot, dann fasst sie sich wieder. „Gestatten Sie mir noch zwei letzte Fragen? Ich würde Sie nämlich gern um einen Rat oder Tipp zu unserer Zeit bitten!" Und ohne seine Antwort ab

---

[70] Vgl. ER 20, Seite 1-13

63

zuwarten, fährt sie fort: „Viele Herrscher oder Regierungen nach Ihnen haben versucht, große Reiche aufzubauen und zu halten. Wir haben aktuell den europäischen Kontinent in einer Länderunion zusammengeschlossen, also ein vereintes Europa gegründet. Was würden Sie uns raten, wie wir unser Europa besser aufstellen können?"

Dareios I. überlegt einen Moment, dann spricht er sehr ernst und ruhig: „Die Menschen brauchen immer eine Idee, sie benötigen die Aufforderung, sich zu entwickeln, zu wachsen, sie dürfen nicht zu satt sein – aber auch nicht unter zu großen Druck geraten, und sie müssen Verantwortung übernehmen können und dürfen – für sich, für andere und für ihr Land. Wenn es dann den Herrschenden gelingt, Visionen zu entwickeln und das Volk zu begeistern, wird von außen auch niemand ihre Union zerstören können."

Fräulein Wiki schreibt eifrig mit und nickt hier und da. „Wie würden Sie das Problem großer Flüchtlingsströme und das Aufeinanderprallen zweier verschiedener Kulturen lösen?"

„Wohlhabende Staaten sollten es sich leisten, Bedürftigen beizustehen, sie aufzubauen und zu integrieren, auch wenn das nicht immer einfach ist und es dazu Konsequenz und eines Konzeptes bedarf. Die Verschiedenheit der Völker und Kulturen ist ein Gewinn für jedes große Reich. Dies gilt es zu nutzen, und so profitieren alle voneinander", sagt der Herrscher eines der größten Reiche der Menschheit.

Fräulein Wiki und Mr. Media klatschen spontan in die Hände und stampfen mit den Füßen.

„Sie haben es geschafft, die Jugend aus dem Jahr 2020 zu begeistern!", sage ich mit tief empfundenem Respekt zu Dareios I.

„Das ist sehr erfreulich", entgegnet Dareios, „und sollten Sie eine neue Heimat suchen, so lade ich Sie ein, bei uns in der Vergangenheit, im Persischen Großreich, zu bleiben.

Für so engagierte junge Menschen habe ich auch gute Ver–
wendung!" Augenzwinkernd erhebt sich Dareios I. und
schreitet, mit der Hand nach Art einer Majestät winkend,
von dannen, noch bevor wir uns gebührend bei ihm
bedanken können.

Fräulein Wiki schreibt noch schnell ihren Abschlusspassus
zu ihrer Dokumentation:

Im Jahre 522 v. Chr. wurde im Königssitz *Pasargadai* in
Persien mit Dareios I. wirklich ein charismatischer Herr–
scher zum König gekrönt. Geboren wurde er 549 v. Chr. als
Sohn des Hystaspes, Statthalter von Parthien, und verstarb
als Großkönig von Persien und Pharao von Ägypten im
Jahr 486 v. Chr.[71] Die moderne Forschung, die versucht
hat, ein klares, objektives Bild ohne Verklärung zu erstel–
len, kommt letztendlich auch zu dem Schluss, dass dieser
König einer der wirklich großen Politiker der Weltge–
schichte gewesen ist.[72]

Dareios I. ist gegangen, doch wir sitzen immer noch auf
unseren Kissen, unten an dem breiten Treppenaufgang zum
Thronsessel.

Alles ist so faszinierend! Die Magie des Perserreiches hat
uns eingefangen und plötzlich fällt mir unser Lied ein,
dieses Zusammenspiel von beinahe vertrauten Klängen, die
weitgesetzte Stimmführung der Sängerinnen und Sänger,
die zirpende und weinende Setar.[73] Erst jetzt wird mir
bewusst, wie viel von der persischen Seele in diesem Lied
mitschwingt.

Dass ich in Gedanken versunken die Melodie vor mich hin–
summe, wird mir erst bewusst, als Mr. Media leise den Text
mitsingt.

---

[71] Vgl. ER 20, Seite 1
[72] Vgl. ER 20, Seite 13
[73] Vgl. ER 42, Seite 1

„Ist das dein persisches Lied?", fragt er und unterbricht unseren Gesang.

„Ja, das alte Hochzeitslied ´Shekare aho´ hat uns mit seiner zarten, lieblichen Weise und der feinstofflich anmutenden Begleitung auf dem dreisaitigen Lauteninstrument sofort bezaubert und uns in den Bann gezogen", erzähle ich ihm über unsere Suche nach einem geeigneten Lied.

„Wirst du aus jedem Land ein Lied sammeln oder ist das jetzt nur hier in Persien so, da die Geschichte des Liedes in unsere Kultur hineinreicht?", fragt mich Mr. Media und ich spüre, dass da das Herz des Musikers mitschlägt.

„Der Windhund ist unser Lotse", antworte ich, „aber die Musik ist die Magie, die uns über Jahrtausende, über große Entfernungen und Kulturen verbindet und die uns im wahrsten Sinne ein Lied miteinander singen lässt!"

Shekare ahoo – Das Lied von Leyli und Majnun

„In dem persischen Lied ´Shekare ahoo´ (Rehjagd) wird die für die persische Sprache so typische Ausdrucksform der Metapher verwendet. Das scheue Reh symbolisiert die Reinheit und Schönheit von Leyli und der Zauber ihrer schwarzen Augen bezeichnet die Magie der Liebe. Die Jagd führt uns mit dem blumigen, poetischen Sprachgebrauch, das für die persische Sprache so charakteristisch ist, in das schmerzlich süße Spiel des Werbens, Kämpfens und Lei– dens für die Liebste", klärt mich Mr. Media auf und ist jetzt voll und ganz in seinem Element.

„Ich habe auch Recherchen über dieses Lied angestellt", entgegne ich Mr. Media, „und bin dabei auf die aus der alten persischen Lyrik abgeleitete Liebesgeschichte ´Leyli o Majnun´, was so viel bedeutet wie ´Laila und Mad– schnun´ oder ´Besessen von Laila´, gestoßen. Es handelt sich dabei um eine der berühmtesten orientalischen Liebes–

geschichten, die von mehreren Dichtern in den verschie–
denen Epochen bearbeitet worden ist.[74] Die Geschichte von
Leyli und Kaish berichtet von einer unglücklichen Liebe,
die dann Jahrhunderte später mit dem Schicksal der beiden
Titelfiguren ´Romeo und Julia´ sogar ihren Weg in die
europäische Lyrik von William Shakespeare findet.“
Fräulein Wiki hat uns die ganze Zeit schweigend zugehört.
„Da hört mal“, sagt sie auf einmal, „was ich in meiner
Präsentation schon eingefügt habe!“

Leyli o Majnun oder Persiens Romeo und Julia

Zu einer Zeit, die nur dem Weisen bekannt ist, lebten in
Persien zwei Familien in tiefer Feindschaft nebeneinander.
Jeder Familie wurde ein Kind geschenkt. Kaish war des
Bauern Sohn und Leyli des Emirs Tochter. So groß und
erbittert der Hass zwischen den beiden Elternpaaren war, so
tief und innig war die Zuneigung ihrer Kinder zueinander.
Kaish bekam einmal von seinem Lehrer Schläge auf die
Hand, da er im Unterricht immerzu nur Leylis Namen auf
sein Papier geschrieben hatte. Sobald der Stock die Hand
von Kaish schlug, schmerzte Leylis Hand ebenfalls und
begann sogar zu bluten.
Als Kaish diese Begebenheit seinem Vater berichtete, er–
kannte dieser die göttliche Verbindung der beiden Kinder.
Er bat Leylis Vater zum Wohle der Kinder um Frieden. Des
Emirs versteinertes, kaltes Herz jedoch konnte keinen Frie–
den schließen, vielmehr verbot er sogar jedweden Kontakt
der Kinder miteinander.
Doch die Liebe führte die beiden Jahre später erneut zu–
sammen: Als der junge Erwachsene Kaish auf einem Markt

---

[74] Vgl. ER 43, Seite 1

der wunderschönen Leyli begegnete, erkannte sein Herz sofort das geliebte Mädchen.

Emir, Leylis Vater, bekam zugetragen, dass die Liebe der beiden wieder entflammt war und Kaish nun um Leyli warb. Mit Hilfe seines Sohnes Tabrej versuchte Emir, die Liebenden mit allen Mitteln auseinanderzubringen. Leyli flehte ihren Vater um Erbarmen an und konnte ihn sogar von ihrer großen Liebe zu Kaish überzeugen. Doch dann nahm das Schicksal eine tragische Wendung:

Durch eine verhängnisvolle Fügung kam Kaishs Vater bei einem von Tabrej verursachten Unglück ums Leben. Um seinen Vater zu rächen, forderte Kaish nunmehr Tabrej zum Kampf auf und besiegte Tabrej. Nun war der alte Sippenkonflikt wieder in ganzer Härte entbrannt!

Kaish wurde in die Wüste verbannt und Leyli mit Prinz Bhakshi, einem Freund ihres Bruders, vermählt.

Wahnsinnig vor Sehnsucht nach seiner geliebten Leyli ver–götterte Kaish in der Wüste seine ferne Liebste in Gedichten und Liedern. Bald wurde er nur noch „Majnu", der Verrückte genannt.

Die wunderbaren Verse und Weisen drangen auch an das Ohr von Prinz Bhakshi. Die große Liebe Kaishs zu Leyli beeindruckte den Prinzen zutiefst. Er gelobte, Leyli nicht anzurühren, und Prinz Bhakshis Feinde verschleppten Leyli in die Wüste. Leyli versuchte, ihren Entführern zu ent–kommen, wurde aber bei der Flucht schwer verletzt. Majnu Kaish fand die schwer verletzte Leyli, und so starb sie in seinen Armen. Manju Kaish konnte Leylis Tod nicht verwinden und starb ebenfalls kurze Zeit später an gebro–chenem Herzen.

Der Tod erlöste sie von ihrem Leid und so sind die beiden Liebenden nun im Himmel in alle Ewigkeit vereint.[75]

---

[75] Vgl. ER 44, Seite 1f

Die eigentliche, mystische Aussage dieser Geschichte be–
zieht sich auf die menschliche Seele, die sich in ewig tiefer
Liebe nach Gott sehnt und verzehrt, so lehrt es Abdur
Rahman Dschami, einer der bedeutendsten Mystiker und
Dichter des 15. Jahrhunderts.[76]
Da staune ich nicht wenig, wie sich der Kreis schließt!

Doch es wird für uns Zeit, wieder zurückzureisen, denn die
Kapazität der Akkus unserer Handys und Laptops ist
langsam ausgeschöpft, und was auch immer wir in diesem
Land voller Geheimnisse auch finden werden, eines steht
fest: eine Steckdose ganz gewiss nicht!
Also rufe ich Setare, der sich die Zeit mit Herumtollen im
Paradaidha vertrieben hat, und wir besteigen mit etwas
Wehmut unser Chronomobil.
„Ich will auch etwas über unseren Lotsen schreiben. Kannst
du mir bitte noch etwas über Setare beziehungsweise die
Salukis sagen? Da bist doch du die Spezialistin", bittet
mich Fräulein Wiki.

[76] Vgl. ER 45, Seite 5

Saluki, der persische Windhund

Diesen historisch, ethnologisch und geographisch so viel–
schichtigen Hintergrund betrachtet, ist es nicht verwunder–
lich, dass uns mit ihm ein ganz besonderer Hund begegnet.
Saluki, so lautet sein Rassename, gilt als der älteste durch
Zeichnungen und unzählige Malereien dokumentierte Hund
der Menschengeschichte.

Es gibt Thesen, die ihm eine 10.000-jährige Geschichte zu–
ordnen. Nachgewiesen sind Abbildungen dieser Hunde auf
den Grabmählern von Hierakonpolis in Oberägypten, die
auf das Jahr 3.600 v. Chr. datiert werden.

Als ein geliebter Begleiter, der seinem Herrn auch im Jen–
seits nahe sein sollte, finden sich Abbildungen aus der Zeit
323 v. Chr. auf dem Sarkophag von Alexander dem Gro–
ßen. Sogar in den Vatikanischen Sammlungen befinden
sich Zeichnungen des Saluki. Er soll, als der erste und äl–
teste Vertreter seiner Art, dem Windhund, Unkundigen eine
erste, kleine Einführung in die spezifischen Merkmale die–
ser Hundespezies geben.

Er ist, wie alle seiner Artverwandten, ein typischer Sicht–
jäger. Die Nase wird also kaum zum Aufspüren der Beute
eingesetzt. Sie wird durch Hetzjagd verfolgt, wobei eine
Geschwindigkeit zwischen 60 und 70 km/h im Sprint
durchaus erzielt werden kann.

Der Saluki gehört zu der Untergruppierung der orientali–
schen Windhunde, die wiederum einige Merkmale verbin–
det, wie beispielsweise die Form der Hängeohren, die lan–
ge, schlanke Rute und die extrem aufgezogene Form des
Brustkorbs.

Durch seine Schnelligkeit, seine Ausdauer und Intelligenz
war er über Jahrtausende ein unentbehrlicher Jagdgehilfe
des Menschen, und so wurde er mit besonderer Fürsorge
bedacht. Er durfte das Lager seines Herrn teilen, wurde zur
Jagd mit auf den Sattel genommen, und erst wenn das Wild

in Sichtweite war, wurde er zur Verfolgung der Beute heruntergelassen. In früheren Zeiten hieß es, der Araber verkaufe niemals seinen Sohn, sein Pferd oder seinen Saluki.

Er ist sprichwörtlich schnell wie der Wind. Sein graziler Körper gleitet, einem Pfeil gleich, durch die Zeitgeschichte von Kulturen und Reichen. Seine Bewegung ist so leicht-füßig, dass er kaum den Boden zu berühren scheint. Kommt für ihn heute die reale Hetzjagd auch nur noch selten in Betracht, so kann er auch in unserer Zeit eine große Berei-cherung für seine Menschen darstellen. Aufgrund seiner hohen Sensibilität und seiner Beobachtungsgabe des Um-feldes findet er sogar als Therapiehund, ganz besonders bei autistischen Kindern, einen Einsatzbereich.[77]/[78]

Ein uraltes arabisches Sprichwort sagt: „Der Saluki ist kein Hund, er ist ein Geschenk Allahs, dem Menschen zur Freu-de und Nutzen gegeben" (altes arabisches Sprichwort, ge-funden im DWZRV).

Unser erster Ausflug neigt sich dem Ende zu, das Chrono-mobil verlässt den Zeitstrahl und ich verabschiede mich fürs Erste von meinen beiden Mitreisenden.

Fräulein Wiki verarbeitet nun die gesammelten Eindrücke und Erlebnisse, Mr. Media wird sich um die Planung unserer nächsten Etappe kümmern und Setare freut sich salukigemäß, seine Menschen im Hier und Jetzt wieder-zuhaben.

Meine Aufgabe ist es, die Gedanken mit der Realität zu verknüpfen, denn Anregungen und wunderbare Impulse der Völkerverständigung begegnen uns nicht nur auf Reisen in die Vergangenheit mittels eines Chronomobils. Sind wir wachsam, gehen wir mit offenen Augen und Herzen durch

---

[77] Vgl. ER 46, Seite 1-4
[78] Vgl. ER 47, Seite 2-7

das Leben, dann können wir sie überall treffen, die Ge–
sprächspartner von Fräulein Wiki oder Mr. Media. Überall
sind sie zu finden, die Begegnungen mit Menschen, die uns
von der großen Wanderung, von dem Suchen nach Heimat,
der Sehnsucht nach dem Miteinander, von der Hoffnung
auf ein Leben in Frieden erzählen, gerade so, wie es uns,
meinen beiden Gesangschülerinnen und mir, mitten in
Berlin passiert ist.

Zwischen Kudamm und Potsdamer Platz

Inmitten unserer Gepäckstücke standen wir, zwei meiner
Sängerinnen und ich, vor dem Ausgang der Flughafenhalle
Berlin-Tegel, und obgleich in Anbetracht der Anzahl an
Koffern und Taschen die Entscheidung für ein Taxi als
Transfer zum Hotel nahe lag, beratschlagten wir noch über
die Weiterfahrt mit einem öffentlichen Verkehrsmittel.
„Brauchen Sie ein Taxi?" Die Ansprache aus der Limou–
sine direkt vor uns machte den Erwägungen ein Ende, und
zu unserem Erstaunen verfrachtete die Fragestellerin unser
gesamtes Gepäck in null Komma nichts im Kofferraum
ihres Taxis. Da das Verkehrsaufkommen bemerkenswert
gering war, entwickelte sich eine angeregte Unterhaltung
zwischen unserer Chauffeurin und uns. Ob wir einen länge–
ren Aufenthalt in Berlin geplant hätten? Wahrscheinlich
war dies die logische Schlussfolgerung, die sich aus unse–
rem reichhaltigen Reisegepäck ergab. Aber gewiss kannte
sie, als erfahrene Taxifahrerin, durchaus den Umstand, dass
Frauen eben auch für einen nur zweitägigen Aufenthalt
mindestens drei Paar Schuhe, mehrere unterschiedliche
Outfits und diverse andere unbedingt notwendige Uten–
silien benötigen.
Als sie erfuhr, dass wir zum ersten Mal nach dem Mauerfall
nach Berlin kamen, berichtete sie voller Enthusiasmus von

der rasanten Entwicklung und dem Wiederaufbau dieser geschichtsträchtigen Stadt. Ihre Erklärungen und Schilderungen waren voller Begeisterung, als kämen sie aus dem Mund einer Einheimischen, und doch verriet ihr leichter Akzent, dass sie keine deutsche Muttersprachlerin war. Ich konnte ihren Akzent allerdings keiner mir bekannten Sprache zuordnen, und so erkundigte ich mich behutsam nach ihrem Heimatland. Sie sei aus Persien, erzählte sie uns. Zur Zeit des Regimewechsels waren sie und ihre Familie aus der Heimat geflohen.

Persien!

Das Land, in dem unser Völkerverständigungsprojekt seinen Anfang nimmt, und ein Lied aus diesem geheimnisvollen Land der Erzählungen, Teppiche und alter Kultur hatten wir doch gesucht!

Nun berichtete ich ihr von unserem Projekt, dass wir Lieder der Völker sammelten, sie einstudieren und hier in Berlin demnächst aufnehmen würden. Ich wollte ihr erklären, wie sehr uns die Botschaft der Lieder am Herzen lag und dass wir hofften, mit unserem Projekt einen Beitrag zum besseren Miteinander leisten zu können.

Wir standen gerade an einer Ampel, da wandte sie mir den Kopf zu, ihre Augen glänzten, und plötzlich stimmte sie ein Lied aus ihrer Heimat an. Mitten in Berlin, zwischen Kudamm und Potsdamer Platz, bekamen wir ein Lied aus dem Herzen einer uns bis dahin fremden Frau vorgesungen. Völlig überrascht ob solch großer Öffnung lauschten wir dem weichen, werbenden Gesang, der so typisch für dieses Volk ist. Bei diesem persischen Hochzeitslied steht das „Reh" als Metapher für eine schöne Frau:

Shekare ahoo	**Rehjagd**
Mikham beram kuu	Ich will auf die Berge,
Shekare ahoo	auf die Jagd nach einem Reh.

Tofanje man ku Leily djan	Wo ist meine Waffe, Leily, mein Herz?
tofanje man ku	Wo ist meine Waffe?
Rooye tcho mahat	Deine Schönheit,
tchashme siahat	Deine schwarzen Augen,
Borde del az man Leily djan	Deine Blicke, Leily, haben
tire negahat	mich wie Pfeile getroffen.
Baraye booni	Auf dem Dach
kaftar parooni	spielst Du mit Tauben.
Schastet benasam Leily djan	Gratuliere, Leily, mein Herz,
khoob miparooni	Du hast es im Griff.

Afghanistan – *O Bottawála*

Mit frisch aufgeladenen Handys und Laptops treffen wir uns wie verabredet an unserem Chronomobil.

Ghori, meine Afghanenhündin, ist schon in unser Reise–gefährt hineingesprungen und hat es sich auf dem Teppich, den Setare nach Persien mitgenommen hatte, bequem gemacht. Aufmerksam beobachtet sie unsere beiden jungen Leute, die sie heute zum ersten Mal sieht.

„Ist das dein Hund?", fragt Mr. Media.

„Ja", antworte ich, „sie ist eine sehr intelligente Afghanen–hündin und heißt Ghori, benannt nach der afghanischen Provinz Ghor.[79] In Ghor steht im Übrigen ein Minarett, das im 12. Jahrhundert aus Backsteinen erbaut wurde und die

---

[79] Vgl. ER 48, Seite 1f

beachtliche Höhe von 65 Metern hat, womit es das zweit–
höchste Backsteinminarett der Erde ist. Und nicht nur das,
es droht auch noch 'Der schiefe Turm von Afghanistan' zu
werden, denn die immer wieder auftretenden Hochwasser
aus dem Fluss *Hari Rud* unterspülen seine Fundamente. Es
ist nun schließlich als Weltkulturerbe in die Liste der
UNESCO aufgenommen worden"[80], gebe ich der Jugend
schon mal einen ersten Input über dieses so vielschichtige
Land.

„Möchte vielleicht jetzt einmal einer von euch unser Reise–
ziel eingeben?", frage ich die beiden. Fräulein Wiki klettert,
flink wie ein Wiesel, in das Chronomobil und setzt sich
ohne Umschweife vor das Touchscreen. In null Komma
nichts hat sie Afghanistan eingegeben, doch das Chrono–
mobil reagiert nicht, stattdessen erscheint auf dem Monitor:

*Error! Keine Einreiseerlaubnis nach Afghanistan – bitte
Beantragung eines Visums vornehmen!*

Verdattert schaut mich Fräulein Wiki an. „Versuch es mal
unter Kabulistan mit der zusätzlichen Eingabe eines Jahr–
hunderts, zum Beispiel 12. Jahrhundert", schlage ich vor.

*Error! Falsche Zeitangabe – Staat Kabulistan zeitliche
Registrierung: 1858-1911*[81]

Fräulein Wiki ist ratlos: „Was wird jetzt mit unserer Reise,
wenn wir da nicht hinkommen?", fragt sie und man kann
ihr die Enttäuschung ansehen.

„Jetzt fang doch nicht gleich an zu heulen!", pflaumt sie
Mr. Media etwas uncharmant, doch gut gemeint an. „Hier

---

[80] Vgl. ER 49, Seite 1f
[81] Vgl. ER 50, Seite 1

schau mal", sagt er und hält ihr sein Handy schwungvoll vor das Gesicht, sodass Fräulein Wiki reflexartig mit dem Kopf zurückfährt. „Da steht ´Afghanistan, ein Land unter dem Sonnenkalender´[82]. Gib mal Chorasan[83] ein, denn das Wort kommt aus dem Persischen und bedeutet wohl so viel wie ´Land, wo die Sonne aufgeht´ oder ´Osten´'", schlägt Mr. Media vor.

Kaum hat Fräulein Wiki Chorasan eingetippt und bestätigt, fährt die gesamte Elektronik unseres Chronomobils hoch, die Düsen beginnen zu pfeifen und wir erheben uns vom Erdboden!

„Na dann mal auf, in das Land der aufgehenden Sonne", lacht Fräulein Wiki erleichtert.

Ein Land unter dem Sonnenkalender

„Von einem Sonnenkalender habe ich doch echt noch nie etwas gehört", sagt Fräulein Wiki. „Weiß einer von euch etwas darüber?"

„Korrekt bezeichnet muss es Iranischer Sonnenkalender heißen, denn der starke iranische Einfluss, der dieses Land geprägt hat, gibt ihm auch seine kalendarische Zuordnung. Er ist im Laufe der Geschichte Afghanistans mehrmals abgesetzt worden und wurde im Jahr 1996 unter der Taliban-Regierung durch den islamischen Lunarkalender ersetzt, doch seit 2004 ist der Solarkalender wieder gültig und von der Verfassung als Sonnenkalender bestätigt. Nach unserer christlichen Zeitrechnung ist der Prophet Moham–med im Jahr 622 n. Chr. von Mekka ausgewandert und nach Medina gezogen, dieses Jahr stellt im Iranischen So–

---

[82] Vgl. ER 52, Seite 33f
[83] Vgl. ER 51, Seite 1f

larkalender den Anfang dar",[84/85] erkläre ich Fräulein Wiki und versuche, Licht in das Dunkel zu bringen.

„Das heißt", hakt sie nach, „dass in Afghanistan unser Jahr 2019 als das Jahr 1397 bezeichnet wird?"

„2019 minus 622 ergibt 1397, das ist richtig", bestätige ich ihre Schlussfolgerung, „aber auch unser Kalender richtet sich nach der Sonne, ist also ebenfalls ein Solarkalender, allerdings mit einigen Abweichungen. Unser Kalender wurde von Papst Gregor XIII. im 16. Jahrhundert in Auftrag gegeben und eingeführt, unser Jahr beginnt seitdem am 1. Januar.[86] Das Jahr im Iranischen Sonnenkalender beginnt am 21. März und geht letztendlich auf einen alten Bekannten von uns zurück, nämlich auf Zoroaster. Afghanistan hat aber noch eine Besonderheit aufzuweisen: Die Monatsnamen richten sich nämlich nach den Tierkreiszeichen!"

„Echt jetzt?", fragt Fräulein Wiki und ihre Augen funkeln. „Dann gibt es da also einen Monat, der offiziell ´Widder´, ´Löwe´ oder ´Jungfrau´ heißt?"

„So ist es, mit ´Hamal´, was Widder bedeutet, fängt in Afghanistan das neue Jahr an",[87] ergänze ich meine Erklärung.

Mr. Media stöhnt leicht auf. „Bevor ihr jetzt in eure astrologischen Corner abdriftet, würde ich euch gerne erst mal ein paar Fakten unterbreiten, damit ihr wisst, wo ihr gleich landet."

Er lehnt sich kurz zurück und holt tief Luft. „Also, es ist echt nicht einfach, die Geschichte dieses Landes in wenigen Sätzen aufzuzeigen, aber ich habe mal Folgendes für Euch zusammengefasst:

---

[84] Vgl. ER 54, Seite 1

[85] Vgl. ER 55, Seite 1

[86] Vgl. ER 56, Seite 1

[87] Vgl. ER 54, Seite 3

Ein kurzer historischer Überblick

„Der älteste und wohl bekannteste Name für diese Region lautet *Chorasan* und seine Geschichte reicht bis in das 6. Jahrhundert vorchristlicher Zeitrechnung zurück. Chorasan lag, wie das heutige Afghanistan, in dem Gebiet des einstmals mächtigen, kulturell hoch entwickelten Persischen Großreiches.[88] Im 18. Jahrhundert entstand durch Ahmad Khan ein bedeutender Staat mit eigener nationaler Identifikation. Ahmad Khan gehörte zum Volk der Paschtunen – eine andere Bezeichnung für Afghanen. Er wurde 1747 der erste Schah der Paschtunen in der Region des heutigen Afghanistans, nannte sich fortan Ahmad Schah Durrani und begründete somit die Durrani-Dynastie.[89] Im Jahr 1801 wurde dieses Land dann erstmals offiziell unter dem Namen Afghanistan erwähnt – aber erst 1919 mit der Erklärung der Unabhängigkeit Afghanistans vom Britischen Weltreich beurkundet. Mit seiner Gründung als unabhängiger Staat im Jahr 1936 erhält der Name Afghanistan schließlich internationale Anerkennung.

Die Größe des heutigen Staates erstreckt sich über eine Fläche von 652.864 qm. Nur zum Vergleich: Deutschland besitzt ein Flächenmaß von 357.000 qm. Bei einer Einwohnerzahl von circa 34,9 Millionen liegt Afghanistans Bevölkerungsdichte bei 52 Einwohnern pro qm. Deutschland hat, bei der Einwohnerzahl von circa knappen 82 Millionen, eine Bevölkerungsdichte von 231 Einwohnern pro qm.

Kabul, die Hauptstadt des Landes, ist mit circa 3,9 Millionen Einwohnern die bevölkerungsreichste Stadt und das kulturelle Zentrum Afghanistans.[90]

---

[88] Vgl. ER 51, Seite 2
[89] Vgl. ER 65, Seite 1f
[90] Vgl. ER 52, Seite 1

Der historische Rückblick erzählt uns vom schicksalhaften Auf und Ab dieses Völkerverbundes, da sein Land als besonders strategisch interessanter Standort leider immer wieder zwischen die Fronten der Ost- und Westmächte geraten ist.

Afghanistan, Zar Peter der Große und die Briten

Schon Zar Peter, der Große, wollte durch die Eingliederung Afghanistans in sein Reich an den Indischen Ozean gelangen, um so einen eisfreien Hafen für seine Marine errichten zu können. Das Britische Weltreich versuchte, den russischen Bestrebungen entgegenzuwirken und anglo-indische Armeen wollten im 19. Jahrhundert Afghanistan wiederholt dem Britisch-Indischen Reich angliedern. Bei einem dieser Kämpfe, der Schlacht am Khyber-Pass, wurden alle Soldaten (690 britische und 2.840 indische Soldaten) sowie weit über 10.000 Zivilisten getötet.

Vermochten auch die Briten nie vollständig die Herrschaft über das Land zu erringen, so stand Afghanistan doch in einer Zeitspanne von 40 Jahren (1880–1920) unter der außenpolitischen Führung Großbritanniens und musste sogar eine Teilung hinnehmen (Durant-Linie).

Am 8. August 1919 konnte der afghanische Diplomat Amanullah Khan endlich, dank geschickter Verhandlungstaktik, die Anerkennung eines souveränen, unabhängigen Staates Afghanistan, frei vom Großreich Britannien, erwirken.

Afghanistan gelang es, unter der Sippe der Barakzai in beiden Weltkriegen seine politische Unabhängigkeit zu wahren. 1933 stand es unter der Herrschaft einer konstitutionellen Monarchie.

Im Jahr 1946 trat Afghanistan den Vereinten Nationen bei.

Nach dem Sturz des Königshauses (1973) durch Muhammed Taraki gelangten kommunistisch ausgerichtete Volksparteien an die Macht in Kabul.

Afghanistan, Russland, USA und die Taliban

Dann, in jüngster Vergangenheit, geriet Afghanistan wie–
derum unter Fremdherrschaft. 1979 besetzten sowjetische
Truppen das Land. Von den USA und Saudi-Arabien fi–
nanziert und von Pakistan aus operierend, stürzte Mud–
schaheddin in den 1990er Jahren das sowjetisch gestützte
Regime Afghanistans. Die rivalisierenden islamischen
Gruppen verhinderten jedoch das Verteilen der Machtver–
hältnisse und die extrem fundamentalistisch ausgerichteten
Taliban-Milizen ergriffen die Macht und gründeten das
Islamische Emirat Afghanistan.[91]/[92]

Nach den Terroranschlägen am 11. September in den USA
begannen diese den Krieg gegen den Terror. Das Taliban-
Regime, welches mit den Terrororganisationen sympathi–
siert, wurde von den USA im Verlauf dieses Krieges ge–
stürzt. Obgleich das Land nun seit 2004 mit einem ge–
wählten Präsidenten eine islamische Republik ist, kommt es
nach wie vor nicht zur Ruhe.

So stellt sich Afghanistan heute als ein von kriegerischen
Auseinandersetzungen geschundenes Land im Bewusstsein
der Menschen dar",[93] beendet Mr. Media seine Ausfüh–
rungen.

Ich bin recht beeindruckt von unserem jungen Musiker und
applaudiere spontan.

Derweil schwebt unser Chronomobil über einem Land, das
nur aus Bergen, Wüsten und Halbwüsten zu bestehen
scheint.

Schroff, protzig und wenig einladend wirken sie selbst von
oben und in den vorherrschenden Farben eines matten
Beige, Steingrau oder Gelbbraun. Das Grün der Vegetation

---

[91] Vgl. ER 52, Seite 13ff
[92] Vgl. ER 53, Seite 1
[93] Vgl. ER 52, Seite 16ff

wirkt zart, klein und kostbar. Die Wasseradern, die das karge Land durchziehen, spiegeln das wolkenlose Blau eines regenarmen Himmels und das Steingrau der Berge wider, ihre Fluten finden den Weg zu den Meeren nicht, schroffe Felswände sperren sie ein, die Sonne schleckt sie auf und hinterlässt ihre mineralischen Rückstände in großen Salzseen.

Wie ein überdimensionaler Fächer, der von Nordost nach Südwest in das Land geworfen worden ist, liegen sie da, die Felsen und Schluchten, die Gipfel und abstürzenden Hänge, tief unten schmale, spärliche Täler beherbergend.

Sogar das „Dach der Welt", der Himalaya, streckt mit den Höhenzügen des Pamir-Gebirges[94] seine vergletscherten Bergriesen an der Grenze zu Tadschikistan weit nach Afghanistan hinein. Sie haben Namen, die die Fantasie anregen, wie *Koh-e Baba*, bei dem einem die Assoziation zu einem lieben Onkel oder einer lieben Tante in den Sinn kommt, und doch ist es die Fortsetzung des Hindukusch mit schwer zu überwindenden Gebirgskämmen von über 5.000 Metern Höhe[95] oder das *Safed-Koh-Gebirge*, das mit seinen weiß strahlenden 4.000er Gipfeln die Grenze zwischen Afghanistan und Pakistan weit über das Land leuchten lässt.[96]

Nicht einmal 10 % der Landesfläche Afghanistans liegen unterhalb von 600 m Meereshöhe.

Afghanistan ist ein Land der unwirtlichen Hochgebirge,[97] und doch fasziniert es, zieht es immer wieder die Menschen in seinen Bann und hält sie in Atem.

---

[94] Vgl. ER 57, Seite 2
[95] Vgl. ER 59, Seite 1
[96] Vgl. ER 60, Seite 1
[97] Vgl. ER 52, Seite 4f

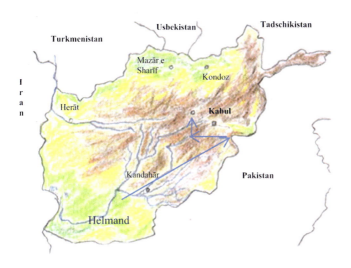

Afghanistan, frei gezeichnet nach: Karte von Afghanistan (Land/Staat)
Welt-Atlas.de

Fräulein Wiki schaut aus der rundumlaufenden Fenster–
front. „Aber echt jetzt", stellt sie seufzend fest. "Berge,
überall Berge und nichts als Berge! Was wollen wir hier
denn finden?", fragt sie, und ihr Gesicht drückt die
mangelnde Begeisterung unmissverständlich aus.

„Lasst uns als Erstes im Nordosten des Landes das markan–
teste Gebirgsmassiv, welches das Gesicht Afghanistans
wohl am meisten prägt, besuchen", schlage ich vor. „Den
Hindukusch, das mit Geheimnissen und folgenschweren
politischen Kämpfen verflochtene Gebirge, das durchaus
mit dem Himalaya verglichen werden kann."

Fräulein Wiki schaut mich von der Seite an, runzelt die
Stirn, doch dann klappt sie ihren Laptop auf, zeigt auf ihre
Datei und sagt:

„Da habe ich schon einiges zusammengetragen über diese
Gebirgsriesen."

Hindukusch, Berg Hindus oder Hindu-Mörder?

Der Hindukusch ist ein zentralasiatisches Gebirge, dessen Ausdehnung sich – je nach geographischer Zuteilung – zwischen 800 und circa 1.200 km von Ost nach West er– streckt und eine Breite von bis zu 350 km aufweist. Der größere Teil dieses Gebirgsmassivs liegt in Afghanistan, dort breitet und streckt er sich gen Westen aus, in Pakistan jedoch reckt er seine Gipfel weit über 7.000 Meter in den Himmel und konkurriert mit dem Himalaya.

Nur einer der Berge des Hindukusch im afghanischen Teil, der *Noshak*, erreicht 7.485 m Höhe, womit er als der höchste Berg Afghanistans gilt.

Afghanistan und Pakistan: zwei Nachbarländer, getrennt von Gipfeln, Schluchten und unüberwindlichen Felswän– den, und doch sucht der Mensch nach Austausch, nach Verbindung. Über Pässe, die alle über 3.000 m Höhe füh– ren, sind die Abenteurer gereist, die Eroberer gekommen und die Handelsreisenden gezogen.

Da der Hindukusch ein noch junges Faltengebirge ist, schieben sich seine Gipfel nach wie vor in die Höhe. Die Deutung seines Namens ist ein wenig geheimnisvoll, denn laut alter Keilschriftübersetzungen soll Hindukusch „Berg" oder „Berge Hindus" bedeuten. Aber nach Auslegung des Forschungsreisenden *Ibn Battuta* hat er seinen Namen in Anlehnung an die Tragödie der Hindu-Sklaven erhalten, die auf ihrem Weg von Indien in den Westen unter den lebens– feindlichen Bedingungen dieses Gebirges umgekommen sind.[98]

„Beides macht Sinn, finde ich", sagt Fräulein Wiki und schaut mich etwas unsicher an. Einerseits hat der Hin– duismus seinen Weg von Indien nach Afghanistan über

---

[98] Vgl. ER 58, Seite 1

dieses Gebirge gefunden. Der Hinduismus war bis zum 11. Jahrhundert nach Christus die erste Hauptreligion im zentralasiatischen Raum und viele Namen, Wortstämme und Mythen lassen diesen Einfluss bis in die heutige Zeit erkennen.

Es gab in Afghanistan, besonders im Gebiet der Hindu–kusch-Gebirgswelt, unzählige hinduistische Tempel und Klosteranlagen, die jedoch zumeist von den afghanischen Königen und zuletzt von den Taliban zerstört worden sind.[99] Andererseits wurden wohl unschätzbar viele Skla–ven über die Höhenzüge des Hindukusch verschleppt.

„Lasst uns *Landung* eingeben, damit wir endlich mit die–sem Land und seinen Menschen in Berührung kommen", gebe ich das Kommando und komme mir ein bisschen wie der Commander eines Raumschiffes vor.

Das leichte Fauchen der Düsen verrät den Bremsvorgang unseres Reisegefährts und die Zunahme der Helligkeit ver–weist auf die Passage durch den Zeitstrahl – dann der ver–traute, sanfte Ruck und wir wissen, wir sind auf der Erde angekommen.

Ghori hat sich schon aufgerichtet, mit wachen Augen schaut sie mich an, und noch bevor ich etwas sage, springt sie schon gegen die Wand unseres Chronomobils, um es zu öffnen.

Fräulein Wiki streckt ihren Kopf vorsichtig zur Türöffnung hinaus und dreht ihn in alle Richtungen. „Da ist ja ein Fluss!", ruft sie. „Vielleicht habe ich etwas falsch ge–macht?", überlegt sie laut und zieht den Kopf wieder ein.

Ich schaue auf das Display unseres Chronomobils und lese *Hilmend, längster Fluss Afghanistans*.

„Nein, nicht direkt, aber irgendwie sind wir nicht im Hin–dukusch gelandet, sondern an Afghanistans wichtiger

---

[99] Vgl. ER 52, Seite 30

Lebensader, nämlich dem 1.125 Kilometer langen Hil–mend-Fluss, der im Hindukusch entspringt"[100], kläre ich die Jugend auf.

Hilmend, mythischer Fluss Sarasvati

In einem Land, in dem einerseits ein großer Teil der Fläche von schroffen, teils unwirtlichen Gebirgen und andererseits von Wüsten sowie Halbwüsten bedeckt ist, hat Wasser als lebensspendendes Element höchsten Stellenwert. So ist es nicht verwunderlich, dass sich uralte Sagen und Mythen um Afghanistans längste Wasserader ranken.

Der Hilmend entspringt westlich nahe Kabul im *Koh-e Baba Gebirge*, nimmt unterwegs das Wasser von vier Nebenflüssen auf, bildet zwei Stauseen und mündet im Sistanbecken nahe Iran in den salzhaltigen Hilmend-See. Er ist der Hauptwasserspender für die Landwirtschaft Afgha–nistans – an die 70 % des Ackerlandes werden aus dem Hilmend bewässert.

Es kommt immer wieder zu Konflikten zwischen den Nachbarn Afghanistan und Iran, denn beide Länder benö–tigen das blaue Gold des Hilmend, das lebenspendende Wasser dieses Flusses, dringend. Seine Fluten stürzen vom Hochgebirge hinunter, schlängeln sich silbrig gleißend durch Geröll und Wüste, und mit seinen vier Armen nährt er die Erde wie eine Mutter ihr Kind.

„Also, jetzt lasst uns endlich aussteigen!", drängelt jetzt Mr. Media von hinten.

„Mensch, schubs mich nicht!", zischt ihn Fräulein Wiki an, „wir sind in Afghanistan, und da muss man vorsichtig

---

[100] Vgl. ER 61, Seite 1

vorgehen!"", sagt sie und ihre Stimme klingt etwas ängst–
lich.

„Wir sind doch in einem ganz anderen Zeitalter", lacht
Mr. Media, schiebt sich an ihr vorbei und springt sportlich
und schwungvoll aus unserem Gefährt heraus auf den
hellbraunen Sandboden. Er streckt sich, als wäre er
tagelang in einer Raumkapsel unterwegs gewesen, dann
geht er zielstrebig zum Flussufer hinunter. Ich steige etwas
gemächlicher als der junge Mann aus und folge ihm an das
sanft dahinfließende Gewässer. Endlich entschließt sich
auch Fräulein Wiki auszusteigen, und sofort wird sie von
Ghori freudig in Empfang genommen. Die Hündin hüpft
um sie herum und fordert sie mit allen hundeüblichen
Maßnahmen zum Spiel auf. Nun weicht die Furcht von
Fräulein Wiki. Sie nimmt einen Stein und lässt ihn mit
einem weiten, flachen Wurf über die blau strahlende
Wasseroberfläche hüpfen. Ghori nimmt Anlauf und stürzt
sich rasant in das frische Nass, dem hüpfenden Wurf–
geschoss folgend. Sie schwimmt ein paar ausgiebige Run–
den, bevor sie wieder zu uns ans Ufer zurückkehrt. In ihrem
Fang trägt sie eine Seerose, die sie Fräulein Wiki vor die
Füße legt.

Hilmends Mythos

„Oh, was hast du mir denn da mitgebracht?", fragt sie und
klatscht begeistert in die Hände. Doch Ghori nimmt die
Seerose wieder auf und legt sie behutsam zurück in das
Wasser, dessen leichte Wellen das Ufer umspülen. Die
Seerose schaukelt sanft auf und ab. Erheitert schauen wir
dem Spiel der schneeweißen Lotosblüte zu, die mit jeder
Welle strahlender zu werden scheint.

„Guck mal", ruft Mr. Media plötzlich, „wie das Teil
wächst! Ich glaub`s ja nicht!"

Er geht ein paar Schritte rückwärts und macht ein Video
mit seinem Handy.

„Das muss ich unbedingt posten", sagt er, „das glaubt uns sonst keiner!"

Die Seerose hat unterdessen die Ausmaße eines runden Tisches erreicht, da schließt sie ihre wunderschönen, weißen Blütenblätter wie die Finger einer Hand. Gebannt starren wir alle drei auf den sonderbaren Vorgang, der sich wenige Meter vor uns auf dem Wasser abspielt. Der gewaltige Blütenkokon wiegt sich hin und her und in seiner Mitte, verborgen hinter den zarten Schleiern seiner Blätter, scheint sich etwas zu bewegen.

„Komm, lass uns gehen", flüstert Fräulein Wiki, „die Monsterblume ist mir unheimlich!"

Ghori legt sich zu meinen Füßen, und mit dem Kopf zum Fluss gewandt, wedelt sie ganz leicht mit ihrer Rute. Ich kenne meine Hündin, ihr untrügliches Vermögen, Gefahren zu wittern, noch weit bevor wir Menschen etwas ahnen, und ihr Verhalten signalisiert mir nun ganz klar, dass hier nichts Böses lauert. Also lege ich meinen Arm um Fräulein Wikis Schulter, doch bevor ich etwas sagen kann, ertönen die sanften Klänge einer Laute. Die Blüte öffnet sich und gibt eine junge Frau frei. Sie ist wunderschön, doch die Tatsache, dass sie vier Arme hat, ist noch erstaunlicher als ihre an das Himmlische grenzende Schönheit.

„Das ist ja eine Missgeburt!", flüstert Fräulein Wiki in mein Ohr.

Beinahe hätte ich laut losgelacht, aber in Anbetracht der göttlichen Erscheinung von *Sarasvati*[101] halte ich an mich und verneige mich nur leicht.

Sarasvati sitzt, die Füße überkreuzt, in dem weißen Kelch der Lotosblüte, wobei ihre Füße wenige Millimeter über dem Wasser baumeln. In dem oberen Armpaar hält sie die Vina, eine Langhalslaute, die sie mit geschmeidigen Bewegungen zupft, aus ihre rechten, erhobenen Hand baumelt

---

[101] Vgl. ER 62, Seite 2

eine Perlenkette herab und mit ihrer linken Hand streckt sie uns ein Buch entgegen. Ihr zierlicher Körper ist in einen Sari aus weißer, schimmernder Seide gehüllt, der an den Säumen mit breiten Goldbordüren verziert ist, und ihre Hüften werden von einem goldenen Tuch malerisch um–schlungen. Ihr langes, schwarzes Haar fällt in sanften Wellen herab und wird von einer Krone zusammengehal–ten, Blumen zieren sowohl die Haare als auch ihre Hand–gelenke.[102]

„Seid willkommen, ihr Besucher aus einer anderen Zeit und einer anderen Welt", sagt sie und lächelt. Ihre Stimme hat solch einen lieblichen Klang, wie ich ihn noch nie zuvor gehört habe.

Mr. Media hält immer noch sein Handy erhoben und filmt die mythische Verkörperung des Hilmend.[103]

„Mr. Media, Sie brauchen das nicht zu tun", spricht Saras–vati und zeigt auf Mr. Medias Handy, „Sie können eine Gottheit nicht filmen, Sie können mich nur in Ihrem Herzen festhalten!"

Mr. Media ist so überrascht, dass er sein Handy loslässt. Ich kann es gerade noch auffangen, bevor es ins Wasser des Hilmend plumpst.

„Verehrte Gattin des großen Brahma, Göttin der Weisheit, der Künste und der Sprache, was verschafft uns die Ehre Ihres Erscheinens?", frage ich sie und verneige mich erneut.

„Euer Vorhaben ist edel, die Jugend ist lernbeflissen und die Menschen Afghanistans brauchen eure Botschaft. Des–halb will ich euch auf eurer Reise durch dieses Land be–gleiten", gibt sie mir zur Antwort. Sie lässt die Perlen–schnur durch das untere Paar ihrer Hände gleiten, wobei sich einige Perlen von der Schnur lösen. Diese Perlen legt

---

[102] Vgl. ER 63 Seite 1ff

[103] Vgl. ER 61 Seite 2

sie in ein Körbchen, das sich unter der Berührung ihrer Finger aus den Blütenblättern der Lostosblüte bildet. Sie winkt mich zu sich heran und überreicht mir das Körbchen mit den Perlen.

„Das sind die Perlen Afghanistans", sagt sie. „Wenn ihr sie in die Hand nehmt, werden sie sich in Wassertropfen verwandeln, durch die ihr, einer Tür gleich, hindurch–schreiten könnt. So gelangt ihr in die verschiedenen Reiche, Kulturen und Gegenden Afghanistans. Ihr sollt wissen, dass ich es bin, die euch führt, die euch begleitet, ohne dass ihr mich noch weiterhin sehen werdet oder sehen müsst."

Ihre Stimme wird bei den letzten Worten leiser und leiser, und zuletzt ist nur noch ein Flüstern zu hören, das sich in dem sanften Rauschen des Wassers verliert. Aus den Fluten des Hilmend steigt vor unseren Augen ein weißer Nebel auf, umhüllt die *Trimurti*[104], und als sich der Schleier aus Wassertröpfchen auflöst, ist sie verschwunden. Das Wasser des Hilmend gluckst gemächlich an den Uferrand und gibt seinen weiten, blauen Fluten – so, als sei nichts gewesen – ihre Bahn.

Etwas ratlos schauen wir uns an. „Also, wenn ich es nicht genau wüsste", berappelt sich Mr. Media als Erster, „würde ich sagen, ich habe da gerade voll bekifft einen Trip ge–macht!"

„Nein! Ich hab sie auch gesehen!", sagt Fräulein Wiki. „Da!" Sie zeigt mit ihrer weit nach vorn gestreckten Hand auf die glitzernde Wasseroberfläche. „Da vorn im Wasser hat sie auf einer mega Lotosblüte gesessen!"

Ich schaue auf meine Handfläche – und da sind sie, die Perlen, die mir Sarasvati gegeben hat.

„Sie war es wirklich", sage ich und strecke meinen beiden Reisegefährten die Perlen entgegen. Alle drei betrachten wir unschlüssig die Perlen in meiner Hand. Schließlich

---

104 Vgl. ER 64 Seite 2

schiebt Fräulein Wiki mit dem Zeigefinger die schimmernden kleinen Kugeln auf meiner Handfläche hin und her. „Sie sind doch sehr verschieden", stellt sie sachkundig fest. „Schau, das hier", dabei tippt sie auf die sattblaue Perle, „müsste ein Lapislazuli sein, und die da ist gewiss eine echte Perle aus einer Meeresmuschel, so seidig, wie sie schimmert!"

„Und jetzt?", fragt Mr. Media und wendet sich schwungvoll von uns ab, wobei er mich seitlich anrempelt.

Ich stolpere einen Schritt vor, meine Hand mit den Perlen schnellt dabei nach oben und bevor ich sie schließen kann, um die Perlen alle festzuhalten, fliegt die Meeresperle aus meiner Hand und durch die Luft. Geistesgegenwärtig fängt Fräulein Wiki die winzige Kugel auf und in dem Augenblick, als sie die Perle zwischen den Fingern hält, bläht sie sich wie eine Seifenblase zu einem mehr als menschenhohen Wassertropfen auf und umschließt uns wie ein Zorb-Ball[105].

Fräulein Wiki und Mr. Media scheinen sich im Zorbing auszukennen, denn sie beginnen langsam in der durchsichtigen Kugel zu gehen.

Doch plötzlich zerrinnt die kugelige, durchsichtige Hülle wie Wasser und wir befinden uns wieder auf festem Boden. Um uns herum sehen wir ein Getümmel von Menschen und Tieren …

Afghanistans Ethnien

Es ist mir nicht möglich, die Zugehörigkeit der einzelnen Menschen zu ihren Volksstämmen klar zu erkennen, jedoch habe ich mich schon vor unserer Reise über die meisten Ethnien Afghanistans schlau gemacht. Ich weiß, dass die *Paschtunen* nach historischer Überlieferung als das staatsbildende Volk Afghanistans gelten, etwa 40 % der Bevöl-

---

[105] Vgl. ER 66 Seite 1

kerung gehören dieser Ethnie an. Ebenfalls zu den Paschtunen gehörig gelten die als Nomaden lebenden *Kuchi*.

Die zweitgrößte Volksgruppe stellen die *Tadschiken*. Mit dem Begriff *Tadschik* ist allgemein der Persisch-Sprecher gemeint, wobei dieses Wort im Süden des Landes einen *Dihgan* und *Dihwar* bezeichnet, was so viel wie der „Dorfbesitzer", der „Sesshafte" bedeutet.

Zu den persisch sprechenden Volksgruppen Afghanistans zählen außerdem die *Qizilbasch*, die *Aimaken* und die *Hazara*.

Die *Usbeken*, ein zu den Turkvölkern gehörendes Volk, sind mit etwa 9 % in Afghanistan vertreten.

Turkmenen, *Belutschen*, *Nurestani* und zahlreiche andere Ethnien sind ebenfalls ein Teil der afghanischen Bevölkerung.[106]

Auf jeden Fall sind es teilweise sonderbare Gestalten in fremdländischen Gewändern, die da um uns herumwuseln, und die meisten von diesem bunten Haufen sitzen hoch erhoben zwischen den Höckern von Trampeltieren. An den Flanken ihrer Lasttiere hängen Kisten, Pakete und Stoffballen. Es wird gedrängelt und in Sprachen, die wir zuvor noch nie gehört haben und nicht zuordnen können, gezetert, gelacht und geschimpft.

Ich ziehe meine beiden jungen Begleiter etwas auf die Seite, hinter einen der mächtigen Türme, die ein großes Tor bilden. Ghori setzt sich vor uns und mustert die Umgebung höchst aufmerksam.

„Wo um alles in der Welt sind wir hier?", fragt Mr. Media und macht natürlich gleich ein Foto mit seinem Handy.

„Das ist der Chaiber-Pass", spricht da jemand hinter uns. Ich drehe mich in die Richtung, aus der die Stimme kommt. Dicht hinter uns sitzt ein gut gekleideter junger Reiter in einem mit Gold verzierten Sattel auf einem edlen Pferd. Er

---

[106] Vgl. ER 52 Seite 6f

lächelt uns zu und lupft zum Gruße seinen Hut, der wie eine Krone aussieht.

„Ach nee! Guck mal: Frauen!" Ein ungepflegter Typ taucht plötzlich neben mir auf und reibt sich garstig grinsend das Kinn. Dann reitet er zu Fräulein Wiki, zu Mr. Media und wieder zu mir.

„Schaut mal alle her! Frauen!", schreit er in die Menschen-menge. Er kommt immer näher auf mich zu und ich kann seinen Atem wahrnehmen, der nach Zwiebeln, Knoblauch und Fisch riecht.

„Wo kommt ihr denn her? Na, das nenn ich jetzt mal eine besondere Handelsware!", grölt die finstere Gestalt von seinem Trampeltier herab. Er ist in ein weites, dunkel-graues Gewand gehüllt, auf dem Kopf trägt er eine bunte Mütze, und mit weit nach vorn gestrecktem Arm, an dessen Handgelenk ein Drachen-Tattoo zu sehen ist, fuchtelt er mit seinem Säbel über Fräulein Wikis und meinem Kopf herum.

Ghori fletscht sofort die Zähne und Mr. Media stellt sich schützend vor uns. Das Geschrei hat sogleich einen Haufen wenig vertrauenserweckender Typen angelockt.

„Zur Seite, ihr Gesindel!", herrscht da der junge Mann mit dem Kronenhut die finstere Meute an und lenkt sein Ross in unsere Richtung. Die unsympathischen Gestalten wei-chen zu unserer großen Erleichterung zurück und lassen von Fräulein Wiki und mir ab.

„Folgt mir!", befiehlt der junge Mann auf dem Pferd und führt uns zu einer Behausung abseits des Getümmels.

„Wir sind hier auf der Seidenstraße, an der Grenze von Afghanistan zu Pakistan", klärt uns der freundliche Herr auf. „Von hier könnt ihr nach Kabul, in meine Stadt, wei-terreisen. Aber bevor ihr euch auf den Weg macht, habe ich hier etwas für euch Frauen." Mit diesen Worten drückt er mir ein Stoffpaket in die Hand. „Verkleidet euch bitte als Männer, zu eurer eigenen Sicherheit, und wenn ihr in Kabul seid, sagt bitte, Esfandiyar[107], der Begründer Kabuls,[108] schickt euch, und dann wird man Euch weiterhelfen." Ich möchte mich bedanken, aber schon ist Esfandiyar zur Tür hinaus gegangen.

Fräulein Wiki hat das Stoffpaket bereits geöffnet und sor–tiert die Kleider. „Das ist ja wie Karneval und Fastnacht zusammen", meint sie und hält die Kleidungsstücke in die Luft.

„Jetzt macht schon!", treibt uns Mr. Media zur Eile an. „Eh die Typen wieder kommen."

In indische Herrengarderobe gehüllt, das Gesicht und die Hände mit Walnussöl braun gefärbt und die Haare unter üppigen Turbanen versteckt, treten Fräulein Wiki und ich etwas unsicher auf die Straße.

„Und wo geht es jetzt nach Kabul?", fragt Mr. Media und schaut sich suchend um, in der Hoffnung, vielleicht einen Wegweiser oder Ähnliches zu finden.

Esfandiyar wartet draußen auf seinem Pferd auf uns und erklärt: „Diese drei Trampeltiere kennen den Weg, sie brin–gen euch gut und sicher an euer Ziel."

Das Gesicht von Fräulein Wiki drückt blankes Entsetzen aus. „Mit diesen Tieren? Da oben drauf soll ich mich setzen?" Aber eh sie es sich versieht, packt sie Mr. Media um die Taille und setzt sie auf das Wüstenschiff, das sich, wie es sich gehört, schon hingelegt hat, um seine Reiterin aufzunehmen.

„Nun wünsche ich euch eine gute Reise! Denkt daran, auf der Seidenstraße werden nicht nur Waren transportiert, sie ist auch ein Weg für Gedanken und Ideologien, sogar Reli–gionen treten die Reise auf ihren Routen zu den Menschen und Kulturen an,[109] und ganz besonders die Musik! Sie ist

---

[107] Vgl. ER 69 Seite 1f

[108] Vgl. ER 70 Seite 4f

[109] Vgl. ER 68 Seite 4f

auf der Seidenstraße mit den Menschen gereist, hat die östliche und die westliche Welt erfreut und bereichert und hat sich gegenseitig befruchtend entwickelt! Haltet die Augen und Ohren offen und ihr werdet den Weg des Austausches und der Entwicklung entdecken", sagt Esfandiyar und wendet sein Pferd. „Wenn euch jemand fragt, wer ihr seid und wo ihr herkommt, sagt einfach, ihr seid die Gewürzhändler vom Chaiber-Pass", gibt er uns als guten Rat auf den Weg, bevor er sein Pferd anspornt und in der entgegengesetzten Richtung davonreitet.

„Also los jetzt, lasst uns unsere Trampeltiere in Bewegung setzen, bevor man uns entdeckt!", kommandiert Mr. Media sehr eindringlich.

Mit drei TS – Trampeltier-Stärken – schaukeln wir gemächlich vor uns hin. Ghori läuft, die Umgebung absichernd, mal voraus, mal lässt sie sich zurückfallen. Als sie müde ist, springt sie mit einem gezielten Sprung zu mir hoch und hockt sich vor mich auf den Rücken unseres Trampeltieres.

Die Reise geht bergab, immer weiter bergab, rechts und links begleiten uns nicht enden wollende Berghänge und Geröllhalden, und nur nach und nach sehen wir von kärglichem Grün gesäumte Wegesränder. Erst weit unten bietet sich unseren Augen das vertraute Bild von grünen Weiden und bewirtschafteten Feldern.

Schlafmohn und Cannabis

Afghanistan ist ein von Trockenheit und Wüstenregionen gekennzeichnetes Land, und dennoch arbeiten über 60 % der Bevölkerung in der Landwirtschaft.

In der Nähe von Flusstälern und in Regionen mit künstlicher Bewässerung ist der Ackerbau möglich, und dort gedeiht auf den steinigen, kargen Böden in geradezu erstaunlichem Ausmaß ein sehr zartes, leuchtend lila blühendes Pflänzchen.[110]

„Oh, schau mal", ruft Fräulein Wiki ganz begeistert, „die wunderschönen lila Blumen! Da möchte ich mir doch gern einen Strauß davon pflücken!"

Mr. Media lacht schallend los. „Einen Strauß pflücken?", fragt er und prustet immer noch, „da kannst du aber dann mal eine ganz besondere Reise machen!"

Fräulein Wiki schaut von ihrem Trampeltier-Schaukelsitz fragend zu Mr. Media hinüber und versteht nicht, was er meint.

„Weißt du echt nicht, was das für ein Feld ist?", fragt er und schüttelt ungläubig den Kopf. „Das sind Afghanistans lukrative Drogenanbaugebiete, und das hübsche lila Blümchen ist Schlafmohn, bekannt als die Pflanze, aus der Opium hergestellt wird."

„Wie, Schlafmohn und Opium? Ich denke, das ist ein Problem unserer Zeit?", fragt sie und schaut Mr. Media skeptisch an.

„Der Schlafmohn ist eine der ältesten Kulturpflanzen. Bereits für 6.000 v. Chr. – also für die Jungsteinzeit – ist er nachgewiesen, und 4.000 v. Chr. wird in Keilschriftaufzeichnungen die Herstellung von pharmazeutischen Mitteln aus Schlafmohn erwähnt. Seine beruhigende und schmerzstillende Wirkung war zur damaligen Zeit für die medizinische Anwendung von großem Segen, aber auch heute noch ist sein Einsatz als Narkotikum in der Medizin unverzichtbar. In der Krebstherapie wird Opium vor allem im Endstadium verabreicht, um dem schwerstkranken Patienten die letzte Zeit seines Leidens erträglich zu gestalten.

Die Samen des Schlafmohns sind aber auch sehr wohlschmeckend und werden gerne zur Herstellung von Gebäck und Süßspeisen verwendet. Zudem eignet sich die Mohn-

---

[110] Vgl. ER 52 Seite 24f

saat zur Gewinnung von Speiseöl oder Öl, das in Kosmetikprodukten Verwendung findet.

Während in der Zeit des Talibanregimes der Anbau von Opium strengstens verboten war und fast völlig erlosch, belebte sich mit dem Eingreifen der Westmächte in das politische Geschehen Afghanistans die Opiumproduktion rasant und stieg auf Rekordhöhe. Die Ernte von Afghanistans Äckern betrug beispielsweise im Jahr 2007 etwa 8.200 Tonnen Opium! Afghanistan ist somit der größte Opiumproduzent der Erde.[111/112]

Mr. Media doziert wie ein Professor. „Ich habe da schon mal vorher nachgelesen", erklärt er sein beachtliches Wissen. „Man kann ja nie wissen, was einem hier so alles begegnet. Und ich weiß auch, was hier noch so angebaut wird", legt er nach. „Noch eine andere Pflanze, die zur Herstellung von Drogen dient, wird nämlich ebenfalls in Afghanistan ertragreich angebaut: Cannabis, oder auch Hanf, wurde schon vor über 5.000 Jahren zuerst in China, aber dann auch in Europa und sogar in Deutschland zunächst zur Fasergewinnung kultiviert. Seine krampf- und schmerzlindernde Wirkung ist jedoch schon bald erkannt worden.

Bereits vor ungefähr 2.400 Jahren wurde Cannabis zur Linderung von epileptischen Anfällen eingesetzt. Cannabis war bis Anfang des 20. Jahrhunderts ein leicht verfügbares Medikament und eines der am häufigsten verschriebenen krampflösenden Beruhigungsmittel. Während des Zweiten Weltkrieges wurden die Fasern des Hanfs bei der Herstellung von Uniformen, Verbandszeug und sogar im Flugzeugbau verarbeitet. Doch nach wie vor ist der Hauptgrund für den Anbau dieser Pflanze[113] unumstritten ihre rauscherzeugende und schmerzlindernde Wirkung.

---

[111] Vgl. ER 71, Seite 3-6

[112] Vgl. ER 52, Seite 25

[113] Vgl. ER 72, Seite 3-8

Mit einer Ernte von 145 Kilogramm Haschisch pro Hektar Ackerland produziert Afghanistan mehr als das Dreifache der Ertragsmenge Marokkos, das eigentlich weltweit das größte Cannabisanbauland ist – so die Ergebnisse einer Studie, die 2010 von der UNODC (United Nations Office on Drugs and Crime) durchgeführt worden ist.[114]

Der weltweite Bedarf an diesen beiden medizinischen Dro–gen wird durch den Anbau weit überschritten und somit fließt der Überschuss in den illegalen Drogenhandel. In einer Initiative zur Bekämpfung der Drogenkriminalität wird in Afghanistan seit 2005 zunehmend der Anbau von Opium erschwert, indem systematische Feldzerstörungen durchgeführt werden. Für die Landbevölkerung bedeuten solche Maßnahmen die Zerstörung ihrer Lebensgrundlage, also wenden sie sich Kriegstreibern zu, was die Sicher–heitslage im Land weiterhin verschlechtert. Die Drogen–barone jedoch werden in ihrer Macht weder angegriffen noch schwindet ihr politischer Einfluss, das Gegenteil wird vielmehr bewirkt: Der Anbau von Opium ist lukrativer geworden."

Ich bin wirklich erstaunt und drücke ihm meine Anerken–nung aus, weil er sich so gut vorbereitet hat.

Ghori ist wieder auf den Boden gesprungen und bellt plötz–lich laut und aggressiv, denn von hinten kommt eine Horde Reiter angeprescht. Diese überholen uns und stellen sich quer vor uns auf den Weg.

„Das sind doch die drei vom Chaiber Pass", schreit der An–führer der Meute. „Ich kenne euren Köter. Reißt ihnen die Turbane vom Kopf!", befiehlt er.

Einer der Männer kommt mit seinem Pferd auf die Höhe von Fräulein Wikis Trampeltier, sticht mit seinem langen, krummen Säbel in ihren Turban und reißt ihn ihr mit einer schwungvollen Bewegung vom Kopf. Fräulein Wikis lan–

---

[114] Vgl. ER 52, Seite 25

ges, kupferrotes Haar fällt auf ihre Schultern und gibt ihm unsere verborgene Identität frei zu erkennen!

„Da, dem anderen Weib auch!", brüllt er außer sich vor Zorn und deutet auf mich. „Ihr dachtet wohl, ihr könnt uns entkommen", ruft er böse lachend, „und mir mein schönes Geschäft vermasseln? Aber da habt ihr die Rechnung ohne mich gemacht!" Und zu seinen Begleitern gewandt fährt er fort: „Die beiden Frauen verkaufen wir als Feldarbeiter, den Kerl lassen wir in den Gruben arbeiten, und die Trampeltiere bringen uns auch noch ein ordentliches Sümmchen!" Er reibt sich die Hände. „Los voran, setzt euch in Bewegung und folgt uns!", kommandiert er.

Er reitet voraus, zwei der finsteren Gestalten reiten rechts und links zu unseren Seiten und zwei folgen uns mit einigem Abstand. Wir müssen ihnen bis in den späten Abend hinein folgen. Sobald einer von uns etwas im Tempo nachlässt, werden wir von ihnen mit übelsten Beschimpfungen angetrieben. Fräulein Wiki ist von dem langen Ritt in der trockenen Hitze Afghanistans so erschöpft, dass ich Sorge habe, sie könne jeden Moment aus dem Sattel fallen.

„Wir müssen eine Pause machen!", rufe ich einem unserer Menschenhändler zu. Sofort kommt dieser ganz nah an mein Trampeltier heran und hält mir seinen Säbel an die Kehle.

„Wenn ihr so weiterreitet, habt ihr bald nur noch zwei Sklaven zum Verkauf", fauche ich ihn mutig an und zeige auf Fräulein Wiki. Sie schwankt auf ihrem Sattel vor und zurück, wie eine Stoffpuppe.

Der Sklaventreiber lenkt sein Pferd auf die Höhe von Fräulein Wiki und beobachtet sie genau. Dann knurrt er irgendetwas Unverständliches vor sich hin, dreht den Kopf zu mir und brüllt mich an: „Wenn ihr uns an der Nase herumführen wollt und denkt, ihr könntet uns entkommen, dann könnt ihr eure Köpfe im Sand von Afghanistan einsammeln!" Dabei wirbelt er seinen Säbel mit einer ruckartigen, unmissverständlichen Geste durch die Luft. Mit einem kräftigen Tritt in die Flanken treibt er sein Ross an und reitet nach vorn zum Anführer. An der Spitze unserer kleinen Karawane unterhält man sich jetzt laut, einige Wortfetzen kann ich aufschnappen. Ich höre „Herat" und „viel Geld", dann wieder „Baktrien" und „reiche Leute". Anscheinend sind sie sich nicht einig, wo sie uns hinbringen und auf welchem Markt sie uns anbieten wollen.

Herat, diese um 800 v. Chr. gegründete Stadt, in der Alexander der Große 330 v. Chr. die berühmte Zitadelle erbauen ließ, würde mich wirklich interessieren. Herat ist wirklich ein Schatzkästchen an persischer und afghanischer Kultur, mit ihrem Meister der Miniaturmalerei *Behzād* und dem großen persischen Dichter *Dschāmi*[115]. Vielleicht können wir ja sogar einen dieser großen Männer afghanischer Kultur treffen? Ich zerbreche mir den Kopf, wie ich die Sklaventreiber wohl da hin lenken kann.

Der Sklavenhändler, der immer so gern mit seinem Säbel herumfuchtelt, kommt wieder zu uns geritten, er tippt Fräulein Wiki mit der Säbelspitze an und ruft: „Reiß dich zusammen, du goldrote Jungfrau, wir reiten ein Stück hinauf in die Berge und dann machen wir über Nacht eine Ruhepause." Er treibt die Karawane zur Eile an, damit wir vor Einbruch der Dunkelheit in den Bergen, die das Bamiyan-Tal umgeben, ankommen.

Fräulein Wiki sitzt bedenklich schief auf ihrem Tier, sie hat kaum noch Kraft. Plötzlich rutscht sie aus dem Sattel. Blitzschnell, noch bevor ich es begreifen kann, ist der Säbelrassler auf Fräulein Wikis Höhe, erfasst sie an der Taille und zieht sie zu sich auf sein Pferd. Ich bin starr vor Schreck und doch zutiefst erleichtert. „Danke", stammle ich, „danke, sie haben unserem Fräulein Wiki das Leben gerettet!"

---

[115] Vgl. ER 73 Seite 5

„Nun mal keine Sentimentalität", brummt der Angespro–
chene, „oder glaubst du, ich lasse mir meine kostbare Ware
von den Hufen eines Trampeltieres zermalmen?" In seinem
dunklen Gesicht ist so etwas wie ein Lächeln zu sehen.

Sicher im Griff seiner kräftigen Arme hockt Fräulein Wiki
nun bei ihm auf dem Pferd und ich muss mir zumindest
keine Sorgen machen, dass sie zu Boden stürzt. Ihr reiter–
loses Trampeltier führt Mr. Media nun neben sich am Half–
ter haltend mit.

Endlich sind wir an einer Stelle in den Bergen angekom–
men, die unsere Händler als geeignet ansehen, um dort die
Nacht zu verbringen. Sie legen ein paar Decken auf dem
Boden aus und befehlen uns, darauf Platz zu nehmen. Dann
binden sie uns mit Stricken aneinander und ziehen sich
etwas zurück. Wir sind so erschöpft, dass wir trotz des
harten Untergrundes sofort einschlafen …

Ein Gepolter und Stimmengewirr schreckt mich aus dem
Schlaf. Es muss sehr früh am Morgen sein, denn das erste
Sonnenlicht kämpft sich durch die Schleier der Nacht und
lässt einen leichten Dunst aufsteigen.

Ich versuche mich aufzurichten. Durch meine Bewegungen
wachen auch Fräulein Wiki und Mr. Media auf, denn ich
ziehe und zerre an unseren gemeinsamen Fesseln, die ich
im ersten Moment vergessen hatte.

„Was ist denn los?", fragt Fräulein Wiki und versucht nun
ihrerseits in die Senkrechte zu gelangen.

„Wir müssen versuchen, uns gemeinsam zu erheben",
schlägt Mr. Media vor, „aber wir müssen leise sein, unsere
Bewacher schlafen noch! Trotz des Lärms …"

Mit etwas Geduld und Geschick gelingt es uns tatsächlich,
auf die Füße zu kommen. Wir gehen vorsichtig ein paar
Schritte vor, bis wir einen Überblick über das Tal vor uns
haben.

Die Sonne klettert gerade über die Berggipfel und taucht
die grauweißen Wände der Berge in ein zartes rosa Licht.

Hier haben wir eine phantastische Sicht über die beein–
druckende Gebirgswelt des nordwestlichen Hindukusch.
Wir suchen die Landschaft mit den Augen ab, um heraus–
zufinden, woher der Lärm wohl kommen mag.

Zeugen einer Entstehungslegende

In einigen Kilometern Entfernung spielt sich ein sonder–
bares Szenario ab: Wie in einem Actionfilm fliehen zwei
Männer vor einer Rotte von Verfolgern. Diese sind den
Fliehenden dicht auf den Fersen und haben sie fast erreicht,
da bleibt einer der beiden Flüchtenden stehen und stößt mit
lautem Zornesgeschrei einen riesigen Felsbrocken gegen
seine Verfolger. Der zu Tal polternde Stein löst einen ge–
waltigen Erdrutsch aus. Vor unseren Augen staut sich der
durch das Tal fließende Fluss und bildet einen wunder–
schön blau strahlenden See.
Doch die Verfolger lassen immer noch nicht ab. Grölend
und säbelschwingend treiben sie ihre Pferde an, um den
Fliehenden in wildem Galopp zu folgen.
Da schlägt der erste der beiden Männer mit seinem Schwert
einen Stein vom Felsen ab und stößt diesen erneut hinunter
in das Tal. Alsbald bildet sich ein neuer See, der die
Verfolger aufhalten soll, doch auch diesmal geben sie ihre
Verfolgungsjagd nicht auf.
Der zweite der flüchtenden Männer schaufelt Erdreich zu
einem Damm auf und bildet einen dritten See. Dadurch
verlieren die Verfolger Zeit, da sie zuerst um die Seen
herumreiten müssen. Das nutzt der erste der Gejagten aus:
Er nimmt etwas aus seiner Tasche und wirft es in den Fluss.
Der Fluss staut sich und wieder entsteht ein See! Plötzlich
erscheinen aus dem Unterholz ärmlich gekleidete Men–
schen, bei denen es sich anscheinend um befreite Sklaven
handelt, und da die Verfolger weit zurückgefallen sind,

stauen sie den Fluss mit allem, was sie finden können, und bilden ebenfalls einen See.

Die Häscher sind nun nicht mehr zu sehen. Da pflückt der erste der Gruppe einen Strauß Minze, wirft ihn in den Fluss, und wie von Geisterhand bildet der Fluss einen sechsten See!

Keiner von uns dreien sagt etwas, wie hypnotisiert starren wir auf das, was sich da vor uns abspielt, und dann ist auf einmal alles vorbei.

Die beiden Gejagten, die Sklaven und die Verfolger – alle sind verschwunden, als hätten die langen, gleißenden Finger der ersten Sonnenstrahlen, die sich zu uns über die Berge strecken, alles weggewischt, wie die Kreidezeichnungen von einer Tafel.

„Was war das denn?", fragt Fräulein Wiki. „Das ist aber echt voll unheimlich, findet ihr nicht auch?"

„Also, ich fand das mega cool", hält Mr. Media dagegen, wobei ich meine, seine Stimme zittert doch ein wenig. Er schaut mich von der Seite an und setzt etwas trotzig nach: „Ich fühle mich jetzt echt in eine fremde, ferne Welt versetzt!"

Doch nun bietet sich unseren Augen in der Bergwelt des Hindukusch ein einzigartiges Naturphänomen!

Auf dem Hochplateau vor uns, in 3.000 Metern Höhe, werden wir von einer unwirklich anmutenden Landschaft umgeben.

Eingebettet in silbergraue und zart beigefarbene Travertin-Dämme strahlen die lapislazuliblauen Wasserspiegel einer Seenkette. Baumeisterin dieses seltenen Stauseensystems war die Natur. Kohlenstoffdioxidhaltiges Wasser ist durch die porösen und brüchigen Felswände gesickert und hat Calciumcarbonat in Form von Travertin-Wänden abgesondert.

Mir fallen plötzlich die Namen und die dazugehörige Geschichte wieder ein ...

Band-e-Amir-Seen: Seen des Fürsten

Band-e-Amir – meist wird die Übersetzung mit „Stauseen des Befehlshabers" angegeben. „Amir" ist jedoch der Bedeutung nach „Mir" zuzuordnen, was mit „Fürst" zu übersetzen wäre.

Die Legende berichtet von Ereignissen aus der Zeit nach dem Jahr 632 n. Chr. In diesem Jahr starb Mohammed, der Prophet Allahs und Stifter des Islam. Ali, der Vetter und Schwiegersohn Mohammeds, galt allgemein als würdiger Nachfolger, aber der Schwiegervater Mohammeds ergriff die religiöse Macht im gesamten arabischen Raum und Ali musste außer Landes. Er floh mit seinem treuen Diener Kambar nach Afghanistan, dort gerieten sie in den Hinterhalt eines arglistigen Fürsten. Ali geland es in letzter Minute, mit seinem Diener über einen der Berge zu fliehen.

Ali schuf auf seiner Flucht als Erstes den *Band-e Haibat*, den See/Damm des Zorns. Er ist mit einer Tiefe von bis zu 150 Metern der größte und tiefste der sieben Seen, danach den *Band-e Zulficar*, den See/Damm des Schwertes. Es war Alis Diener Kambar, der einen Damm aufschüttete und somit den *Band-e Qanbar*, den See/Damm des Qanbar bildete. Ali hatte von den Frauen der Umgebung Käselaibe bekommen, und durch diese entstand der *Band-e Panir*, der See/Damm des Käses. Sklaven, die Ali befreit hatte, halfen ihm, indem sie den *Band-e Gholaman*, den See/Damm der Sklaven formten, und letztendlich entstand noch durch das Wunder mit dem Minze-Strauß der *Band-e Pudina*, der See/Damm der Minze.

So lautet die Legende, die die Menschen über die Entstehung der Seenplatte zu berichten pflegen. Diese faszinierende Landschaft ist seit 2009 der erste Nationalpark Afghanistans![116]

---

[116] Vgl. ER 74 Seite 1ff

„Wir sind gerade Zeugen der Entstehungslegende gewor–den", kläre ich meine jungen Mitreisenden auf.

Alles um uns ist in das warme Sonnenlicht des Morgens getaucht und die Welt ist ruhig.

Da stupst mich Fräulein Wiki sanft an und sagt leise: „Schau mal, unsere Sklavenhändler schlafen ja immer noch! Unglaublich! Ob die gestern Abend was genommen haben?"

„Psst, Psst, he, ihr drei", flüstert eine Stimme hektisch hinter uns. Wir drehen uns um und wären beinahe gestol–pert – so eng zusammengebunden, wie wir sind. Eine klei–ne, ältere Frau schleicht in gebückter Haltung zu uns her.

„Ali schickt mich, der Nachfolger des Propheten", sagt sie und hebt die Augen gen Himmel. „Ich soll euch von euren Fesseln befreien."

Mit einem kleinen krummen Säbel zerschneidet sie sehr geschickt unsere Fesseln. „Ihr müsst runter in das Bamiyan-Tal fliehen, dort könnt ihr euch in den Höhlen verstecken! Eure Trampeltiere warten um die Ecke, dort hinter der Felsnische!"

Kaum hat sie uns von unseren Stricken befreit und uns ihre Anweisung gegeben, ist sie auch schon wieder zwischen den Felsen verschwunden.

„Dieses Afghanistan ist schon ein geheimnisvolles Land", gibt Mr. Media leise zu Bedenken.

Die Trampeltiere stehen, wie von der Frau zugesagt, hinter einem Felsvorsprung und legen sich sofort hin, als wir auf sie zugehen. Ghori begrüßt uns mit eifrigem Schwanz–wedeln und setzt sich sofort an die Spitze unserer Mini–karawane.

Unsere Lasttiere verlassen jedoch den Bergpfad und gehen querbeet durch die unberührte, wilde Natur. Vorbei an schroffen Felswänden, tiefen Abgründen und Schluchten geht es teilweise so steil bergab, dass ich Sorge habe, die Trampeltiere könnten in dem Geröll ausrutschen und ab–

stürzen. Den ganzen Tag geht es unentwegt abwärts, dem tief unten liegenden Tal entgegen.

Auf einmal bleibt Ghori unvermittelt stehen und stellt sich auf die Hinterfüße. Sie balanciert auf ihren Hinterpfoten und es sieht aus, als würde sie tanzen. Den Kopf weit nach oben gestreckt, schaut sie unverwandt in dieselbe Richtung, gibt jedoch keinen Laut von sich, was eher außergewöhn–lich ist.

Zeichnung meiner Hündin Ghori

Der einsame Jäger in den Bergen Afghanistans

Da sehen wir es auch: Ein Rudel Steinwild rennt über die steilen, schroffen Felsenhänge, und wir trauen unseren Augen nicht, als zwei prächtige, goldrot behaarte Hunde hinter dem Wild her hetzen. Der Glanz der untergehenden Abendsonne mischt sich mit dem wogenden Seidenfell der Hunde und verwischt ihre Konturen. Rasant und unbeirrt überqueren sie Felsspalten und Steilhänge, bis sie endlich eines der Beutetiere erhaschen und zu Fall bringen. Weit und breit ist kein Jäger zu sehen. Allein, völlig auf sich gestellt, verfolgen diese Hunde das Wild. Selbstständig, ohne jede Ansprache, jagen sie ihre Beute oft über viele Kilometer. Wir erleben zum ersten Mal den Hund der Afghanen in seinem Heimatland, wild und frei!

„Das sind ja genau solche Hunde wie deine Ghori", flüstert Fräulein Wiki.

„Ja", antworte ich und spreche ebenfalls mit gedämpfter Stimme, um die wundervolle Szene nicht stören.

„Im Norden des Landes, in den Hochebenen der Balkh-Region, so habe ich mich vor unserer Reise schlau ge–macht, sind Höhlenzeichnungen dieser Hunde aus der Zeit 2.200 v. Chr. gefunden worden. Balkh blickt auf eine Geschichte zurück, die bis in die Zeit um 2.500 vor Christus reicht, der Name ist von dem persischen Wort „Bakht" abgeleitet, was Glück bedeutet. Die fruchtbaren Böden Baktriens, wie die historische Bezeichnung der Balkh-Region auch lautet, haben schon indogermanische Volksstämme angezogen. Alexander der Große rang um die Herrschaft in Baktrien und es heißt, der Prophet Zoroaster sei in diesem fruchtbaren Land geboren worden.

Es war gewiss ein stolzer, eigenwilliger Menschenschlag, der einen stolzen, edlen Hund hervorbrachte, und gewiss bedeutete es Glück, solch einen fähigen Jagdgehilfen zu besitzen – bereicherte er doch mit seiner Beute den Speiseplan seines Herrn.

Die Ausfuhr dieser Hunde war bei Höchststrafe verboten. Der afghanische Windhund war für die Jäger ein äußerst wichtiger Gebrauchshund, der in der Lage war, in Gebirgs–regionen zu jagen, die der Mensch kaum betreten konnte. Eine Legende der Araber berichtet sogar, dass schon Noah diese Tiere mit in seine Arche genommen habe, wodurch sie die Sintflut überlebt hätten.

Im 19.Jahrhundert, als britische Militärs Afghanistan be–setzten, um ein Vordringen der russischen Armee nach In–

dien zu verhindern, waren es Militärangehörige der britischen Armee, die die ersten afghanischen Windhunde nach England brachten. 1886 wurde die erste Afghanen-Hündin in Bristol (England) ausgestellt. Als dann 1907 der Afghanen-Rüde Zardin im Kristallpalast in London der Weltöffentlichkeit vorgestellt wurde, gerieten die Hundefreunde wegen dieses wunderschön behaarten Hundes ganz außer sich vor Begeisterung. Seine edle Erscheinung weckte sogar das Interesse von Königin Alexandra, sodass sie sich diesen Hund im Buckingham-Palast vorführen ließ.

Sirdar, ein Bergafghane, der von Major Amps im Jahr 1925 in England importiert wurde, gilt als der Stammvater fast aller heute in Westeuropa lebenden afghanischen Windhunde.

Und es gibt ihn heute noch, den urtümlichen, einsamen Jäger in den Bergen des Hindukusch!

Der Unerschrockene, der Suchende, der sich der Führung eines ortskundigen Landsmannes anvertraut, kann tief in den unwegsamen Regionen der afghanischen Bergdörfer auf Jäger oder Bauern treffen, deren ganzer Stolz der goldfarbene, vierbeinige Jagdgefährte ist. Mit Geduld und dem notwendigen Feingefühl für die Ängste dieser von Krieg und Terror gezeichneten Menschen bekommt er, der Fremde, dann vielleicht die Hunde gezeigt, deren Fell so weich ist, dass man die Berührung damit nicht mehr vergisst. Natürlich werden ihre Konturen nicht von nahezu bodenlangen Fellmänteln umspielt, wie die ihrer müßiggehenden Verwandten, die sich auf westlichen Sofas und Liegen malerisch ausbreiten. Aber der Ausdruck ihrer Augen strahlt die gleiche Würde, den gleichen Stolz und das undurchdringliche Wissen von anderen Sphären aus, wie der in unbekannte Weiten gerichtete Blick unserer afghanischen Windhunde, und wer weiß, vielleicht sind sie ja sogar über Zeit und Raum miteinander in Verbindung – weit über Grenzen und Kulturen hinaus.

Und stets wird der Fremde – hat er erst einmal das Ver–
trauen seines afghanischen Gastgebers errungen – wie ein
Freund willkommen geheißen und auf das Vortrefflichste
bewirtet.

So wird uns dies wiederum eine Botschaft, ein Zeichen der
Hoffnung aus einem uns fremden, undurchdringlichen und
oftmals furchteinflößenden Land sein.“[117/118]

Die Buddha-Statuen vom Bamiyan-Tal

„Kommt, wir müssen weiter“, reißt uns Mr. Media aus
unserer Beobachtung heraus. „Wir müssen noch vor Ein–
bruch der Nacht unten im Tal sein.“

Etwas widerwillig löse ich mich. Hier oben scheint für
einen Moment alles so in Ordnung zu sein und nach alten,
stimmigen Mustern zu funktionieren.

Das letzte Stück des Abstiegs geht zügig, und endlich sind
wir unten, im Flusstal des *Bamiyan*. Obgleich es schon sehr
dämmrig ist, lässt sich das frische Grün einer reichhaltigen
Flora erahnen.

„Und wo sollen wir jetzt schlafen?“, fragt Fräulein Wiki
und lehnt ihren Kopf an den weichen, warmen Höcker ihres
Trampeltieres.

„Seid ihr die Händler vom Chaiber-Pass?“, spricht uns je–
mand an. Ich schaue mich um und entdecke rechts neben
meinem Trampeltier einen Mann. Da fallen mir die Worte
von Esfandiyar ein und ich antworte schnell, bevor meine
Jugend vielleicht etwas anderes sagen könnte: „Ja, wir sind
die Gewürzhändler vom Chaiber-Pass.“

---

[117] Vgl. 75 Seite 9-20
[118] Vgl. ER 76 Seite 1f

Der Mann nimmt mein Trampeltier am Zaum und geleitet uns zu einem von Mauern umgebenen Gebäude. Unsere Trampeltiere werden sofort mit Wasser und Futter versorgt. Eine vielköpfige Familie steht im Hof und empfängt uns, als hätte sie auf uns gewartet.

Wir werden in den Wohnbereich der Familie geführt und zu einem köstlich duftenden Abendessen eingeladen. Es gibt *Mushawa*, einen Bohneneintopf mit leckerem Fladenbrot, als Getränk wird uns grüner Tee angeboten, und zum Schluss gibt es eine Süßspeise, die mich vage an eine um Stäbchen gewickelte Zabaione erinnert und *Abrayshum Kebeb* heißt, was so viel wie Seidenkebab bedeutet. Es schmeckt mir, einem ausgesprochenen Schleckermäulchen, ausgezeichnet.[119]

Im Schutz dieser gastfreundlichen Familie schlafen wir seit Langem wieder einmal tief und fest.

Früh am Morgen weckt uns der Hausherr zum gemeinsamen Frühstück. Mr. Media kann es sich nicht verkneifen, mit seinem Handy ein Foto von der reichhaltigen Frühstückstafel zu machen. Sofort sind die Augen der Kinder auf ihn gerichtet, und als alle fertig sind, springen sie auf und umringen ihn. Ich muss lachen, sie sind genau wie die Kinder unserer Zeit: neugierig, allem Neuen gegenüber offen und vollkommen unvoreingenommen. Der Hausherr ruft die Kinder zu sich und ermahnt sie, aber ich sehe es ihm an, dass auch er gerne dieses ihm unbekannte Gerät sehen würde. Also hole ich mein Handy hervor, gehe zum Hausherrn und zeige es ihm. Dann mache ich ein Foto von ihm und lass es ihn anschauen. Lange betrachtet er das Bild in dem kleinen, eckigen, flachen Kunststoffteil. Er hebt den Kopf, lächelt, geht aus dem Zimmer und kommt mit einem Handspiegel zurück.

---

[119] Vgl. ER 79 Seite 1f

„Wer seid ihr", sagt er und sieht mich forschend an, „dass ihr das Bildnis eines Menschen ohne Stift und Farbe her–zaubern könnt?"

Ich mag ihn und vertraue ihm, also erzähle ich, wer wir wirklich sind. Dass wir aus einer anderen Zeit kommen und den Menschen dort von diesem Land und seiner Geschichte berichten wollen.

Aufmerksam hört er zu, ohne mich zu unterbrechen, und als ich fertig bin, legt er seine Hände auf meine Schultern und schaut mir intensiv in die Augen.

„Gebt mir die Ehre und lasst mich euch die Schätze unseres Tales zeigen", spricht er mit bewegter Stimme und eine Träne rollt über seine Wange. Dann klatscht er in die Hände, ruft die Männer der Großfamilie zusammen und befiehlt ihnen, alle Reittiere zu satteln.

Mit einem Trupp von zehn Leuten reiten wir aus den Mauern des Anwesens hinaus und in die nahe Stadt. Jetzt bei Tageslicht sehen wir die sattgrünen Wiesen und Felder und die hellen, sandsteinfarbenen Häuser des Ortes. In einiger Entfernung wird das Flusstal von einer fast voll–kommen senkrechten Felswand begrenzt und unsere Gast–geber reiten direkt auf diese von der Natur gebildete Stadtmauer zu.

„Schau mal", spricht mich Mr. Media an, „da ist doch eine Skulptur in der Wand!" Auch mir ist die kirchturmhohe Aushöhlung mit dem Kunstwerk darin schon aufgefallen, und je näher wir kommen, umso klarer zeichnet sich die gewaltige Statue ab.

„Das Bamiyan-Tal ist ein äußerst bedeutendes Zentrum buddhistischer Kultur", klärt uns unser Gastgeber auf. „Die Buddha-Statue ist 52 Meter hoch und im 6. Jahrhundert aus dem Felsen herausgearbeitet worden. Nicht weit entfernt gibt es noch eine weitere Buddha-Statue, die immerhin 35 Meter hoch ist, seht ihr?", sagt er und weist mit der Hand nach rechts.

Buddha-Statue von Bamiyan - frei gezeichnet nach der Zeichnung aus ER 81

„Die Felswand sieht ja aus, wie ein Schweizer Käse", ruft Fräulein Wiki belustigt. „Guck, da sind lauter Löcher drin! Wer hat denn die vielen Löcher in die Wände gehauen?"
In der Tat sind in den hellen Felsen unzählige Höhlen ein–gearbeitet.
„Die Höhlen sind an die 300 Jahre älter", erklärt er uns. „Einige sind Wohnungen, andere Gebetsstätten. Kommt, ihr müsst euch mal die Höhlen von innen anschauen, sie sind wirklich schön!"
Wir steigen von unseren Reittieren und binden sie an die umstehenden Bäume. Die Sonne steht schon hoch und es ist ziemlich heiß, doch in der Höhle ist es angenehm, nicht zu warm und nicht zu kühl, wie in einem vollklimatisierten Büro.

Unser Gastgeber deutet mit der Hand nach oben. Ich hebe den Kopf und kann nicht glauben, was ich sehe:

Die Decke der Höhle ist mit prächtigen Ölmalereien aus–gestattet! Ich stehe ehrfürchtig da und staune – und selbst meinen beiden jungen Reisegefährten ist die Bewunderung anzusehen.

„Das Bamiyan-Tal ist reich", unterbricht unser Gastgeber meine Gedanken, „hier verläuft eine der Routen der Sei–denstraße, und die Karawanen, die von Indien und China nach Westen reisen, ziehen hier entlang. Viele Philosophen, Mönche, Künstler und Händler haben hier ein neues Zu–hause gefunden",[120/121] sagt er mit einem gewissen Stolz. Ich bin wirklich überrascht, denn ein buddhistisches Kul–turzentrum hatte ich hier ganz gewiss nicht erwartet!

Auf unserem Ritt zurück in die Stadt ist Mr. Media eifrig mit seinem Handy beschäftigt. Er lenkt sein Trampeltier auf meine Höhe und reicht sein Handy zu mir rüber.

„Da, lies mal", fordert er mich mit gedämpfter Stimme auf, „die Statuen sind 2001, also in unserem Jahrhundert, von den Taliban zerstört worden, und jetzt bemüht man sich, sie wieder zu rekonstruieren, denn sie sind von der UNESCO zum Weltkulturerbe ernannt worden. Gut, dass das diese Menschen vom Bamiyan-Tal nicht wissen. Die Höhlen–malereien sind im Übrigen wohl die ältesten Ölgemälde auf der Welt."[122]

Fräulein Wiki, Mr. Media und ich sind auf unserem Rück–weg sehr still. Zum ersten Mal wird uns bewusst, was für einen kulturellen Schatz dieses Land birgt und wie tragisch die Zerstörung all dieser Botschaften eines Volkes ist, das wir nur aus kriegerischen Auseinandersetzungen kennen.

---

[120] Vgl. ER 77 Seite 1ff
[121] Vgl. ER 78 Seite 1f
[122] Vgl. ER 80 Seite 1

Doch Fräulein Wiki ist jung und temperamentvoll, und so platzt es dann aus ihr heraus:

„Ich krieg jetzt gerade mal eine Wut!", schimpft sie. „Wie viel Schwachsinn ist denn bloß in der Menschheit?! Wie kann man so etwas kaputtmachen, anstatt sich daran zu er–freuen?"

„Dieser Schwachsinn wird uns noch einige Male begeg–nen", warne ich Fräulein Wiki schon einmal vor, „aber genau das ist ja einer der Gründe, weshalb wir diese Reise machen. Unser Ziel ist es doch, den Menschen den Nutzen eines friedlichen Miteinanders aufzuzeigen und ihnen die Reichtümer vor Augen zu führen, die aus dem Austausch gemeinsamer Ideen und Wünsche entstehen können."

Ich kann es förmlich sehen, wie es in Fräulein Wikis Kopf arbeitet, und dann fragt sie nach:

„Aber Afghanistan ist doch jetzt kein buddhistisches Land mehr, oder?"

„Im 10. Jahrhundert hat der Islam in Afghanistan mehr und mehr an Bedeutung gewonnen, und in unserer Zeit beken–nen sich an die 99,9 % der Bevölkerung zum Islam, wobei der wesentlich größere Teil der Muslime der sunnitischen Glaubensrichtung angehört und die Schiiten in der Minder–heit sind.

Es gibt noch an die 15.000 Hindus und einige Sikhs.[123] Der Buddhismus spielt heutzutage keine Rolle mehr in Afgha–nistan, er ist lediglich ein Bestandteil ihrer Geschichte und Kultur", erkläre ich Fräulein Wiki, derweil wir von unseren Trampeltieren zurück in die Stadt geschaukelt werden.

Gerne nehmen wir die Einladung zu einer zweiten Über–nachtung im Hause dieser gastfreundlichen Großfamilie an, haben jedoch den festen Vorsatz, am nächsten Morgen weiterzureisen.

---

[123] Vgl. ER 52 Seite 9f

Von unseren Gastgebern mit reichlich Proviant ausgestattet, brechen wir am nächsten Tag schon gleich bei Sonnenaufgang auf.

Wir lenken unsere Reittiere gen Norden. Ich will nach Balch, der Hauptstadt des alten Baktrischen Reiches. Hier trifft die Seidenstraße auf andere Handelsrouten,[124] denn das „Baktrische Gold", das von Sibirien kommend nach Westen und Süden transportiert wird, findet in Baktrien eine große geschäftstüchtige Händlerschar.

Dareios I. erwähnte das Gold aus Baktrien im Zusammenhang mit dem Bau seines Palastes in Susa, und die Griechen prägten während ihrer Zeit in Baktrien Münzen aus baktrischem Gold.

„Baktrien ist wirklich eine Reise wert", meint Mr. Media, der in seinem Handy schon wieder emsig nach Informationen sucht. „Hier", er zeigt auf sein Handy, „da haben russische Archäologen im 20. Jahrhundert einen unglaublich großen Fund an Gegenständen aus Gold und Edelsteinen gefunden.[125] Vielleicht werden wir ja auch fündig?"

„Afghanistan ist ein unglaublich reiches Land", klinkt sich Fräulein Wiki ein, „ich habe mal nach den Bodenschätzen dieses Landes geschaut und bin auf Beachtliches und Erstaunliches gestoßen …

Erdöl, Metalle, Edelmetalle, Edelsteine Lapis-lazuli

„Die Erde Afghanistans hält unter dem teils so kargen Boden unschätzbare Schätze bereit, die erst nach und nach entdeckt werden. So wurde im Jahr 2006 ein Erdölvor-

---

[124] Vgl. ER 83 Seite 1
[125] Vgl. ER 84 Seite 4

kommen entdeckt, das die ursprünglich geschätzte Menge um ein Vielfaches überschritt. Kostbarste Metalle wie Kupfer, Kobalt, Lithium und Gold ruhen im wertvollen Boden des Landes. Außerdem gehören Edelsteine zu den besonderen Bodenschätzen Afghanistans, allen voran die reichen Vorkommen des leuchtend blau strahlenden Lapislazuli."[126]

„Wisst ihr, dass der Lapislazuli in einigen Interpretationen zur Zeit der Heiligen Hildegard unter der Bezeichnung des Saphirs[127] angegeben wird?", bemerkt Mr. Media, der wie immer sein Handy zu Rate zieht. „Interessant ist, was die kluge Äbtissin da an Heilwirkungen angegeben hat. Hilde–gard von Bingen bescheinigt dem blauen Stein, dass er die volle Liebe zur Weisheit bezeichnet. Er vermag, richtig angewandt, kranke Augen zu heilen, die Gicht aus dem Körper zu treiben, Bluthochdruck zu lindern, den Magen gesund zu machen und vor allem verleiht er, bei korrekter Anwendung, einen klaren Verstand und ungetrübte Er–kenntnis!"[128]

„So bleibt uns die Hoffnung, dass die hohen Tugenden und die Gaben dieses Steines dieses faszinierende Land dereinst befrieden werden und dass den Menschen, deren Heimat Afghanistan ist und von denen ich einige kennenlernen durfte, ihr Land zurückgegeben wird", sage ich und bin in Gedanken für einen Augenblick in Deutschland bei meinen Freunden, der Familie Wassa.

Ich betrachte die herrliche Landschaft: Immer wieder liegen Täler – eingebettet in beeindruckenden Bergkulissen – vor uns, und hinter jedem Felsvorsprung, nach jeder Kurve scheint sich das Bild zu verwandeln. Wie viel gibt es doch in diesem Land noch zu entdecken, auch in unserer Zeit!

---

[126] Vgl. ER 52 Seite 25f
[127] Vgl. ER 85 Seite 7
[128] Vgl. 86 Seite 112ff

Wie wenig wissen wir doch von den Menschen der Berge dieses Landes, wie zum Beispiel dem Volk der Wakhi, die im Wakhan leben, hoch oben im Pamir-Gebirge, im nordöstlichsten Zipfel von Afghanistan![129]

In den Weiten des Landes herrscht eine wohltuende Stille, wie man sie von unseren belebten Ländern nicht mehr kennt, und so genieße ich die schaukelnde Fortbewegung auf unseren Trampeltieren. Ghori liegt vor mir im Sattel, ab und zu hebt sie den Kopf und schaut aus halb geöffneten Augen umher. Plötzlich schnellt ihr Kopf nach oben und sie hätte mir um Haaresbreite einen kräftigen Kinnhaken verpasst. Jetzt knurrt sie und ihre Nackenhaare sträuben sich.

Vor uns ragt ein Felsvorsprung in den Weg und ver-schmälert ihn zu einem engen Pfad. Langsam und vorsichtig tasten sich unsere Trampeltiere auf dem Geröll des Bodens voran. Ich traue mich kaum zu atmen, denn links des schmalen Weges beginnt der steile Abhang, der bis einige hundert Meter in die Tiefe reicht!

Endlich haben wir uns alle drei wohlbehalten um dieses Nadelöhr gewunden und ein Wald breitet einladend seine malerische Kulisse vor uns aus. Ich atme auf. Doch Ghori knurrt immer noch äußerst bedrohlich. Da wird die Stille jäh unterbrochen: Mit lautem Geschrei stürmt ein Haufen Berittener hinter den Bäumen hervor und umringt uns.

„Ach nee!", sagt Mr. Media und stöhnt auf, „nicht die schon wieder!"

Die Männer springen von ihren Pferden, kommen zu uns und zerren uns von unseren Trampeltieren herunter.

„Jetzt seid ihr endgültig dran!", schreit der uns bekannte Säbelrassler, „und der Alten hau ich gleich hier den Kopf ab!" Dabei zieht er mich an meinen Haaren zu einem Baumstupf. Ich muss mich hinknien und vorher meinen

---

[129] Vgl. ER 87 Seite 1

feinen, aus indischer Rohseide gewirkten Sari ausziehen. Gerade, als mein Peiniger nach dem Gewand greifen will, springt Ghori mit einem kraftvollen Satz gegen den Mann! Das Gewand wirbelt durch die Luft und die Perlenschale von Sarasvati, die ich in eine Ärmeltasche gesteckt hatte, wird herausgeschleudert und landet auf dem Boden vor den Füßen des Sklavenhändlers.

„Heb das auf", herrscht er mich wütend an, „und gib mir das Ding!"

Wie befohlen hebe ich das weiße Körbchen vorsichtig auf und reiche es ihm. Es liegen jetzt nur noch zwei Perlen darin.

Der Sklavenhändler mit der lockeren Waffe tritt gegen meine Wade, haut seinen Säbel durch den Stoff meines Unterkleides, das mich nur noch spärlich bedeckt, in den Baumstumpf und fixiert mich auf diese Weise an das alte, verwitterte Holz, wie einen gefangenen Schmetterling an ein Brett. Dann geht er – die Perlen aufmerksam betrachtend – zu seinem Anführer.

„Da haben doch diese Spione Schätze aus unserem Land gestohlen", meint er kopfschüttelnd und übergibt das Körbchen seinem Chef.

Der rührt mit seinem spitzen, krummen Zeigefinger in dem Körbchen herum und greift sich eine der beiden Perlen Sarasvatis. Er hebt sie nach oben und hält sie gegen das Licht.

In diesem Augenblick fährt ein schwarzgrauer Tornado–rüssel vom Himmel, umwirbelt die Sklavenhändler und zieht sie vor unseren Augen wie die Fliegen in einem Staubsaugerrohr empor!

Wir stehen sprachlos da und starren den davonfliegenden Schurken mit aufgerissenem Mund nach.

„Die sehen wir wahrscheinlich so schnell nicht wieder!", stellt Mr. Media zufrieden fest und hilft mir, mich von meinem Marterpfahl zu befreien.

„Ich glaube", sage ich erleichtert, „wir sollten jetzt die letzte Perle nach ihrer Botschaft befragen."

Als wäre nichts geschehen, liegt sie in dem weißen Lotos–blättchenkorb auf dem Waldboden und strahlt vor reiner Schönheit.

Ich betrachte sie aufmerksam in der Hoffnung, vorab etwas von ihrem Geheimnis ergründen zu können – da sehe ich, dass diese Perle, kaum zu glauben, eine schimmernde Träne ist!

Behutsam, um sie nicht zu zerdrücken, greife ich nach ihr und halte sie in die sanft durch das Blätterdach scheinenden Sonnenstrahlen.

„Die Tränen Afghanistans", flüstere ich bewegt – und sogleich sind wir wieder von der Kugel aus Wasser umgeben.

Ghori stupst mit ihrer langen Nase an die Wand unseres Wasserzorbballes und schon stehen wir wieder auf festem Boden. Vor uns steht unser Chronomobil, mit leicht summenden Düsen.

„Es ist wohl Zeit, Abschied zu nehmen von diesem ge–heimnisvollen, faszinierenden Land", bemerkt Fräulein Wiki und geht schnurstracks auf unser Reisemobil zu.

Ghori stellt sich auf die Hinterbeine, und gestützt auf einen kleinen Felsbrocken lässt sie ihre melancholischen, schwarz umrandeten Augen in die Ferne schweifen.

Ja, sie ist ein Geschöpf dieser Weiten, dieser Welt voller Abenteuer, unzähliger Ethnien und Sprachen. Ein Hund der Freiheit, voller Intuition und altem Wissen – genau so habe ich sie von klein auf kennengelernt.

Ohne zu zögern springt sie im nächsten Augenblick in unser Chronomobil, legt sich auf ihren Teppich und lässt uns mit leicht geschlossenen Augenlidern an sich vorbei einsteigen.

Sofort heben wir vom Boden ab und schweben über diesem Land der Hochgebirge.

Zeichnung meiner Hündin Ghori

„Jetzt haben wir noch kein Lied mitgenommen", stellt
Mr. Media etwas nörgelnd fest, „aber bis wir landen, will
ich euch wenigstens meine Arbeit über die Musik
Afghanistans zeigen." Er klappt seinen Laptop auf und
rezitiert:

Afghanistans Musik: Auf den Spuren der Sei–denstraße bis zum Hip-Hop

„Die Musik Afghanistans, das sind die Klänge eines Landes
der vielen Sprachen, der Wiege des Zoroastrismus, des
Dreh- und Angelpunktes großer religiöser Überzeugungen,
der blutigen Auseinandersetzungen und der Berührungs–
punkte indoiranischer, orientalischer und griechischer Kul–
turen. Es entwickelte sich eine Musik, die schon auf den
Spuren der Seidenstraße erklang, ihren Weg durch das
Persische Reich ging, sich Verboten widersetzte, selbst

unter der Burka nicht verstummte und schließlich sogar die fernen musikalischen Gestade westlicher Hip-Hop-Gesänge erreichte.

Das Nachbarland Indien prägte die klassische Musik Afghanistans. Mit den indischen *Ragas*, instrumentale und vokale Musikstücke, kamen auch Musikinstrumente aus Indien nach Afghanistan, so zum Beispiel die *Tabla*, die indische Doppelpauke und das Streichinstrument, deren verwandtes afghanisches Instrument, der *Rubab*, als der Löwe unter den afghanischen Instrumenten bezeichnet wird. Der *Rubab* ist ein dreisaitiges Streichinstrument, dessen oftmals reichhaltig verzierter Klangkörper aus dem Holz des Maulbeerbaumes gearbeitet ist. Überhaupt werden die Musikinstrumente Afghanistans ausschließlich aus Na–turmaterialien hergestellt, wobei sogar Edelsteine als Ver–zierung Verwendung finden.

Die Zeit des Perserreiches brachte den *Ghazal* mit, eine Liedform, die in Reime gesetzte persische Doppelverse interpretierte, und hier begegnen uns wiederum zwei „alte Bekannte": Die Lieder von der Liebe und dem Leid Leilys und Madschnuns werden auch in Afghanistan gesungen.

Jedes der Völker Afghanistans kennt seine ureigenen Musikstücke, Tänze und Lieder, wobei typische Instru–mente und Rhythmen den unverwechselbaren, charakteris–tischen Klang vermitteln.

In der vorislamischen Zeit gehörten Tanz und Gesang auch zu den Riten religiöser Meditationen der hinduistisch-buddhistischen Dynastien, und in einigen Städten, wie Kabul oder Kharabat, entfalteten sich musikalische Zentren mit Musikschulen, begnadeten Musikern und weit über die Grenzen bekannten Instrumentenbauern.

Die Islamisierung brachte aber eine neue, gespaltene Ein–stellung zur Musik in das Land.

Von streng orthodoxen Anhängern des Islam wurden die Musik und der Gesang argwöhnisch betrachtet, teilweise als Werk des Teufels gesehen und somit sogar zeitweise verboten. Besonders die Frauen waren von diesen Maß–nahmen betroffen. Ihnen war das öffentliche Auftreten und das Singen, besonders in der jüngsten Vergangenheit unter der Taliban-Regierung, strengstens verboten. So be–schränkte sich ihr Musizieren auf die Abgeschiedenheit innerhalb der heimischen Wände und die Tradition des Schlafliedes für Kinder sowie das Singen von Hochzeits–liedern zur Feierlichkeit der Frauen, die das Fest getrennt von den Männern begehen mussten.

Andererseits gibt es durchaus den Bereich der religiösen Musik, die sich teilweise als instrumentale Darbietung, aber auch als unbegleitete gesangliche Rezitation des Korans darstellt, wobei die Musiker und Sänger traditionsgemäß männlich sind.

Dennoch hat sich die Volksmusik mit einem vielseitigen Brauchtum behauptet. Die meist einstimmigen Musikstücke werden ohne Noten und nach uralten Überlieferungen ge–spielt und gesungen, wobei Saiteninstrumente nicht nur mit den Fingern gezupft oder mit Plektrons angerissen, sondern auch oftmals rhythmisch geschlagen werden. Vorrang hat zumeist der Rhythmus, wobei vielfältige Schlaginstrumente zum Einsatz kommen. Der Sänger unterstreicht seinen Gesang mit lebhafter Mimik und Gestik, und die Improvisation während des Spielens und Singens ist von größter Bedeutung.

Im 20. Jahrhundert erlebte die Musikszene Afghanistans wahre Achterbahnfahrten! So wurde im Jahr 1925 der Afghanische Rundfunk „Kabul" gegründet, aber schon vier Jahre später wieder zerstört. 1940 wurde er wieder eröffnet und seine populäre Musik erfreute sich großer Beliebtheit. In den 50er Jahren wurde der Versuch unternommen, mehrstimmige Musikstücke zu produzieren. Ein 30-köpfiges Orchester wurde als Folge eines Ausbildungsprogrammes von Radio Kabul herangebildet, und Stipendien für bedeutende Musikakademien im Ausland wurden an begabte junge Musiker vergeben. Obgleich der Krieg dem Vorhaben einen großen Rückschlag erteilte, konnten doch einige der so herangebildeten Musiker den Menschen ihre Kenntnisse für das Weiterbestehen und den Aufbau der Musikwelt in diesem verwüsteten Land zur Verfügung stellen.

Eine andere Besonderheit sollte nicht ohne Erwähnung bleiben: 1951 strahlte Radio Kabul zum ersten Mal die Beiträge zweier afghanischer Sängerinnen aus. Mermon Parwin und Asada sangen das Lied, welches über den Äther die Herzen der afghanischen Bevölkerung erreichte und in die Geschichte des Kulturkreises einging. Es trug den viel–sagenden Titel „Samanak" bzw. „Samano", was auf Per–sisch „Keimling" oder „Süßspeise" bedeutet.

Das „Goldene Zeitalter" der Musik des 20. Jahrhunderts waren die Jahre von 1970 bis 1980. Dann folgte die Zeit der Unterdrückung bis hin zum gänzlichen Verbot aller öffentlichen musikalischen Darbietungen. Unter der radikal islamischen Führung der Taliban wurden nicht nur Musiker festgenommen, sondern auch deren Musikinstrumente be–schlagnahmt und ihre Aufzeichnungen zerstört. Dennoch gelang es einigen Musikern, ihre Instrumente als wichtiges Kulturgut zu retten. Die in Europa oder den USA im Exil lebenden Künstler hielten die Tradition ihrer Musik auf–recht.

Nach dem Fall des Taliban-Regimes erhob sich die Musik–szene Afghanistans wie Phoenix aus der Asche: Aus dem bizarren, unbestimmten Grau einer politisch so hart geprüften Nation, der Vielfalt eines Vielvölkerstaates und dem Gemisch von Sprachen stieg eine Generation von Musikern empor, die ihre Lieder zumeist in den beiden Amtssprachen ihres Landes aufnahmen oder sogar bis zu viersprachige Alben ihrer Gesänge herausbrachten, um auf diesem Weg eine vielsagende Botschaft an ihr Volk und die

Welt da draußen, diesseits und jenseits des Hindukusch, zu vermitteln.

Und, last but not least, hat die junge Musikwelt ihren eigenen, neuen Austausch gefunden, ihre ureigene Verständigung. Denn auch in Afghanistan singen nunmehr junge Menschen und lauschen den „hip-hopenden" Klängen sozialkritischer Musiktitel ihres Landes, und nicht nur das, denn die Welt der digitalen Mitteilungen ermöglicht es diesen Musikern, auf YouTube und anderen digitalen Netzwerken auch Lieder und Weisen anderer Länder hören zu können."[130]

„Sehr schön", lobe ich meinen jungen Musiker, „dafür solltest du eine gute Note einfahren! Aber unser Lied werden wir wohl zu Hause suchen müssen und ich glaube, ich weiß auch schon wie!", sage ich mit einem verschmitztem Augenzwinkern.

Wieder geht eine wunderbare Reise zu Ende und wir kommen auf dem Boden der Realität an. Jeder von uns muss nun seine Eindrücke verarbeiten, sowohl mental als auch praktisch:

Fräulein Wiki wird ihre Präsentation weiter entwickeln, Mr. Media seinen Studien nachgehen, ich will mich weiter der Völkerverständigung widmen – und muss unbedingt unser Lied finden!

Einer dieser Musiker, der aus der neuen afghanischen Musikschule hervorgegangen ist, begegnet mir dann in dem Komponisten und Chorleiter Babrak Wassa mit seinem Werk, dem vierstimmigen Chorsatz des Liedes „O Bottawàlà".

---

[130] Vgl. 88 Seite 1-9

Begegnung mit einem Komponisten aus Afgha–nistan

„Wenn Sie ein afghanisches Lied suchen, so gibt es keine bessere Adresse als die von Babrak Wassa", erfahre ich von Jan Scotland, der mir stets mit Rat und Tat zur Seite steht.

Ein bisschen nervös wähle ich die Telefonnummer von Herrn Wassa, war er doch der ehemalige Intendant des Rundfunksenders von Kabul. Seit 1980 lebt der Komponist, Dirigent und Chorleiter nun in Deutschland. Erst kürzlich strahlte die BBC-Persien eine 30-minütige Sendung über sein Schaffen und seine Werke aus.

Ich erzähle ihm am Telefon von meinem Vorhaben und dass ich für unser Projekt der Begegnung von Orient und Okzident ein Lied aus Afghanistan suche.

Herr Wassa erklärt sich sofort bereit, mir behilflich zu sein. Er habe auch schon ein Lied im Sinn, welches er mir empfehlen möchte, so seine spontane Antwort. Ich dürfe ihn in Rösrath in seinem Haus aufsuchen, er würde mir, meiner Bitte entsprechend, den Text des Liedes erklären und die Artikulation der afghanischen Sprache vermitteln.

Die Herzlichkeit und Offenheit, mit der mein Bekannter und ich von Frau und Herrn Wassa empfangen werden, lässt uns vergessen, dass wir uns zum ersten Mal im Leben begegnen. Wir werden zu einem köstlichen Essen nach Art der afghanischen Küche eingeladen, und lange sitzen wir zusammen, unterhalten uns angeregt, als wären wir alte Bekannte. Wir dürfen uns auch Fotos aus dem Familien–album anschauen. Ich halte ein Bild in der Hand, das eine zierliche junge Frau in einem hellen, kniebedeckenden Kleid im Stil der 60er Jahre zeigt, um ihr schwarzes, hoch–gestecktes Haar schmiegt sich ein heller Seidenschal, und sie strahlt eine edle Eleganz aus.

„Das ist meine Mutter", erklärt mir Herr Wassa. Ich kann es kaum glauben, immer wieder schaue ich auf das Bild.

Dann ein Foto von einem schmucken Häuschen mit einer geräumigen Terrasse, Geranien blühen in Kübeln und baumeln leuchtend von den Fensterbänken herunter. Ich hebe den Kopf und blicke meine Gastgeberin fragend an. „Ein Ferienhaus in den Schweizer Alpen?"

Frau Wassa lacht, nein, nicht in den Alpen, das sei das Ferienhaus ihrer Großeltern gewesen, in den Bergen, unweit von Kabul, in Dschalalabad.

Ein Foto fällt mir auf, das ein ausgetrocknetes Flussbett im Hochgebirge abbildet, Frau Wassa deutet mit dem Finger darauf.

„Ja, hier, die Grenze nach Pakistan, da haben wir als Kinder immer gespielt. Wir sind ständig hinüber und herüber ge–laufen, wie es Kinder ebenso machen", erzählt sie mit belegter Stimme.

Dann zeigt mir Herr Wassa das von ihm für einen vier–stimmigen Chorgesang arrangierte Lied. Langsam und ge–duldig erklärt er mir die Aussprache: Es gibt im Afghani–schen die Lautbildung des „k", die sich von unserer erheb–lich unterscheidet. Amüsiert verfolgt das Ehepaar Wassa meine Bemühungen, meinen Kehlkopf zu dressieren, um ein annähernd kehlig klingendes „k" zu erzeugen. Immer wieder setze ich an und irgendwann finde ich den guttura–len Punkt, tief hinten in der Kehle, an dem sich die Musku–latur für einen kurzen Augenblick schließt, und ich ahne die Mühe, die es mir bereiten wird, meine Sänger und Sängerinnen darin zu instruieren.

Spät am Abend treten wir die Heimreise an. Wir reden nicht viel auf der langen Fahrt, zu sehr sind unsere Gedan–ken mit diesen vielen unerwarteten Eindrücken beschäftigt: Afghanistan, in unserem Bewusstsein gegenwärtig als zer–störte Wüstenei, wo die Frauen in unmenschlich schwere Gewänder „eingesperrt" sind, den Burkas. Wie schnell ver–liert doch ein Land, ein Volk sein eigentliches Gesicht, draußen, bei den anderen!

In meinem Gepäck habe ich die sorgfältige Aussprache „unseres" Liedes. Einen sehr traurigen, schwermütigen Gesang hatte ich erwartet – und ein fröhliches, heiteres Lied, zu singen im Allegro, mit hintergründig tiefsinnigem Text, bringe ich meiner Truppe!

Ein Gedanke zeichnet sich deutlich ab: Dieses Volk scheint eine ungeheure Kraft im Überwinden schwerster Zeiten und Schicksalsschläge in sich zu tragen, ohne dabei jemals seine Würde und seinen Stolz zu verlieren.

Ein Brief

Im Jahr 2019

Fräulein Wiki und Mr. Media
Völkerverständigungsprojekt VVP, Band I
Kapitel Afghanistan

Liebes Fräulein Wiki, lieber Mr. Media,

wir sind gemeinsam durch die Historie Afghanistans gereist, haben das Land mit seiner beeindruckenden Landschaft, seinen vielen Völkerschaften, seinem Reichtum und seiner Geschichte erfahren, aber was wissen wir von den Menschen Afghanistans unserer Zeit? Was dringt durch den Schwall von Berichterstattungen, Nachrichten und Medieninformationen über das Leben der Frauen, Männer und Kinder des Landes am Hindukusch zu uns durch?

Ich schreibe Euch nun diesen Brief, um Euch genau davon etwas zu vermitteln.

Ein Junge, der selbstbestimmt seinen Weg geht, eine Frau, die als alleinerziehende Mutter emanzipiert ihr Leben

meistert, enge Familienbande und familiäre Auseinander–
setzungen und obendrein Kölsche Karnevalsmusik, das ist
der Stoff, aus dem dieser Bericht gewebt worden ist. Ein
Brief über die und von den Menschen aus dem Afghanistan
unserer Zeit – ein wahrer Bericht über meinen Freund:

Der Junge heißt Babrak und er wird drei Jahre nach Ende
des Zweiten Weltkrieges, am 21. Juni 1947, in Ghazni ge–
boren. Afghanistan ist zu dieser Zeit keine Demokratie,
sondern eine von König Zahir Shah geführte Monarchie.
Doch der König ist ein moderner Mann, der seinem Land
neue Impulse geben möchte. Er legt in Kabul eine breite
Straße an, die das Kabuler Krankenhaus und die Universität
miteinander verbindet, und lässt daran anspruchsvoll aus–
gestattete Häuser bauen. Diese Vorstadtvillen stehen den
Ärzten und Absolventen der Universität zu äußerst günsti–
gen finanziellen Bedingungen als Kaufobjekte zur Verfü–
gung, und der Vater von Babrak, der als Arzt und Oberarzt
in den Kliniken von Ghazni, Herat und Kabul arbeitet,
kauft eines dieser Häuser.
Das Haus ist aus Naturstein gebaut, hat vier Zimmer, eine
großzügige Diele, Küche, Bad, WC, einen Wintergarten
und sogar eine Garage! Beheizt wird das Haus mit einer
Brennholzheizung, und aus dem nahe gelegenen Paghman-
Tal werden die Häuser mit fließendem Wasser versorgt. Im
vorderen Teil des Grundstückes steht noch ein weiteres,
kleineres Haus, ebenfalls mit Bad und WC ausgestattet, und
ein herrlich angelegter Garten umgibt die beiden Gebäude.
Auf drei Seiten ist das Anwesen von einer circa zwei Meter
hohen Ziegelmauer umgeben, die mit Blech abgedeckt ist,
und auf der Innenseite der Mauer sind Aussparungen für
Blumentöpfe eingearbeitet. Zur Straßenfront gibt es einen
blickdichten Holzzaun, der auf einem Natursteinfundament
steht – dadurch ist die Intimsphäre der Bewohner vor neu–
gierigen Blicken gut geschützt. Akazien bieten Schatten vor

der Sonne, und liebevoll gestaltete Wege, die auf beiden Seiten von Weinreben umrankt sind, laden nach Art alter persischer Gartenbauarchitektur zum Verweilen ein.

Babraks Großvater legt rechts und links der Wege kleine Bächlein an und schmückt den Bachlauf mit großen Ton–vasen, die er mit Petunien bepflanzt.

Wann immer der Großvater Zeit hat – ist er doch als vielbeschäftigter Mann in Pakistan und Indien im diplo–matischen Dienst, später als Kaufmann mit deutschen Han–delsbeziehungen tätig – legt er Teppiche auf den Weg im Garten des neuen Anwesens, setzt sich darauf und spielt auf seinem Harmonium Lieder seiner Lieblingsdichter Bedel und Hafez.

Die Familie Babrak wohnt nun also in diesem neuen Para–dies, das den klingenden Namen „Kartee-Tschor" trägt. Die Nachbarschaft ist eine auserlesene: Ärzte, Geschäftsleute oder Politiker, die im Kabuler Ministerium arbeiten, haben die Vorstadtvillen gekauft und man verkehrt freundschaft–lich miteinander.

Als Babrak gerade einmal 18 Monate alt ist, schlägt das Schicksal zum ersten Mal erbarmungslos zu: Sein Vater stirbt an Leukämie. Die Mutter nimmt das Leben mit ihren drei Söhnen beherzt in die Hand, Unterstützung bekommt sie dabei von ihrem Vater, Babraks Großvater, und Mayan, dem älteren Bruder ihres Mannes.

Babrak hat ein inniges Verhältnis zu seinem Großvater. Die beiden sitzen gern zusammen, dann musiziert der Groß–vater für seinen Enkel, und Babrak lauscht voller Begeis–terung seinen Liedern. Aber auch diesen wichtigen Berater und Freund verliert er früh. Babrak ist gerade neun Jahre alt, als auch sein geliebter Großvater stirbt.

Vielleicht sucht Babrak Trost und Halt in der Musik, vielleicht ist er durch die Lieder, die er nun spielt (er eignet sich das Spielen auf dem Harmonium seines Großvaters eigenständig an), mit ihm verbunden – auf jeden Fall erwacht in ihm die Leidenschaft für die Musik.

Er ist ein sensibler Junge, der die Schönheit seines Landes zu erkennen vermag. Von seinem Elternhaus aus kann er den schneebedeckten Berg *Paghman* sehen, und oft bleibt er einfach stehen und schaut sich dieses Naturwunder sei‑ner Heimat an. So liebt er auch die Wanderungen mit seiner Familie, wobei sie häufig den nahegelegenen, mehr als 2000 Meter hohen „*Koh-e-Asamayi*" besteigen.

Schließlich trifft die Mutter jedoch die Entscheidung, das luxuriöse Anwesen zu vermieten. Vermögende Mieter fin‑den sich schnell, denn viele Afghanen sind inzwischen in dem äußerst liberalen Afghanistan zu Wohlstand gekom‑men.

Sie kauft ein kleineres Haus in der Nähe ihrer Eltern, und Babrak zieht mit ihr und den Brüdern in die Nähe des Kabuler Zentrums. Allerdings bedeutet dies auch einen Schulwechsel, und da der Junge ein begabter Schüler ist, drängen ihn die beiden älteren Brüder dazu, sich während der Wintermonate den Lernstoff der sechsten Klasse zu erarbeiten, um dann eventuell eine Klasse überspringen und gleich von der Grundschule ins Gymnasium in die Ober‑stufe einsteigen zu können. Babrak lernt und paukt – und schafft es!

In der neuen Schule steigt er in die siebte Klasse ein. Sein Gymnasium *Lessee Ghazi*, auf das er nun geht, liegt nicht weit von seinem Zuhause entfernt, sodass er gut zu Fuß dorthin laufen kann.

Nun steht ihm Onkel Mayan, der Bruder seines Vaters, zur Seite. Onkel Mayan ist ein gebildeter und moralisch hoch‑stehender Mann, der der sophistischen Lehre, die die Toleranz in religiösen Fragen und Aufgeschlossenheit gegenüber der Wissenschaft lehrt, zugeneigt ist. Er ist Bab‑raks bester und zuverlässigster Ratgeber und sollte ihm ein Vorbild für sein ganzes Leben werden.

Babraks Mutter, die so früh verwitwet ist, heiratet nicht wieder. Sie zieht ihre Kinder allein groß und schafft es, dass alle drei Söhne das Abitur machen und studieren können. Babraks zweitältester Bruder studiert Volkswirtschaft und macht so einen guten Abschluss, dass er ein Stipendium für das Weiterstudium in Deutschland erhält. Dort besucht er die Universitäten in Bonn und Bochum. Babraks ältester Bruder studiert Literaturwissenschaft und Journalismus und bekommt eine Anstellung im Kultus- und Gesundheitsministerium in Afghanistan.

Während sich die Söhne fortbilden, absolviert auch Babraks Mutter weitere Ausbildungen, besucht Schulen und Kurse, in denen sie den Umgang mit den neuen elektrischen Nähmaschinen und Strickmaschinen erlernt. Kabul avanciert nämlich in den 1950er und Anfang der 60er Jahre zu einem Mekka der Mode. Die jungen Frauen tragen nun nicht mehr Schleier oder Burka, denn das hat der König abgeschafft. Vielmehr hüllt sich die Kabuler Damenwelt in den neuesten Pariser Chic, und der Minirock erfreut nicht nur den nunmehr erwachsen gewordenen Babrak. Man sagt: „Zuerst kommt die Pariser Mode nach Kabul, bevor sie die Europäerin für sich entdeckt."

Es ist eine Zeit der freien Entfaltung, der freien Meinungsäußerung und der erwachenden Emanzipation der Frau!

Da die beiden großen Brüder etwas Solides studiert haben, steht der Frau Mama der Sinn danach, auch den begabten Jüngsten akademische Wege gehen zu lassen, und zwar soll er in die Fußstapfen des Vaters treten. Babrak soll also Medizin studieren und ein angesehen Arzt werden, so wie es einst sein Vater war.

Irgendwie scheint der lieben Frau Mama aber zu entgehen, dass Babrak so ganz andere Vorlieben hat. Schon mit sieben Jahren singt er als Sängerknabe in Kabuler Theatern, und einer der Mieter ihres Hauses, der Regisseur Mehrabon Nazàrof, erkennt das große musikalische Talent des jungen

Babrak und nimmt ihn gar mit auf eine Tournee bis hin nach Tadschikistan. Mehrabon Nazàrofs Frau wird eine gute Freundin von Babraks Mutter und Babrak hält sich häufig bei der Familie Nazàrof auf.

Aber Babraks Mutter erkennt eben nicht, dass sich ihr Sohn ganz der Kunst zuwendet, obgleich er schon als Junge häufig aufgetreten ist, unter anderem auch im Zainab-Nendaree-Theater.

Das Zainab-Nendaree-Theater ist ein ganz besonderer Mu–sentempel, sind doch dort alle Mitarbeiter, ganz besonders natürlich die Schauspieler, ausschließlich weiblich, und die Männerrollen werden als sogenannte Hosenrollen von Frauen dargestellt. Es ist dies das Gegenstück zu den allge–meinen Theatern Afghanistans, in denen ausschließlich Männer arbeiten und auftreten und eben dann auch die Frauenrollen verkörpern.

Die Welt der Künste, ganz besonders jedoch der Musik, spricht Babraks Herz an. Da fühlt er sich frei, da kann er sich entfalten und seine Gefühle ausdrücken.

Babrak hat nun das Abitur und auf Wunsch der Mutter schreibt er sich wohl an der medizinischen Fakultät ein, besucht jedoch nicht eine einzigeVorlesung!

Der junge Babrak bewirbt sich ohne Wissen seiner Mutter bei Radio Kabul – und wird angenommen! Ihm wird die Leitung der Radio-Afghanistan-Bibliothek übertragen und er avanciert zum Mitarbeiter im Musikarchiv.

Natürlich bekommt Babraks Mutter irgendwann Wind von der ganzen Sache und es kommt zu einer heftigen Aus–einandersetzung. Babrak soll etwas Anständiges lernen, so wie alle aus seiner Familie! Seine Mutti meint: „Alle unsere Verwandten besitzen hohe Positionen in der Regierung und viele haben anständige Berufe wie Ingenieur, Gouverneur, Arzt, Richter und so weiter! Keiner aus unserer Verwandt–schaft ist Musiker gewesen. Nun möchtest du uns mit die–sem Beruf die Schande machen?"

Doch Babrak setzt sich durch. Im Jahr 1965 bekommt er ein Stipendium für ein Musikstudium am Musikkolleg des Moskauer Konservatoriums und zieht nach Moskau. Dort erlernt er auch die russische Sprache und absolviert zwei hochkarätige Musikausbildungen, unter anderem am be–kannten Tschaikowsky-Konservatorium Moskau. Er ver–liebt sich in die junge Russin Marina Koschaewa, heiratet sie und sie bekommen die Tochter Suzana. Als Babrak 1980 nach Kabul gerufen wird, um dort als General–musikdirektor die Leitung des afghanischen Rundfunks und Fernsehens zu übernehmen, zieht er mit seiner jungen Familie in die elterliche Villa im Kartee-Tschor. Seine Frau Marina ist erstaunt, entzückt und glücklich. Kennt sie doch aus Moskau nur bescheidenste Wohnverhältnisse – sie hausten dort nur in einer Einraumwohnung – steht ihr nun in Kabul eine geräumige Villa zur Verfügung!

Doch Afghanistan gerät in das Kreuzfeuer der großen Poli–tik, die Taliban erscheinen auf dem Feld der Geschichts–schreibung und das Land wird zu einem Hexenkessel.

Babraks Ehe hält diesen Ängsten und Spannungen nicht stand, sie zerbricht, und seine Frau geht mit Suzana zurück nach Russland. Kurz darauf muss Babrak fliehen, wenn er überleben will. So flüchtet er nach Deutschland, wo sein Bruder lebt. Schließlich findet er mit Hilfe des Sozialamtes als Untermieter ein Zimmer bei Frau Rotraut Wiehager, einer sozial engagierten und couragierten Dame. Sie bringt ihrem Schützling die deutsche Sprache bei, und als sie erfährt, dass er Musiker ist, übernimmt sie die Bürgschaft für den Kauf eines Klavieres, rührt die Werbetrommel und sorgt dafür, dass er Klavierunterricht geben kann.

Nun bringt er musikinteressierten jungen Menschen aus Rösrath-Forsbach, denn dort lebt er nun, das Klavierspielen bei. Aber Frau Rotraut Wiehager hat noch eine weitere Idee: Sie organisiert ein Interview mit dem Kölner Stadt–anzeiger und plötzlich ist Babrak als vollprofessioneller Musiker und Komponist gefragt. Innerhalb kürzester Zeit singen Sängerinnen und Sänger von acht Chören unter seiner Leitung!

In Bergisch Gladbach begegnet ihm die bezaubernde Zai–nab, die große Liebe seines Lebens! 1983 heiratet er sie und sie bekommen Sohn Arian und Tochter Sophia. Die schöne, intelligente, junge Zainab ist wohl fortan seine Muse, denn das Erfolgsrad beginnt sich immer rasanter zu drehen: Bab–rak wird gesucht, besucht und beauftragt. Seine unkompli–zierte Art, seine Weltoffenheit und die Lebensweisheit, die er ausstrahlt, vermag er in seine Musik hineinfließen zu lassen.

2006 wird er mit der Komposition der Nationalhymne für Afghanistan beauftragt und sie wird bis heute gespielt, trotz wechselnder Machthaber! Die Bundeswehr tritt mit Oberst Dr. Michael Schramm mit der Bitte an ihn heran, eine Marschmusik für Afghanistan zu schreiben, und Babrak verwendet dafür sinnigerweise ein Lied aus seiner Kinder–zeit, das er für das symphonische Blasorchester bearbeitet. 2015 schreibt er, auf Bitten der jungen Klarinettistin Vera Kerner aus Wien, ein Trio für Klarinette, Klavier und Kontrabass nach Ludwig van Beethovens *Gassenhauer-Trio* und gewinnt damit den Fanny-Mendelssohn-Förderpreis. Dieser Preis ist mit einer beachtlichen Geldsumme dotiert und bringt Konzerte im Gewandhaus–orchester, den Festspielen Mecklenburg Vorpommern und in New York mit sich.

Seine Chöre sind gefragt und geben unter seiner Leitung zahlreiche Konzerte, die immer wieder in der Philharmonie Köln aufgenommen werden. Er erhält für seine Tätigkeit zahlreiche Auszeichnungen und Preise als Chorleiter, Mu–siker und Komponist, die hier aufzuführen den Rahmen sprengen würden.

All das ist für Euch, liebes Fräulein Wiki und lieber Mr. Media, als Leserin und Leser, gewiss noch gut nach–vollziehbar, aber wenn ich Euch nun von den *Bläck Fööss* und deren Kölschen Karnevalsliedern wie *Du bes de Stadt* oder *Unsere Stammbaum* berichte, werdet Ihr es wohl kaum für möglich halten, dass so etwas zu dieser Geschichte ge–hören kann!

Babrak ist ja aus Afghanistan und natürlich, wie fast alle Afghanen, muslimisch aufgewachsen, soweit sind wir doch informiert. Wie soll da der Kölsche Karneval hineinpassen? Nun, Babrak ist, wie ich ja anfangs schon erwähnt habe, ein musikbegeisterter Mensch und von den weltoffenen Ge–danken seines Onkels geprägt. Als ihn nun eines Tages *Bömmel Lückerath,* Mitglied der Bläck Fööss, wegen einer Bearbeitung dieser Lieder für einen Männerchor anspricht, sagt Babrak zu und natürlich macht er seine Arbeit so, dass weitere Anfragen aus der Kölner Karnevalsmusikszene an ihn herangetragen werden. All diese Bearbeitungen sind im Bläck-Fööss-Verlag erschienen (angeschlossen an den Gerig-Musikverlag in Bergisch Gladbach). Babrak wird zu den Kölschen Karnevalssitzungen eingeladen und daselbst geehrt, und natürlich lässt er sich gern die Orden von den bezaubernden Jungfrauen der Prinzengarde aushändigen.

Bei all dem Kölschen Heimatgefühl plagt ihn und seine Fa–milie jedoch eine große Sorge – seine Mutter lebt nach wie vor in Afghanistan und die Lage wird von Jahr zu Jahr gefährlicher. Viele Male versuchen die Söhne, die Mutter zur Aufgabe des Hauses und Anwesens zu bewegen, aber immer ohne Erfolg. Zu Besuch will sie kommen, sagt sie, aber dann wieder nach Hause zurückfliegen.

Da ersinnt sich Babrak eine List: Er sagt seiner Mutter, als sie bei ihm zu Besuch ist, dass er mit ihr zusammen zurück nach Kabul gehen und dort bei ihr leben wolle. Da beginnt seine Mutter nun doch nachzudenken und Babraks Rech–nung geht auf. Sie bleibt in Deutschland und lebt bis zu ihrem Lebensende bei ihm und seiner Familie im Haus in Rösrath-Forsbach.

Die Häuser ihrer Familie in Kabul sind allesamt durch Bombardements zerstört worden und somit hat die gesamte

Familie, so wie viele Millionen Menschen in Afghanistan, alles in der Heimat verloren.

Aber hier in Deutschland ist Babrak mit seiner Familie längst zu Hause, seine Kinder sind integriert, sie arbeiten als junge Akademiker und Babrak und seine Familie gehö–ren, wie es *Unsere Stammbaum* der Gruppe *Bläck Fööss* so schön besingt, einfach dazu.

Doch die Menschen in seiner fernen Heimat vergisst er in Deutschland trotz all seines Erfolges nicht!

Wie einst sein Onkel Mayan, der sich sein ganzes Leben lang sozial engagiert und den Menschen in seiner Heimat geholfen hat, wie und wo er konnte, so will auch Babrak etwas für seine Landsleute tun. Am 21. Juni 2007 feiert Babrak Wassa seinen 60. Geburtstag, aber anstatt eine große Geburtstagsparty mit seinen acht Chören auszurich–ten, entschließt er sich, zusammen mit sieben weiteren Personen den Verein *WhaK – Wir helfen afghanischen Kindern* zu gründen.

Die Mitarbeiter dieser Initiative sammeln die verwaisten Kinder ein, die in den zerbombten Städten Afghanistans auf den Straßen leben und herumirren, und bieten ihnen Unterkunft, Kleidung und Schulbildung. Seine Frau Zainab übernimmt den Vorsitz, und ihr und Babraks Anliegen ist es, dass man sich besonders um die Mädchen in dem Land kümmert, denn diese trifft – als schutzlose Kinder ohne jedwede Aussicht auf Bildung – die hoffnungslose Lage noch viel mehr.

Bei seinen Konzerten verzichtet Babrak auf sein Honorar und sammelt Geld für den Auf- und Ausbau der Wohn–stätten und Bildungseinrichtungen für die Kriegswaisen seines Heimatlandes.

Einen Gönner finden Babrak und seine Frau Zainab in Herrn Wolfgang Bosbach, Bundestagsabgeordneten des Rheinisch-Bergischen Kreises und Vorsitzenden des Innen–ausschusses des Bundestages: Er übernimmt die Schirm–herrschaft des Vereins.

Vielleicht ist es da eines seiner schönsten Geschenke, dass seine Mutter, die ja nun in Deutschland lebt, sein größter Fan wird. Erfährt sie doch, was für eine großartige Laufbahn ihr Jüngster als Musiker macht, wie er geachtet und geehrt wird, und dass seine Musik die beste Brücke zwischen den Menschen dieser beiden Länder und Kulturen darstellt.

Ihre Enkelin Sophia schließt das Studium als Volljuristin mit Bravour ab und Enkel Arian tritt dann sogar voll und ganz in die Fußstapfen ihres geliebten Mannes, denn er ist Unfallchirurg am Klinikum in Neuss.

Allerdings erlebt sie das nicht mehr, aber wer weiß, vielleicht schaut sie von oben zu und hat ihre Freude …

Soviel nun zum Leben meines Freundes und Musikerkollegen Babrak Wassa. Seine Familiengeschichte kann uns – wenn auch nur einen winzigen – Eindruck von den Menschen dieses Landes vermitteln, und wie Ihr seht, sind es Menschen wie eben die von nebenan. Mit ihnen verbindet uns mehr als wir meinen, und wir können gute Freunde werden.

Mit lieben Grüßen

Eure Reiseleiterin durch Zeit, Geschichte und Geschichten der Begegnung von Orient und Okzident

Angelika

PS. Babrak Wassa erzählt Euch nun, was er mit dem Lied „O Bottawálá" verbindet.

Artikel von Herrn Babrak Wassa über ein Volkslied aus Kabul, Afghanistan:

„O Bottawálá"
(Bearbeitung für gemischten Chor von Babrak Wassa)

Ich denke mit großer Sehnsucht an meine Kinderzeit zurück und erinnere mich wehmütig an das Kabul der 50er und 60er Jahre. Zwar wusste ich schon damals, dass meine Heimat, ein mittelmäßiges Agrarland, sehr arm dastand, trotzdem liebte ich sie sehr. Ich liebte die wunderschönen, mehrfarbigen und kahlen Berge in und um Kabul, den klaren, blauen Himmel, die zum Greifen nahen großen und hellen Sterne, die Sonne und den Mond. Ich habe die ein–fachen, ehrlichen, fleißigen und lieben Menschen aller Völ–ker dort bewundert und respektiert, egal ob sie Muslime, Juden, Hindus oder Christen waren.

Ich sehe noch oft meine Mutter vor mir, als sie zum ersten Mal in ihrem Leben ohne Schleier auf die Straßen ging. Kabul schien mir an diesem Tag schöner denn je zu sein. Glück und Freude erfüllten unbeschreibbar mein Herz und meine Seele. An diesem Tag war ich ein stolzer Junge dieses armen Landes und hatte völlig vergessen, wie es unseren Völkern in Afghanistan eigentlich ging, dass sie bis zu 95 % Analphabeten waren, dass sie zwar in Frieden und Freiheit lebten, aber sich nicht bewusst waren, dass dieser Frieden und diese Freiheit nichts anderes bedeuteten als eine erbärmliche Abhängigkeit.

An diesem historischen Tag dachte ich gar nicht mehr darüber nach, wenn auch die Frauen einen großen Schritt nach vorne zur Zivilisation gemacht hatten, ihre sonstigen Rechte auf Freiheit und Unabhängigkeit aber weiterhin mit Füßen getreten wurden. Ich war sehr glücklich darüber, meine wunderschöne Mutter ohne Schleier auf den Straßen von Kabul zu sehen und dachte: Das ist ein guter Anfang zur Emanzipation der Frauen. Damals hätte ich nie gedacht, dass Afghanistans Frauen eines Tages in einem Sport–stadion, wieder unter dem Schleier, mit Kalaschnikow-Schüssen hingerichtet werden würden. Diese Tragödie ist für mich ein Albtraum geworden. Ich kann diese entsetz–liche, furchtbare, barbarische Szene einfach nicht aus meinem Kopf bekommen, genau so wenig wie die Zerstö–rung der Buddha-Statuen in Bamiyan.

Ich weiß, was mit Afghanistan passiert ist, und warum. Eines weiß ich aber nicht: Wann kommt dieses blutende Land zur Ruhe?

Und ich finde da keine Antwort, besonders dann nicht, wenn ich an die anderen armen und unterentwickelten Länder der Welt denke, etwa an Pakistan, Angola, Somalia, Jemen, Tschetschenien, aber auch an die fortgeschrittenen Länder wie Nordirland oder das Baskenland.

Mein einziger Trost ist: Die Menschheit hat bis heute viel Positives erreicht – nicht nur im Bereich der Naturwissen–schaften und Technik, sondern auch bei den Menschen–rechten und der Demokratie. Seit Langem gibt es in Europa und Amerika keine Sklaverei mehr. Aus den Nachkommen der Sklaven sind sogar zahlreiche Minister und hochrangige Politiker bis hin zu Präsidenten hervorgegangen. Vielleicht braucht die Menschheit noch viel Zeit, um auch morali–scher zu denken und zu handeln. Vielleicht lässt sie gerade ihre Kinderzeit hinter sich und beginnt langsam, erwachse–ner zu werden. Vielleicht ...

Etwa um diese Zeit, als die Frauen in Kabul ohne Schleier gehen durften, hat eine von ihnen, die renommierte Sänge–rin Mermon Parwin, das alte Volkslied „O Bottawálá" im Radio-Kabul gesungen. Es wurde sogar auf Band aufge–nommen.

Es scheint ein Scherzlied zu sein. Aber es verbirgt hinter seinem fröhlich-heiterem Klang und hinter seinen witzigen Worten doch etwas Realistisch-Tragisches:

Ein Ärmster der Armen sammelt den ganzen Tag die tro–
ckenen Dornsträucher, schultert diese und läuft barfuß
mehrere Kilometer, bis er das Dorf erreicht, wo er es ver–
kaufen möchte. Den Käufern aber, die seine Ware dazu
brauchen, um das Holz oder die Kohle zum Brennen zu
bringen, geht es wirtschaftlich auch nicht wesentlich besser
als ihm selbst. Sie feilschen mit ihm um den Preis und
wollen dafür möglichst wenig zahlen.

Für mich war dieses Volkslied wie ein Bericht über die Ar–
mut der Völker in Afghanistan insgesamt. Ein paar Wohl–
habende aus der Mittel- und Oberschicht kann ich ruhig
dabei übersehen, weil diese nicht die wahre afghanische
Gesellschaft präsentierten und es auch heute nicht tun.

Professor Wladislav Genadowitsch Sokolov, bei dem ich in
den 70er Jahren im Moskauer Konservatorium studiert
hatte, erteilte mir folgende Aufgabe: Ich sollte ein Volkslied
aus Afghanistan für den gemischten Chor a cappella bear–
beiten, was ich auch tat und welches ihm dann gut gefallen
hat. Nach seinem Wunsch durfte ich diese Bearbeitung
sogar mit dem großen gemischten Studentenchor des Mos–
kauer Konservatoriums einstudieren und 1978 als einen
Teil meiner Diplomarbeit beim Staatsexamen im Konzert–
saal des Konservatoriums vor dem Publikum und natürlich
der Examenskommission dirigieren. Das war eben dieses
Lied „O Bottawálá".

Anmerkung des Komponisten B. Wassa: „O Bottawálá" ist
der erste und bisher auch leider der einzige professionell
geschriebene vier-/fünfstimmige Chorsatz in der Musik–
geschichte Afghanistans.

O Bottawálá!

Oh, o, Bottawálá botteta tschand
Oh, o, Bottawálá botteta tschand
Bego bottaferosch bár tschand aß?
Ke káre má ba káre bottaband aß!
Agar arsán feroschi bottaje khodd,
barájat payßaje má meßle `kand aß.
Gapa beßjár, kaschál nako.
Hamráje má, dschandschál nako!
La la la la la la
Oh o, bottawálá botteta tschand?

He, du Reisigverkäufer!

He, du Reisigverkäufer, dein Reisig, was kostet`s?
He, du Reisigverkäufer, dein Reisig, was kostet`s?
Sag, dieses Bündel Reisig, was kostet es?
Denn unsere Arbeit hängt von der Arbeit deines Reisigs ab.
Süß wie Zucker soll dein Lohn sein.
He, lässt du uns dein Reisig für wenig Geld?
Hörst du, He!
Die Verhandlung mach kurz,
ohne Streit und ohne Lärm!
La la la la la la
Du Reisigverkäufer, dein Reisig, was kostet`s?

Nach all den vielen Bildern, Informationen und Emotionen aus diesem Land und seinen Menschen will ich noch eine besondere „Geschichte" von Afghanistan einfügen, einen Bericht, den ich, da ich keine intensive Fernsehzuschauerin bin, eher zufällig im Fernsehen gesehen habe:

Ein Schimmer Hoffnung: Eine kostbare Blume für den Frieden

Zart, klein, violett: Eine Blume aus der Familie der Krokusgewächse gibt am 3. Dezember 2017 um 21.45 Uhr Anlass zu einer Meldung in den Nachrichten des heute journals im ZDF.

Claus Kleber berichtet über die Abschiebung afghanischer Migranten, die Fragwürdigkeit dieses Vorgehens und das Scheitern des Projektes „Friedliches, freiheitliches Afghanistan" der sogenannten Weltgemeinschaft, weil Afghanistan durch den Handel mit den Drogen Opium und Heroin alle Versuche, eine friedlichen Markwirtschaft auf– zubauen, unterwandere. Dann leitet er über zu einem Be– richt von Roland Strumpf.

Auf dem Bildschirm wippen leuchtend lila blühende Blu– men, zerbrechlich wirken die Blütenköpfchen, die unseren Krokussen zum Verwechseln ähnlich sehen, und im näch– sten Augenblick werden flinke Hände sichtbar, die diese Blütenköpfchen abrupfen und in Kunststoffschalen sam– meln. Frauen bewegen sich, dicht an den Boden ge– schmiegt, behände von Pflanze zu Pflanze und ernten das kostbare Gut.

Es ist eine Symphonie aus Violett, Erdbraun und mattem Grün, das sich dem Zuschauer darbietet, denn all die em– sigen Pflückerinnen sind in ein violettes Gewand gehüllt, das mit dunkelroten Bändern verziert ist, als wären sie mit den Blütenblättern ihrer kostbaren Ernte bekleidet, und selbst die Plastikschalen, in die die Abertausend von Blüten landen, sind aus hellviolettem Kunststoff.

Es ist Safranernte in Herat, im Westen Afghanistans, nahe der iranischen Grenze – ein Pilotprojekt der afghanischen Landwirtschaft, das den Bauern eine Alternative zur bislang einzigen Erwerbsquelle, des kriminellen Anbaus von Schlafmohn und Hanf, ermöglicht.[131]

Safran ist eines der kostbarsten Gewürze der Erde, so kostbar, dass es sogar an der Börse gehandelt wird, und sein Kurs steht nicht schlecht!

Aber was genau ist es nun, dieses teure Gewürz, dessen Farbe und Geschichte ein wenig an die Bilder von 1001 Nacht erinnert?

Drei blutrote Stempel strecken sich aus der sechsblättrigen, violetten Blütenkrone empor, und eben diese sind es, die uns das unvergleichlich bittersüße Gewürz schenken.

Herausgetrennt aus der Blüte werden sie zum Trocknen gelagert und treten dann ihre Reise in die besten Küchen der Welt an. An die 200.000 Blüten müssen geerntet werden, um ein Kilogramm des Gewürzes Safran gewinnen zu können!

Aber es ist nicht nur die geschmacksverstärkende und bereichernde Wirkung, die diese Pflanze so wertvoll macht. Seit eh und je werden auch die in ihr enthaltenen Carotinoide geschätzt, die der Speise eine appetitlich leuchtendgelbe Farbe verleihen.

Haben wir nicht alle als Kinder gesungen:

„Backe, backe Kuchen,
der Bäcker hat gerufen,
wer will schönen Kuchen backen,
der muss haben sieben Sachen:

---

[131] Vgl. ER 89

Eier und Schmalz,
Zucker und Salz,
Milch und Mehl,
Safran macht den Kuchen gel"?

Aber es kann nicht nur den Kuchen gelb machen. Bei den alten Römern wurde es auch dazu verwendet, um Gold–schriften nachzuahmen und die Metalle Zinn und Silber wie Gold aussehen zu lassen. Somit war es schon in der Antike eine begehrte Handelsware.

Es heißt, Gott Zeus habe auf einem Lager aus dem die Sinne belebenden Safran geruht, und laut Homer war der reiche Grieche bereit, für Safran so ziemlich jeden Preis zu zahlen.

Hochzeitsschleier wurden mit Safran gelb gefärbt und die blutroten Safranfäden auf das Bett der Brautleute gelegt, denn es heißt weiter, dieses besondere Pflänzchen sei ein zuverlässiges Aphrodisiakum. Wen wundert es da, dass auf den Missbrauch oder unerlaubten Erwerb sowie Diebstahl des Safran höchste Strafen standen?

All das ist nicht unbedingt ein unbrauchbarer Aberglaube aus längst vergangenen Zeiten. Auch in unserer modernen Heilkunde kennt man die stimmungsaufhellende, die Sexualität anregende, aber auch entzündungshemmende Wirkung dieser Pflanze. Sogar krebshemmende Eigen–schaften hat die moderne Alternativmedizin in den Wirk–stoffen des Safrans entdecken können.

Safran wird nicht nur angepflanzt, gehegt, gepflegt, geern–tet und teuer verkauft, nein, Safran wird auch mit weniger wertvollen Kräutern gestreckt und sogar gefälscht. Es gibt eine Reihe von Praktiken, den echten Safran zu erkennen – vom Blick des kundigen Auges auf die charakteristischen Blütenstempel über Experimente mit seiner Färbekraft bis hin zu Labortests. Um seine Reinheit definieren zu können, ist Safran in den Bestimmungen nach ISO-Standard 3632 festgelegt.

Selbst da die Knolle – nicht Zwiebel, wie allgemein angenommen wird – dieser Pflanze noch für viele Bauern in Afghanistan sehr teuer ist und andererseits der benach–barte Iran, das Hauptanbaugebiet des Safran, mit Unmut auf die afghanischen Bemühungen des Safrananbaus rea–giert, ist dies doch ein neuer Impuls, ein Schimmer Hoff–nung, diesem Land den Weg in eine friedliche Zukunft zu ermöglichen![132/133/134/135]

Frei gezeichnet nach Bildern von Saraswati – Google-Suche ER 94

---

[132] Vgl. ER 90 Seite 2f

[133] Vgl. ER 91 Seite 1ff

[134] Vgl. ER 92, Seite 1-5

[135] Vgl. ER 93, Seite 2-13

Sizilien – *Madre Terra*

Endlich ist es wieder so weit! Meine beiden jungen Reise–
begleiter sind pünktlich zum Start der nächsten Etappe
eingetroffen, wie immer natürlich mit Handy und Laptop
ausgestattet und selbstverständlich mit voll aufgeladenen
Akkus, denn das ist eine meiner absoluten Grundbedin–
gungen, dient es doch unserer gegenseitigen Absicherung
und Kommunikationsmöglichkeit für den Fall der Fälle.

Unser Lotse ist diesmal der junge Cirneco Dell´Etna-Rüde
Attentino. Es ist das erste Mal, dass ich einem dieser
aufmerksamen Hunde begegne.

Er mustert uns eine geraume Weile einen nach dem
anderen, bevor er als Letzter in das Chronomobil springt.
Doch in unserem Reisemobil legt er sich dann in das be–
reitstehende Körbchen, genau wie seine Vorgänger, streckt
die langen Beine weit vor sich und beobachtet uns aus
leicht geöffneten Augen.

„Wohin geht unsere Reise dieses Mal?", fragt Fräulein Wiki und hat schon ohne jede Aufforderung auf dem Sitz vor dem Display Platz genommen. Die Vorfreude ist ihr deutlich anzumerken.

„Nach Trinakria", antworte ich und lächle sie etwas lauernd an.

„Trinakria?", meldet sich Mr. Media von hinten auch dann sofort zu Wort. „Wollten wir nicht nach Sizilien?"

„Ja, genau", gebe ich zur Antwort, „nach Trinakria, also Sizilien.

Das Dreieck im Mittelmeer

Trinakria[137] (Dreikap), so nannten nämlich die Griechen die größte Insel im Mittelmeerraum. Und einst verband diese Insel, deren Umriss aus der Vogelperspektive ganz deutlich die Form eines Dreiecks zu erkennen gibt, den

---

[137] Vgl. ER 95 Seite 1

eurasischen Kontinentalblock[138] mit der afrikanischen Kontinentalplatte.[139]

Der Apennin, das Gebirge, das von Nord nach Süd über die gesamte italienische Halbinsel verläuft, streckt mit den Gebirgen *Monti Peloritani*, *Monti Nebrodi* und *Monti Madonie* seine Ausläufer bis auf das Dreieck im Mittelmeer.

Gegenüber diesen Gebirgen liegen die *Monti Iblei*, *Monti Erei* und *Monti Sikani*, Ausläufer der apulischen Kontinentalplatte.[140] Zwischen diesen beiden Gebirgsreihen, also diagonal über das Eiland, verläuft die Kontaktzone der beiden Kontinente Europa und Afrika, was zu starken Reibungen in der Tiefe der Erdkruste führt. Die heftigen Erdbeben, die sich immer wieder in Sizilien und auch in Italien ereignen, sind die Auswirkungen dieser unterirdischen Vorgänge. Die Spannungen, die sich durch diese geologischen Gegebenheiten aufbauen, rufen zusätzlich einen bis in unsere Zeit regen Vulkanismus hervor.

Die beiden recht aktiven Vulkane Stromboli und Vulkano liegen auf den Liparischen Inseln, nordöstlich von Sizilien. Europas höchster und aktivster Vulkan jedoch, der Ätna, liegt auf Sizilien und er ist auch der höchste Berg auf dieser Insel.

Fräulein Wiki drückt die Nase an die Fensterfront unseres Chronomobils. „Also demzufolge haben wir es da mit einer ganz schön unruhigen Gegend zu tun", sagt sie, und wir ahnen nicht, wie Recht sie haben sollte!

„Und nicht nur das", antworte ich. „Auch die Natur und Umwelt haben so einiges aus einer bewegten Vergangenheit zu berichten."

---

[138] Vgl. ER 96 Seite 1
[139] Vgl. ER 97 Seite 1f
[140] Vgl. ER 98 Seite 1f

Die reichen Waldbestände der Insel wurden einerseits von den Griechen, Karthagern und Römern für den Schiffsbau und andererseits von den Bauern zur Gewinnung von Ackerland schonungslos gerodet, wodurch der für Sizilien typische Buschwald, die Macchia, fast gänzlich zerstört wurde.

Heute ist die Macchia fast nur noch an der West- und Südküste zu finden, aber trotz der vielen Eingriffe in ihre Flora kann sich Sizilien mit 3.000 unterschiedlichen Pflanzenarten als die vegetationsreichste unter den Mittelmeerinseln rühmen. So ist die Nebrodi-Tanne eine typische Tannenart, die es auf dieser Insel gibt, und auf den Monti Iblei wachsen sogar Johannisbrotbäume.[141]

Bis in die 1970er Jahre begegnete dem Sizilien-Reisenden allerorts die Zerstörung der Natur:

Veraltete Industrieanlagen und wilde Mülldeponien spiegelten das Bild der Missachtung der Umwelt wider. Mit dem steigenden Bewusstsein für ihre Naturschätze haben die Sizilianer jedoch seit dem Jahr 1981 sechs Naturschutzreservate eingerichtet, von denen der *Parco Dei Nebrodi* mit 86.000 ha einer der größten Naturschutzparks Europas ist. Seit Anfang des 21. Jahrhunderts stehen sogar knapp 9 % der Fläche Siziliens unter Naturschutz und somit können sich die in Flora- und Faunabestände langsam wieder erholen.

Gewiss werden wir eine Vielzahl an Wildblumen wie Bougainvillea, Jasmin, Mimosen, Orchideen oder auch subtropische und tropische Pflanzen wie Gummibäume, Bananenstauden und Papyruspflanzen bewundern können, die nun alle wieder im Schutze der Parks gedeihen. Und ich, als ausgemachte Vogelfreundin, freue mich auf die sizilianische Vogelwelt, die mit etwa 70 Arten vertreten ist, und vielleicht können wir auch irgendwo Wölfe, Füchse,

---

[141] Vgl. ER 95 Seite 3-6

Rotwild oder Stachelschweine in den Gebirgen Siziliens beobachten.[142]

„Ich hab mal folgende Punkte bezüglich Sizilien zusammengestellt", meldet sich Mr. Media hinter uns zu Wort:

Sizilien in Kürze

1. Größte Insel im Mittelmeer (25.426 qkm)
2. Höchster aktiver Vulkan Europas: Ätna (3.323 m)
3. Verbindungsstelle der Europäischen und Afrikanischen Kontinentalplatten
4. Vegetationsreichste Insel im Mittelmeer
5. Größte Fischereiflotte Italiens
6. 70 % der gesamtitalienischen Erträge an Zitrusfrüchten, 60 % der Mandelernte
7. Am besten erhaltener griechischer Tempel (Concordia-Tempel)
   Acht Städte des spätbarocken Baustils, die in die Liste des UNESCO-Welterbes aufgenommen worden sind[143]

„Also los, lasst uns landen!", kommandiert Mr. Media voller Abenteuerlust.

„Habe ich schon eingegeben", antwortet Fräulein Wiki.

Aber nichts tut sich! Das Chronomobil schwebt über der Insel, als hinge es wie ein Fesselballon an einem Seil.

Unser vierbeiniger Reisebegleiter hebt den Kopf, seine ausdrucksvollen Augen sind weit geöffnet und die spitzen Ohren hoch aufgerichtet. Mir scheint, als würde er wie ein hochkarätiger elektronischer Sensor etwas wahrnehmen.

---

[142] Vgl. ER 95 Seite 19f
[143] Vgl. ER 95 Seite 1-12

Plötzlich beginnt er zu winseln, erst sehr leise, doch dann immer lauter. Er springt auf, bellt und scharrt mit den Vor–derpfoten auf dem Boden.

„Was hast du denn, Attentino? Wir sind ja gleich da", rede ich beruhigend auf ihn ein, doch er scheint mich gar nicht wahrzunehmen. Die Augen in die Weite gerichtet und die Ohren aufgestellt, steht er da und sein ganzer Körper vibriert vor Anspannung!

Ätna, die Brennende, oder das Spiel mit dem Feuer

Die frühe Morgensonne lässt Sizilien wie ein ins tiefblaue Wasser geworfenes, smaragdgrünes Dreiecktuch erstrahlen. Ich gleite mit meinen Augen die Küstenlinie der Insel ent–lang, und da, an der Ostküste, macht sie auf sich aufmerk–sam, die Brennende.[144] Nur ein kleiner Faden steigt aus dem Gipfelkrater gen Himmel, kräuselt sich und umhüllt unser Chronomobil mit einer wabernden, hellgrauen Rauchwolke. Doch plötzlich verschwimmt der Umriss der Insel und verliert sich im Halbdunkel eines gewaltigen Schattens. Die Erde grollt und brüllt, und unser Chrono–mobil wird auf und ab gewirbelt, wie ein Ball auf einer Wasserfontäne.

Fräulein Wiki schreit voller Angst, Mr. Media kauert sich ganz zusammengerollt in seinen Sessel und umklammert seinen Laptop. Ein gewaltiger grauschwarzer Gesteins–brocken fliegt direkt vor meinen Augen an unserer Fenster–front vorüber. Reflexartig schnellt mein Körper im Sitz nach hinten. Erneut schießen Steine von der Größe eines mittleren PKW in die Höhe und sausen dicht an unserem

---

[144] Vgl. ER 99 Seite 1

Chronomobil vorbei! Jetzt ist mir doch auch mulmig und ich habe große Sorge, dass wir nicht unbeschadet davon–kommen.

Ich schiebe Fräulein Wiki etwas zur Seite und versuche, auf dem Touchscreen unseres Chronomobils eine Kurskorrek–tur vorzunehmen, denn mir ist klar: Der Ätna spuckt gleich eine tödliche Ladung Feuersglut in die Welt hinaus!

Die fortwährend neu aufsteigenden Rauchwolken lassen keine Orientierung mehr zu, doch müssten wir jetzt direkt über dem speienden Schlot des Ätna schweben!

Ein Stoß wie von einer gewaltigen Welle schleudert unser Chronomobil nach links – und plötzlich haben wir wieder freie Sicht.

Es ist ein atemberaubendes Schauspiel, das sich uns da nun bietet: Feuer und Magma in allen Rot-, Orange- und Gelbtönen sprudelt aus dem Schlund des Kraters, Lava–ströme ergießen sich über den Berg und lassen das Wasser schäumen, fauchen und zischen.

„Kommt", rufe ich meinen jungen Mitreisenden zu, „das müsst ihr euch anschauen! Wir schweben über einem gewaltigen Ausbruch des Ätna!"

Da passiert es: Direkt unter unserem Chronomobil, vor unseren Augen, stürzt der südöstliche Rand des Kraters ein. Erst bricht die Erde wie in einem Zeitlupenclip in sich selbst zusammen, gleitet, rutscht, glibbert abwärts, Staub und Geröllbrocken emporwirbelnd, und wird dann mit zunehmender Geschwindigkeit zu einer erdigen Material–lawine! Der halbe Berg scheint zu Tal zu rollen. Gesteins–massen, zermalmte Vegetation, Gerölllawinen – alles wälzt sich mit unsagbarer Kraft hangabwärts, dem Meer entge–gen. Das Wasser kann diese Massen, diese Gewalt nicht aufnehmen, es leistet Widerstand und wird wie von der Schaufel eines unsichtbaren, riesigen Schneepflugs fortge–schoben. Eine meterhohe und scheinbar ins Unendliche rei–chende Mauer aus Wasser gebildet, schießt eine todbrin–

gende Megawelle mit rasender Geschwindigkeit über die Weite des Mittelmeeres.

„Mein Gott!", ruft Mr. Media. „Das ist ja voll der Supergau!" Er will seinen Laptop hochfahren, aber das Gerät funktioniert nicht.

„Die Störfelder sind gewiss zu stark", meint Fräulein Wiki. „Wahrscheinlich sind wir irgendwie zu weit in der Vergangenheit gelandet, denn ich habe mal etwas von einem gewaltigen Ätna-Tsunami[145] vor circa 8.300 Jahren gelesen, dessen verheerende Auswirkungen bis nach Libyen und Israel gereicht haben."

Unser Chronomobil dreht sich um die eigene Achse, Himmel und Wasser scheinen ineinander zu verschmelzen, wir verlieren die Orientierung und können weder die Insel noch die vertrauten Umrisse des nahen Italiens sehen …

Die Schatten der Götter

Dann, nach einer Weile, beruhigt sich unser Chronomobil endlich und schwankt nur noch sanft hin und her, ohne jedoch an Höhe zu verlieren.

Im Osten trennt der erste helle Schimmer das Meer vom Himmel und die langen goldstrahlenden Finger der Sonne lassen den jungen Tag entstehen. Durch die Glasfront unseres Flugobjekts bietet sich uns ein merkwürdiges Szenario: Über die Welt galoppiert ein weißer, großer Stier, auf dessen Rücken eine wunderschöne junge Frau reitet: Zeus ist es, der Griechen allmächtiger Göttervater, der, in einen weißen Stier verwandelt, die wunderschöne Europa, Tochter des Königs von Phönizien, entführt.[146]

---

[145] Vgl. ER 100 Seite 1
[146] Vgl. ER 101 Seite 1f

Unter den kraftvollen Hufen des Tieres schäumt und braust das Meer und der Meeresboden bebt. Doch Skylla[147], die grausam gestrafte Geliebte Poseidons, und Charybdis[148], des Meeresgottes Poseidon verdammte Tochter, halten ihre schrecklichen Fluten vor dem Herrscher des Olymp ge–bannt zurück.

In der Morgendämmerung verschwindet der Stier mit der schönen Jungfrau nach Osten und die aufgebrachten Fluten glätten sich zu ihrem, türkisleuchtenden weiten Schillern. Aus den Tiefen tauchen die lieblichen Nereiden[149] auf, sie spielen und tanzen auf den plappernden Wellen, ihre Spiel–gefährten, die lustigen Delphine, neckend.

Während Helios[150] mit seinem Sonnenwagen immer höher am Himmel emporsteigt, erscheinen gewaltige Gestalten, zumeist Männer, von denen einige fast nackt, nur mit einem Tuch um die Hüften bedeckt sind. Sie jagen über den Him–mel, andere sitzen in zweirädrigen Wägen, die von eigen–tümlichen Pferden gezogen werden, und sie alle werfen und schießen einen riesigen Ball durch die Lüfte - immer toller treiben sie ihr Spiel.

Einer von ihnen treibt es besonders arg und prompt verliert er seinen Stiefel, als er mit einem wüsten Schwung nach dem Ball tritt. Gewaltig platschend fällt der Stiefel ins Wasser und der Ball landet direkt vor des Stiefels Spitze.

„Was ist das denn?", fragt Fräulein Wiki. „So sonderbare Gestalten habe ich ja noch nie gesehen!"

„Hier spielen die Götter der Griechen Fußball", beantworte ich Fräulein Wikis Frage.

Etwas abseits des wilden Spiels sind erneut Europa und Zeus zu sehen. Europa liegt schlafend im Arm ihres

---

[147] Vgl. ER 102 Seite 1f

[148] Vgl. ER 103 Seite 1f

[149] Vgl. ER 107 Seite 1

[150] Vgl. ER 104 Seite 1f

Geliebten, des Göttervaters Zeus, und da Stiefel und Ball ins Meer plumpsen, erwacht sie von dem Lärm. Sie löst sich aus den Armen ihres Geliebten und in diesem Augen–blick erstarren Stiefel und Ball zu Stein. Nun sehen wir sie wieder vor uns, tief unten im Meer, den italienischen Stiefel und Trinakria, das Dreieck vor des Stiefels Spitze.

Die letzten dünnen Nebelschwaden der Nacht zerfließen an den Hängen des feurigen Ätna und eine gebeugte Männer–gestalt steigt schwer atmend den Gipfel des Ätna hinauf. Sein Gang ist schleppend ob seines verkrüppelten Körpers, trägt er doch auch noch Hammer und Amboss mit sich. Er seufzt so herzzerreißend, dass wir es sogar in unserem Chronomobil hören können, und dann stürzt er sich in die Tiefe hinab, in den brodelnden, rauchenden Schlund des Ätna.

„Du meine Güte!", ruft Fräulein Wiki, „hat der sich gerade vor unseren Augen das Leben genommen?" Entsetzt hält sie die Hände vor das Gesicht.

„Das ist doch Hephaistos, Sohn des allmächtigen griechi–schen Göttervaters Zeus, und dessen Gemahlin Hera", er–kläre ich Fräulein Wiki „Der tragische Held wurde, kaum dass er das Licht der Welt erblickt hatte, wegen seiner kleinen, hässlichen Gestalt von seiner Mutter Hera vom Olymp herabgeworfen. Unweit der Insel Lemnos fanden ihn die mitleidvollen Meernymphen Thetis und Eurynome, pflegten ihn gesund und zogen ihn groß. Sie waren es, die ihren Zögling lehrten, die Kräfte der Vulkane für die Schmiedekunst einzusetzen, und so befinden sich sein Zuhause und seine Werkstätten in den Tiefen des Ätna, die Feuersgluten des Vulkans nutzend. Der geplagte Hephais–tos schürt das Feuer mächtig und wild, denn seine Pein ist so groß! Seine Gattin Aphrodite, die Schönste von allen, hat ihn wieder einmal betrogen, und so raucht und spuckt der Ätna aus seinem Schlot und speit glühende Lava über die Erde aus.

Dennoch ist er ein Freund der Menschen, und die Menschen achten und verehren ihn, lehrte er sie doch, so wie ihn einst die gütigen Nymphen lehrten, die hohe Kunst des Waffenschmiedens.[151]

„Aber was haben denn die griechischen Götter mit Sizilien zu tun?", fragt Fräulein Wiki und schüttelt zweifelnd den Kopf.

„Die Griechen haben der Insel nicht nur den Namen Trinakria gegeben, sie waren auch eines der Völker, die dieser Insel über viele Jahrhunderte ihre Kultur und ihren Lebensstil vermittelt haben", erkläre ich Fräulein Wiki.

„Also wenn wir jetzt nicht bald landen, weiß ich nicht, ob unsere Akkus die Sizilien-Exkursion durchhalten", mahnt Mr. Media – und das nicht zu Unrecht!

So gebe ich erneut Landung ein, in der Hoffnung, dass wir nun durch den Zeitstrahl nach unten gleitend auf dem Erdboden der sizilianischen Geschichte landen, und endlich rutschen wir, etwas trudelnd, durch Zeit und Raum auf den Boden des dreieckigen Eilandes.

Siziliens Berge

Unser Chronomobil setzt in der Bergwelt, gegenüber der Gebirgskette der *Monti Peloritani*, der *Monti Nebrodi* und der *Monti Madonie,* jenen weit ausgestreckten Ausläufern des Apennins, die die afrikanische Kontinentalplatte auf diesem Eiland emporgehoben haben, auf.

Attentino weiß trotz seines jungen Alters, dass er mit einem gezielten Sprung an die Wand unser Chronomobil öffnen kann, denn eine Tür gibt es in unserem Reisemobil ja nicht. Der Ein- und Ausstieg ist nur durch die Wand oder das

---

[151] Vgl. ER 105 Seite 1f

Windows möglich, und einzig unsere vierbeinigen Lotsen vermögen uns, nach dem Flug durch Raum und Zeit, zu befreien.

Da wir nun ausgestiegen sind und festen sizilianischen Boden unter den Füßen haben, machen wir uns auf den Weg, um zu erkunden, ob uns diese Berge eine Geschichte zu erzählen wissen.

Auf den lieblich grünen Bergwiesen der *Monti Sicani* fallen meinem kundigen Auge die zahlreichen wunderschönen Orchideen und Schmetterlinge auf, und selbst der botanisch wenig bewanderte Mr Media kann sich dem Zauber der herrlichen Schmetterlinge, die hier von Blüte zu Blüte gau–keln, nicht entziehen. Ein wunderschöner Schmetterling, ein *Silvano Azzurro*, gaukelt um uns herum.

„Der sieht ja mit seinen kräftig blauen, weiß getupften Flügelchen aus, als gehöre er der Marine an", ruft Fräulein Wiki entzückt.

Ein Gruccione, ein kleiner, herrlich bunter Vogel, flattert dicht über unseren Köpfen vorüber und lässt mich die Verwandtschaft zu unseren Blaumeisen erkennen.

Wir haben von vornherein gutes Schuhwerk angelegt, denn ich habe vor, den 1.613 m hohen *Rocca Busambra,* den höchsten Berg der Monti Sicani, zu erklimmen.

„Ich hoffe mal", sage ich nach hinten über die Schulter zu meinen beiden Mitreisenden, während ich vorausstapfe, „dass ihr schwindel- und gruselfrei seid, denn es heißt, in den zerklüfteten Schluchten des Rocca Busambra habe so manch ein Mafiaopfer seine unfreiwillige vorzeitige Ruhe–stätte gefunden."

„Aber wir sind ja an Natur, Mythologie und Historie inter–essiert", flachst Mr. Media, „wobei die kleinen Grusel-geschichten natürlich schon auch was haben und immer eine eigene Fangemeinde finden."

Gut zu Fuß unternehmen wir den Aufstieg, denn bei schö–nem Wetter, und das trifft man ja in Sizilien des Öfteren an, so auch jetzt, bietet uns der *Rocca Busambra* einen herrlichen Blick auf den König Siziliens, den Ätna. Auch wenn uns in Anbetracht des Erlebten noch ein Schauer den Rücken hinunterläuft, so fasziniert der Abgrund irdischer Tiefen und Mythen eben immer wieder aufs Neue!

Als wir wieder hinabsteigen, bleibt Fräulein Wiki so abrupt stehen, dass ich ihr beinahe in die Hacken trete.

„Schau mal, die wunderschöne Blume!", ruft sie und bückt sich hinunter. „Ich hätte sie beinahe zertreten!"

„Das ist eine *Centaurea Busambarensis*, eine Flocken–blume, die nach dem Berg benannt wurde, da sie nur hier heimisch ist", kläre ich sie auf. „Einige Regionen der Monti Sicani stehen wegen ihrer artenreichen Pflanzen- und Tierwelt unter Naturschutz.[152/153]

Unsere Wanderung dauert länger als erwartet, und so versinkt die Sonne während unseres Abstiegs unaufhaltsam im aufsteigenden Abenddunst, der sich aus dem Meer erhebt.

„Na toll", nörgelt Fräulein Wiki, „gleich ist es dunkel und wir wissen nicht einmal genau, wo wir sind, geschweige denn, wo wir hinsollen."

Attentino, der zumeist einige Meter vor uns herläuft, hält inne, stellt seine großen spitzen Ohren auf und lauscht. In einiger Entfernung tauchen vor uns in der Abenddäm-merung zwei Lichter auf. Der schwankenden Bewegung nach zu urteilen, kommen sie auf uns zu.

„Schau mal", sagt Mr. Media, „da scheint noch jemand in dieser Einöde unterwegs zu sein."

Je näher die Lichter kommen, umso deutlicher zeichnet sich eine Gestalt ab, die in jeder Hand eine Fackel trägt. Als sie endlich bei uns angelangt ist, steht eine schöne junge Frau vor uns.

---

[152] Vgl. ER 108 Seite 1f
[153] Vgl. ER 109 Seite 1f

„Ein siamesischer Drilling!", flüstert Fräulein Wiki und geht ein paar Schritte rückwärts.

Die junge Frau hat in der Tat drei Körper und drei Köpfe, die zusammengewachsen zu sein scheinen. Umso erstaun–licher ist es, dass sie ganz zielsicher in eine Richtung ge–laufen ist.

„Ich bin Hekate[154]", stellt sich die dreigestaltige Dame vor. „Ich beobachte euch schon seit einiger Zeit und jetzt habe ich euch eure Reiseschuhe für die Sizilien-Reise mitge–bracht!"

Sagt es, stellt drei Paar Stiefeletten vor uns auf den Boden und wendet sich um, soweit man das von ihr überhaupt so sagen kann. Denn infolge ihrer Dreidimensionalität schaut uns nach wie vor eines ihrer Gesichter an und sogleich spricht ein anderes Gesicht nun weiter:

„Das sind Flügelschuhe vom Götterboten Hermes[155], mit denen könnt ihr in kürzester Zeit von einem Ort zum anderen durch die Luft fliegen. Ihr bewegt euch also schneller als das Licht."

Mr. Media bückt sich, hebt ein Paar der Schuhe auf, dreht sie interessiert hin und her und mustert sie im flackernden Licht der Fackeln.

„Echt cooles Modell", murmelt er, „die haben tatsächlich Flügel an den Hacken!"

Jetzt hat Fräulein Wiki ihre Scheu verloren. Sie kommt wieder zu uns und schaut nach unten auf die Schuhe.

„Ihr müsst das Gleichgewicht gut halten", rät die eine Gestalt von Hekate.

Fräulein Wiki hat schon ihre Wanderschuhe abgelegt und ist, ganz nach Manier jungen Damen, in die zierlichen Stiefeletten geschlüpft.

---

[154] Vgl. ER 110 Seite 1-7
[155] Vgl. ER 111 Seite 3

„Die sind ja mega!", ruft sie und dreht sich im Kreis, doch schon im selben Augenblick hebt sie vom Erdboden ab – und kreischt! Sie hat so einen Schwung drauf, dass sie einen Salto macht und gen Osten davonfliegt.

„Los", rufe ich Mr. Media zu, „zieh deine Flügelschuhe an, wir müssen ihr folgen!"

Ich greife Attentino und nehme ihn hoch auf meine Arme. Kaum haben wir die Flügelschuhe an und machen einen Schritt, heben auch wir schon ab!

Mr. Media hat sich sofort geschickt gen Osten organisiert, ich hingegen muss mit den Beinen strampelnd korrigieren, um den beiden jungen Leuten in der richtigen Himmels–richtung zu folgen, aber eigentlich können wir nicht fehl gehen, denn Fräulein Wiki ist weithin durch die Nacht zu vernehmen.

Doch auf einmal ist es still. Ich spüre, wie ich an Höhe verliere, und dann habe ich festen Boden unter den Füßen. In der Dunkelheit der Nacht sehe ich meine beiden Beglei–ter nur schemenhaft.

„Seid ihr es?", frage ich und bin froh, Fräulein Wikis und Mr. Medias Stimme zu hören, als sie mit „Ja, wir sind ganz gut gelandet!" antworten.

„Kannst du uns sagen, wo wir hier sind?", fragt Mr. Media.

„Weiter gen Osten, im Zentrum der Insel, erheben sich die Berge der *Monti Erei* und ich vermute, dass wir wohl da sein müssten. Diese Berge sind nicht so wild wie die anderen Gebirge Siziliens, und selbst in der Dunkelheit lassen sich ihre sanfteren Hügel und die weitläufigen Hochebenen erkennen", gebe ich zur Antwort.

Aus meinen Recherchen weiß ich, dass der *Monte Altesina* mit 1.192 m Höhe die höchste Erhebung der Monti Erei ist und dass, eingebettet zwischen den sanften Hügeln, viele kleine Seen liegen.[156/157]

---

[156] Vgl. ER 113 Seite 1

Ein heller Streifen am Himmel lässt den Sonnenaufgang erahnen und wir sind froh, dass wir uns bald wieder besser orientieren können.

Karte Sizilien, frei gezeichnet nach: Karte von Sizilien (Insel in Italien) | Welt-Atlas.de

Das Geheimnis des Lago Pergusa

Mit zunehmendem Licht erkennen wir die Ufer eines nahe– zu kreisrunden Sees. Der blauschimmernde Spiegel seines Wassers wirft kaum Wellen und auf den Wiesen, die ihn umgeben, blühen die herrlichsten Blumen.

Wir wollen uns mit unseren Flugschuhen gerade wieder auf den Weg machen, da entdecken wir am gegenüberliegen– den Ufer ein wunderschönes junges Mädchen. Es tänzelt singend über die Wiesen und bindet Blumen zu einem prächtigen Blumenstrauß zusammen. Der Himmel ist wol–

---

[157] Vgl. ER 114 Seite 1

kenlos und strahlend blau. Doch dann zieht plötzlich eine schwarze Wolkenwand auf. Wagenräder rollen rasselnd he–ran und die kräftigen Schläge von Pferdehufen donnern zu uns herüber.

„Was ist das?", fragt Fräulein Wiki. „Seht ihr irgendwo eine Kutsche oder Pferde?"

Wir spähen in alle Himmelsrichtungen, doch so sehr wir uns auch anstrengen, können wir doch nicht ausmachen, was die Ursache des Lärmes sein könnte. Attentino knurrt und verkriecht sich hinter mir.

Gellende Hilfeschreie zerreißen plötzlich die Stille am See und wir sehen, dass das junge Mädchen uns gegenüber wie von Geisterhand in die Luft gehoben und fortgerissen wird. Die dunklen Wolken nehmen die Gestalt einer schwarzen Kutsche an, die von vier Rappen gezogen wird. Hoch oben auf dem Bock sitzt eine finstere Gestalt, die die arme Jung–frau mit ihren kräftigen Armen umschlungen hält. So sehr sich die Kore auch wehrt und windet, sie kann dem Griff ihres Peinigers nicht entkommen.

Frei gezeichnet nach dem Gemälde „Die Entführung der Persephone" von Albrecht Dürer

„Das ist doch Kidnapping!", ruft Mr. Media ganz aufge–bracht. „Das habt ihr doch auch gerade mitbekommen, oder? Wir müssen Hilfe holen!"

„Wen willst du denn hier holen?", entgegnet Fräulein Wiki, „hier ist doch weit und breit keine Menschenseele, siehst du nicht?"

„Na ja, Menschenseelen nicht gerade, aber Götter! Die Götter der Griechen und Römer!", erkläre ich die Vorkommnisse erneut.

„Schon wieder? Was treiben die denn noch alles auf Sizi– lien?", fragt Fräulein Wiki.

Ich deute mit dem Finger nach oben zum Himmel.

„Da! Seht ihr Helios[158] in glänzender Rüstung und strah– lendem Zackenhut auf dem Kopf? Er zieht unbeirrt seinen leuchtenden Wagen über den Azur *Trinakrias*, ihn berührt das Leid auf der Erde überhaut nicht, obgleich er alles sehen kann."

Weiter hinten, auf der anderen Seite des Sees, taucht eine Frau auf. Wir hören, wie sie immer wieder ruft: „Perse– phone, Persephone, mein Kind, wo bist du?" Sie irrt über Wiesen und Felder, hält an, lauscht und wird immer wieder von lautem Schluchzen erfasst.

„Ich geh da jetzt mal rüber", sagt Mr. Media, „man muss doch der armen Mutter helfen!"

„Zieh aber vorher deine Flugschuhe aus, sonst hebst du ab", bemerkt Fräulein Wiki geistesgegenwärtig.

Mr. Media legt die Flügelschuhe ab und steuert barfuß in Richtung der verzweifelt suchenden Mutter. Da sehen wir Hekate, die dreidimensionale Erscheinung, aus einer Höhle hervorkommen.

Ich halte Mr. Media am Ärmel fest und ermahne ihn: „Lass das die beiden miteinander lösen! Wir können und dürfen hier nicht eingreifen. Oder willst du etwa die Mythologie der Welt neu schreiben?"

Langsam schleichen wir uns etwas näher an die beiden her– an und belauschen sie. Hekate erzählt Demeter, der Mutter

---

[158] Vgl. ER 116 Seite 1

der unglückseligen Persephone, dass sie die Entführung von ihrer Höhle aus beobachtet hat. Sie beschließen, ge– meinsam auf die Suche nach dem gestohlenen Kind zu gehen.

Wir folgen den beiden – mit etwas Abstand, um nicht ent– deckt zu werden.

An allen Ecken und Enden suchen die beiden Frauen die entführte Kore, doch erst Helios kann ihnen den Frevler Hades nennen, und nun hat Demeter Gewissheit über den Verbleib ihres geliebten Kindes: Hades hat es hinabgeführt in seine dunkle Welt der Schatten, in die Welt des Todes, denn Hades ist der Herr über das Reich der verblichenen Seelen.

Demeter, die sonst stets gütige Göttin der Erde, die Spen– derin der Früchte, des Getreides und Wohlstandes, wird unheimlich wütend. Sie ist zornig auf ihren Bruder, den mächtigen Zeus, denn er hat die schnöde Tat nicht vereitelt, sondern sogar geduldet. Augenblicklich lässt sie alles auf der Erde verdorren, was den Menschen zur Nahrung dient.

„Du meine Güte, schau mal", ruft Fräulein Wiki, „die ganzen Bäume sind vertrocknet und haben keine Früchte mehr, und alles Getreide ist zerstört. Wenn da keiner etwas unternimmt, werden doch bald alle auf der Erde sterben! Dann bleiben diese komischen griechischen Götter allein zurück und kein Mensch huldigt ihnen mehr."

„Genau das ist der Trick, denke ich", entgegnet Mr. Media. Und tatsächlich scheint Demeters Zorn etwas in Bewegung zu setzen, denn endlich sieht sich der allmächtige Götter– vater Zeus genötigt, zu handeln. Er trifft sich mit seiner Schwester Demeter und gesteht ihr zu, dass Hades die ent– führte Kore für eine Weile der verzweifelten Mutter zu– rückgeben muss.

Über die weichen, blumigen Wiesen zu Füßen des Bren– nenden, des Ätna, läuft schwebenden Ganges eine blasse, zarte Schöne. Hades hat also tatsächlich seine Gattin Perse–

phone aus dem Reich der Schatten entlassen und ihr gestat–
tet, die Mutter zu besuchen. Sechs Monate wird sie nun bei
ihr auf Sizilien bleiben, sechs Monate der Freude und des
Glücks.

Warmer, lebenspendender Glanz strahlt vom Himmel, denn
Isis[159], mit der Sonnenkrone geschmückt, öffnet den
Schrein ihres Lichtes nun vollends, und wir sehen, wie
Demeter ihrer geliebten Tochter entgegeneilt. Sie umarmen
sich voll inniger Zärtlichkeit. Demeter, die Göttin der
Ernte, die Beschützerin des Getreides, die warmherzige,
starke Mutter der Fruchtbarkeit und die Freundin des Men–
schengeschlechts, wird nun die Erde mit den Tränen ihrer
Freude benetzen. Sizilien ist ihre bevorzugte Wohnstätte,
den griechischen Olymp überließ sie ihrem mächtigen Bru–
der Zeus, und nun ist Demeter sechs Monate vereint mit
Persephone, in der Zeit des Wachstums von Pflanzen und
Früchten. Siziliens Reichtum ist wieder erwacht, im Garten
der Natur.

„Und was ist, wenn Persephone dann zurückkehren muss,
zu ihrem unheimlichen Gemahl, in das Reich der Toten?",
fragt Fräulein Wiki und man kann die Anteilnahme in ihrer
Stimme deutlich hören.

„Dann wird es wieder kalt und unfruchtbar sein auf der
Erde. Demeter wird warten, voller Trauer und Kälte im
Herzen, der Winter wird einziehen, bis sich die Erde neu
öffnet. In Isis´ Sonnenglut wird Persephone aufs Neue auf–
steigen, vereint mit Demeters Mutterliebe, und dem Früh–
ling den Sommer folgen lassen",[160/161] versuche ich Fräu–
lein Wiki zu trösten.

„Ah, ich verstehe", sagt sie, „Frühling und Sommer sind
immer dann, wenn Demeter und Persephone zusammen

---

[159] Vgl. ER 118 Seite 5
[160] Vgl. ER 117 Seite 1-6
[161] Vgl. ER 119 Seite 1ff

sind, und wenn Persephone im Reich der Schatten leben muss, herrscht Herbst und Winter."

„Wir sind demzufolge am *Lago Pergusa*, denn die Antike sieht hier den Schauplatz für den dreisten Raub des Hades, da er Persephone aus Demeters mütterlicher Geborgenheit riss und zu sich in sein Reich entführte, und wie wir gerade miterlebt haben, muss es wohl auch so gewesen sein", er–kläre ich der Jugend und habe nun Gewissheit über unseren augenblicklichen Standort.

Der Lago di Pergusa ist ein natürlicher Kratersee und auch der einzige Binnensee der Insel. Obgleich er im Inselinne–ren, also weit entfernt vom Meer liegt, ist sein Wasser sal–zig. Er hat weder einen natürlichen Zufluss noch einen Ab–fluss und wird nur von Regenwasser gespeist, und so ergibt sich der Salzgehalt einerseits durch die im Wasser gelösten Mineralien und andererseits durch die Verdunstung des Seewassers.

Der nahezu kreisrunde See, der wie von magischen Kräften gespeist scheint, hat die Menschen schon immer fasziniert und ihre Phantasie angeregt. Ovid und Cicero schrieben im 1. Jahrhundert vor Christus über diesen See, und selbst der kühle Engländer John Milton erlag im 17. Jahrhundert seinem Zauber.

Das artenreiche Biotop bietet ganz besonders Zugvögeln einen willkommenen Platz zur Rast vor ihrem Weiterflug über das Mittelmeer, und im Jahr 1991 wurde die Region des Lago di Pergusa zum Naturreservat erklärt.[162]

Mr. Media sitzt auf einem der überwachsenen Lavagesteine und fährt seinen Laptop hoch. Er scrollt eine Weile rauf und runter, dann sagt er: „In den Monti Erei liegt doch auch *Enna*, die größte Stadt Italiens, die die Höhenmarke von

---

[162] Vgl. ER 115 Seite 1

nahezu 1.000 Metern erreicht. Diese Stadt würde mich doch auch mal interessieren."

Für diese uralte Stadt gibt es mehrere Namen. Schon die *Sikaner* und *Sikuler*, wie prähistorische Funde bestätigen, besiedelten diesen Ort, und auch Tyrann Dionysios kämpfte um die Stadt und entriss sie den Karthagern.

Aufgrund ihrer Lage direkt im Zentrum der Insel nannten die Menschen die Stadt auch „Nabel Siziliens" oder, etwas poetischer, „Belvedere" (Aussichtspunkt), und selbst in jüngster Vergangenheit wurde die Stadt noch einmal umbe–nannt, lautete doch ihre Bezeichnung bis in das Jahr 1927 „Castrogiovanni". Nachdem sie nun wieder ihren ursprüng–lichen, antiken Namen erhalten hatte, bekam sie knapp achtzig Jahre später eine eigene Universität. 2004 öffnete die Universität *Enna* die Tore für junge Menschen, und Sizilien erhielt damit sein viertes akademisches Lehr–institut.[163]

„Also kommt schon", drängelt Mr. Media, „lasst uns mit unseren Flugstiefeletten nach Enna fliegen!"

Ehe ich etwas einwenden kann, ist er in seine Stiefel ge–schlüpft, macht einen Schritt und fliegt auch schon davon. Was bleibt uns anderes übrig, als ihm zu folgen?

Schwefelgruben

Wir entdecken ihn am Berghang des *Monte San Giuliano*, unterhalb der Stadt Enna. Er kniet auf dem Boden und hält einen Gesteinsbrocken in der Hand.

„Schaut euch das an!", sagt er fasziniert, „ist das nicht wunderschön?"

---

[163] Vgl. ER 120 Seite 1ff

Es sieht aus wie eine Kombination aus kleinen, weißen, versteinerten Seeigeln, zwischen denen leuchtend gelbgrüne Steinplättchen hervorschauen.

„Das ist Schwefel, der in Gipskristallen eingelagert ist", kläre ich ihn über seinen außergewöhnlichen Fund auf.

Hier, in den Monti Erei, lagert eines der reichhaltigsten Schwefelvorkommen der Erde, und über Jahrhunderte wurde das begehrte Mineral abgebaut, da es ganz besonders zur Herstellung von Schwarzpulver gebraucht wurde.[164/165]

„Diebe! Schaut, da! Diebe!"

Lautes Geschrei reißt uns plötzlich aus unserer Betrachtung. Drei Männer in sonderbarem Aufzug stürmen zu uns her, fassen Mr. Media, und eh wir begreifen, was da gerade geschieht, zerren ihn die drei mit sich fort!

„Wir müssen denen sofort nach!", schreit Fräulein Wiki, „die können doch Mr. Media nicht so einfach mitnehmen! Oh Gott! Wer weiß, was die mit ihm anstellen werden! Los!" Sie ist ganz aufgeregt vor Angst.

Unsere Flügelstiefel unter den Arm geklemmt, gehen wir in die Richtung, in der die Männer mit Mr. Media verschwunden sind.

Schon nach zwei Wegebiegungen entdecken wir die Gruppe. Ich muss mir trotz der ernsten Situation die Hand auf den Mund pressen, denn sonst würde ich spontan in lautes Lachen ausbrechen. Mr. Media hat noch immer seine Flügelschuhe an und so hebt es ihn bei jedem Schritt ruckartig vom Boden, weshalb die Männer seine Sprünge mit aller Kraft abfangen müssen. Sie schimpfen wie die Rohrspatzen, zerren an ihm herum und haben alle Mühe, auf dem Erdboden zu bleiben.

Endlich sind sie wohl an ihrem Ziel angekommen, denn sie stellen Mr. Media an einen Baum und binden ihn fest. We–

---

[164] Vgl. ER 121 Seite 1f
[165] Vgl. ER 112 Seite 1f

nige Meter entfernt öffnet ein riesiges, steinernes Tor seinen schwarzen, unheimlichen Schlund und zieht den Blick magisch in die undefinierbare und unergründliche Tiefe.

„Du meine Güte", flüstere ich Fräulein Wiki zu, „das scheint der Eingang zu einer Schwefelgrube zu sein!"

Einer der Männer dreht sich um und entdeckt uns. Er schreit etwas in die schwarze Öffnung und sofort kommen noch mehr solch derber Typen aus dem dunklen Schlund heraus.

„Da haben wir ein paar Arbeiter! Los, steckt sie in Stiefel und Arbeitskleidung und schafft sie in die Grube!", befiehlt er herrisch.

Ich werfe mich auf die Knie vor einem der Grubenarbeiter, der meinem Empfinden nach der Anführer sein müsste, denn er trägt – im Gegensatz zu all den anderen, die lediglich ein altes Tuch vor den Mund gebunden haben – eine Art Mundschutz.

„Bitte", flehe ich und hebe die Arme hoch, „bitte, tut meinen Kindern nichts, ich will den ganzen Tag für euch Schwefel tragen, aber bitte lasst sie gehen!"

Der Vorarbeitertyp schaut von oben auf mich herab, in seinem Gesicht liegt ein breites Grinsen.

„Du bist eine brave Mama", sagt er und grinst immer noch, „aber deine Kinder können uns sehr nützlich sein. Los, zieht euch die Kleider an und dann ab in die Schwefel– grube!"

„Dann bindet wenigstens meinen Sohn jetzt los und lasst uns unsere Schuhe anziehen", bitte ich ihn und versuche, meine Stimme so weinerlich klingen zu lassen, wie es mir nur möglich ist. Aber die Männer brechen nur in schallen– des Gelächter aus.

„Von uns aus gerne!", antworten sie und biegen sich vor Lachen. „Dann geht mal mit euren Schühchen in den hei– ßen Backofen! Viel Vergnügen!"

Ich schaue Fräulein Wiki an, senke langsam den Kopf und deute verstohlen auf Mr. Media. Fräulein Wiki nickt und ich weiß, sie hat mich verstanden.

In dem Augenblick, als die Männer Mr. Medias Fesseln lösen, schlüpfen wir in unsere Stiefeletten, drehen uns um und fliegen zusammen mit Mr. Media mit Lichtgeschwindigkeit davon. Ich sehe gerade noch, wie der Anführer mit aufgerissenem Mund zu uns hochstarrt.

„Jetzt habe ich aber die Nase voll von den Monti Erei", ruft Fräulein Wiki.

Sie dreht sich zu mir um und plötzlich verlangsamt sich ihr Flug. „Oh, cool", sagt sie, „so kann man ja langsamer fliegen! Und ich dachte, man kann nur im Affentempo mit diesen Schuhen in der Luft unterwegs sein."

Sofort probiere ich das auch aus und in der Tat, die Fluggeschwindigkeit verringert sich ganz gewaltig.

Wir fliegen über eine Gebirgswelt, deren höchste Erhebungen keine 1.000 Meter erreichen und in denen wir nun, bei der langsameren Geschwindigkeit, drei Flüsse entdecken, den *Tellaro*, den *Dirillo* und den *Cassibile*.[166]

Wir schweben über den *Monti Iblei* und unter uns stellt sich eine faszinierende Flusslandschaft dar. Gerade einmal 30 Kilometer legt er von seiner Quelle, auf dem *Monte Pocari*, bis zu seiner Mündung ins Ionische Meer, bei Avola, zurück.

Aber der Kürzeste, der *Cassibile*, beherrscht das ganz große Schauspiel: Von 567 Meter Höhe macht er sich auf den Weg und unermüdlich gräbt er sich durch die Felsen. Über Jahrmillionen hat er sich sein Flussbett geschaffen, den weichen Kalkstein zersägt und einen 250 Meter tiefen Canyon gebildet, der sich über zehn Kilometer durch die Berge der *Monti Iblei* zieht – über ein Drittel seines gesamten Flusslaufes.

---

[166] Vgl. ER 122 Seite 1

„Das sieht ja aus wie die Wasserlandschaft, die ein moderner Gartenbauer gestaltet hat", stellt Fräulein Wiki fest.

„Das ist der *Cavagrande del Cassibile*. Dieses Naturwunder wurde 1990 zum Naturreservat ernannt", erkläre ich Fräulein Wiki.

Wir genießen die langsame Fluggeschwindigkeit und betrachten aus ein paar Metern Höhe diese pittoreske Welt:

Türkisgrüne Gewässer „stolpern" über Wasserfälle, den *cascate*, und sammeln sich dann in kleinen laghetti, lieblichen Becken, die immer wieder von großen Steinplatten eingerahmt sind und hier und da die Überquerung problemlos gestatten.

Die meterhohen Kalksteinwände leuchten elfenbeinfarben in der sizilianischen Sonne, und auf den trockenen Böden der Hänge, zwischen mageren Grasbüscheln und spärlichen Sträuchern oder im Schutz lichter Wälder, streckt die Halbmond-Ragwurz ihre schwarzviolette Zunge aus der zartrosa Blütenkrone hervor, kokettiert als Einheimische zwischen Felsen-Halskraut, Zahntrost, sizilischem Löwenmaul und dem behaarten Zimbelkraut. Das kleine Schneeglöckchen scheint wie verlaufen zwischen den ganzen Südländern.

Über knorrige Baumstämme huschen Eidechsen und sonnen sich auf den hellen Sandsteinplatten, Stachelschweine nutzen die Geborgenheit der vielen Höhlen und auch Schildkröten haben dort einen idealen Lebensraum.

Der *Cavagrande del Cassibile* bietet vielen Vögeln ein Refugium, in dem sie beste Bedingungen vorfinden.

Aber nicht nur Flora und Fauna gedeihen hervorragend in den Felswänden dieses Canyons. Das Tal ist durch die steilen Felswände nur schwer zugänglich und bot schon vor Jahrtausenden auch dem Menschen einen ausgezeichneten Schutz vor Feinden.[167]

---

[167] Vgl. ER 123 Seite 1ff

Biowohnungen in Siziliens Bergen

„Sind das hier auch Höhlenwohnungen, wie in Afgha–
nistan?", fragt Fräulein Wiki und deutet auf die vielen
Höhlen, die sich wie die Häuser eines ganzen Dorfes
aneinanderreihen.

„Ja, das siehst du richtig", antworte ich. „Die perfekten
Biobehausungen der frühmenschlichen Geschichte!"

„Siziliens Ureinwohner, die Sikuler, haben die natürlichen
Höhlen in den Felsen des Cavagrande del Cassibile schon
im 8. Jahrhundert vor Christus als Wohnstätten genutzt",
weiß ich Fräulein Wiki aus den Recherchen zu berichten.

Den byzantinischen Christen boten sie im späten Mittelalter
eine Zufluchtsstätte vor den islamischen Eroberern. Zu
dieser Zeit wurden die Höhlen ausgebaut und richtig
wohnlich hergerichtet. Die Nutzung einer Höhle als Woh–
nung entwickelte in den Monti Iblei eine eigene Kultur. Die
vielen Höhlen in dem Karst des Gebirges bildete die
Grundlage für eine Besiedelung – kleine Dörfer entstanden,
die von den Sikulern im 8. Jahrhundert v. Chr. systematisch
im Karst des Monte Iblei angelegt wurden. *Dammusi*
(Dach) heißen diese prähistorischen Häuser und sie stellen
uralte Zeitzeugen der menschlichen Besiedelung der Insel
dar.

Es gibt zwei Arten der Dammusi-Häuser. Die Dammusi der
Monti Iblei waren immer unter Nutzung einer natürlichen
Höhle entstanden. Bei den Dammusi auf der Nachbarinsel
Pantellaria hat man den kuppelförmigen Bau einer quadra–
tischen Höhle mit Trockenmauerwerk aus Lavagestein
nachgebildet, wobei die Kuppelform des Daches als ver–
größerte Auffangfläche des kostbaren Regenwassers ge–
dient hat, das, so in Zisternen geleitet, als Reservoir für die
trockenen Sommermonate gesammelt werden konnte.[168]

---

[168] Vgl. ER 124 Seite 1f

„Wo ist eigentlich Mr. Media?", fragt Fräulein Wiki unver–mittelt und dreht den Kopf in alle Richtungen.

Ich schaue mich um und kann ihn auch nirgends entdecken.

„Ach du meine Güte, wir müssen ihn in dem Moment verloren haben, als wir das Tempo unserer Flügelschuhe gedrosselt haben!"

Fräulein Wiki wählt Mr. Media mit ihrem Handy an, doch er antwortet nicht. „Er hat sein Handy wahrscheinlich stummgeschaltet. Ich schicke ihm mal eine WhatsApp, vielleicht reagiert er ja darauf."

Doch wir erhalten keine Rückmeldung von ihm.

Also lassen wir uns von unseren Flügelschuhen wieder mit der ursprünglich hohen Geschwindigkeit durch die Luft tragen und fliegen zurück nach Enna, zum Lago Pergusa und schließlich zu unserem Ausgangspunkt, den Monti Sicani. Doch wo auch immer wir suchen, nirgends können wir ihn entdecken.

„Mir fällt gerade ein, dass er unbedingt den Tyrannen von Syrakus, Dionysios I., kennenlernen wollte", sagt da auf einmal Fräulein Wiki, während wir ratlos rumstehen. Ich schaue sie etwas verdutzt an, doch da kommt mir ein Geistesblitz!

„Dann, glaube ich, weiß ich, wo wir ihn finden. Wir müssen nach Syrakus", sage ich zu Fräulein Wiki.

„'Zu Dionys dem Tyrannen schlich Damon, den Dolch im Gewande'", rezitiere ich, während wir fliegen, und muss an meine Schulzeit als Gymnasiastin denken.

„So beginnt eines der meist rezitierten Gedichte, 'Die Bürgschaft'[169], von Friedrich Schiller", erkläre ich Fräulein Wiki, „und wir Gymnasiasten haben es gehasst. In dieser ellenlangen Ballade reiht sich Strophe an Strophe anein–ander, zwanzig an der Zahl, und der Jugendliche musste all das auswendig beherrschen."

---

[169] Vgl. 125 Seite 82-86

„Zwanzig Strophen?", fragt Fräulein Wiki und schaut mich an, als sei ich von einem anderen Stern. „Ne, oder? Das ist echt krass!"

„Heutzutage kaum nachvollziehbar, wo doch dem Schüler in der Zeit der spontanen Handykommunikation oftmals nur Satzfetzen genügen", sage ich und muss lachen.

Ein heiß(er) begehrter Zankapfel
Teil 1: Ein Tyrann und eine unverbrüchliche Freund–schaft

„Was ist denn an diesem Typen so Besonderes, dass Mr. Media unbedingt mit ihm sprechen will?", fragt Fräu–lein Wiki. „Da hatten wir doch schon ganz andere Ge–sprächspartner!" – wobei sie wohl auf unsere Begegnungen mit den persischen Königen anspielt.

„Dionysios I., Damon und Phintias, ein Tyrann und die Lehre von wahrer, unverbrüchlicher Freundschaft – wahr–scheinlich kennt Mr. Media die Geschichte", antworte ich und merke, dass sie nun doch neugierig wird. „Eine Geschichte, die immer wieder als Anregung literarischer Werke gedient und dann schließlich durch Friedrich Schiller nahezu lyrische Unsterblichkeit erlangt hat."[170]

„Also, auf nach Syrakus!", fordert sie mich auf. „Wenn du meinst, er könnte dort sein."

Und schon ist sie davongesaust. Glücklicherweise braucht man bei den Flügelschuhen weder Navi noch Karte, es reicht, den Bestimmungsort einfach nur zu denken und schon fliegt man dorthin. Ich muss mir also keine Sorgen machen, ob Fräulein Wiki in Syrakus ankommt, ich muss ihr einfach nur folgen!

---

[170] Vgl. ER 126 Seite 8

Syrakus gleicht mit seiner gewaltigen Mauer, die die gesamte Stadt umschließt, einer gigantischen Festung, und doch ist sie eine prächtig angelegte Stadt, mit einem griechischen Amphitheater und regem wirtschaftlichen und kulturellen Leben.[171]

Die Menschen sind freundlich und sprechen mit uns, obgleich wir gewiss einen sonderbaren Eindruck auf sie machen. Wir haben schon eine ganze Reihe von Passanten nach Mr. Media gefragt und immer nur ein bedauerndes Kopfschütteln als Antwort erhalten, als endlich einer der Einwohner mit der Hand nach Nordwesten deutet und bemerkt: „Da oben habe ich euren Freund gesehen", und dabei eifrig nickt. Wir müssen also hinauf, auf den Gipfel der Epoli-Hochebene, in die Festungsanlage *Castello Eurialo.*

Dank unserer Flugschuhe überwinden wir die circa sieben Kilometer von Syrakus bis zur Festungsanlage in Windeseile, und auch die drei tiefen und viele Meter breiten Gräben, die die Festung umgeben, stellen für uns kein Hindernis dar.[172]

„Da seid ihr ja endlich!", hören wir die uns vertraute Stimme, und obwohl Mr. Media etwas verdrießlich dreinschaut, sind wir froh, ihn endlich wiedergefunden zu haben.

„Wir haben jetzt gleich ein Treffen mit *Dionysios I.,* dem mächtigsten Mann seiner Zeit", sagt er. „Also kommt und folgt mir!"

„Wer ist denn dieser Dionysios I. nun eigentlich?", flüstert Fräulein Wiki mir zu, während wir im Burgsaal auf den Tyrannen warten.

„Dionysios I. wurde um 430 v. Chr. in Syrakus als Kind griechischer Eltern geboren, und obgleich seine Eltern nicht sonderlich reich waren, erhielt er von sophistischen Lehr–

---

[171] Vgl. ER 127 Seite 3f
[172] Vgl. ER 128 Seite 1

meistern eine fundierte Ausbildung", erklärt Mr. Media. Er hat Fräulein Wikis Frage, obwohl sie sehr leise gesprochen hat, gehört.

„Alles klar", antwortet Fräulein Wiki, aber es ist nicht zu übersehen, dass sie leicht überfordert ist, mit all den Fremdwörtern.

„Bei den Sophisten handelt es sich um Lehrer, die von Stadt zu Stadt ziehen und ihr Wissen im Privatunterricht anbieten. Der Schüler wird ganz besonders in Rhetorik und Eristik, der Kunst der freien Rede und des Streitgesprächs unterwiesen.[173/174] Des Weiteren soll der Adept[175] die Fähigkeit erlangen, die Ausübung von Staatsämtern zu bewältigen", sagt da eine dunkle, warme Männerstimme hinter uns.

Wir drehen uns um und schauen in das markante Gesicht eines großen, gut proportionierten, etwa 40 jährigen Mannes.

„Ich heiße euch willkommen, ich, Dionysios I., Tyrann von Syrakus! Und glaubt mir, diese geistig-intellektuelle Prägung war meine entscheidende Mitgift, die mir, den jungen, zielstrebigen Haudegen, der ich war, den Weg an die Macht ermöglicht hat."

Dionysios I. führt uns in den großen Saal, bietet uns an, auf dem geräumigen, weichen Lager Platz zu nehmen, und setzt sich uns gegenüber auf den prächtig verzierten Sessel.

Er hat eine ungeheuer starke Ausstrahlung und ich kann mir vorstellen, dass es die Persönlichkeit des Tyrannen Dionysios I. ist – und weniger die großen militärischen und politischen Erfolge –, die die Menschen in seinen Bann zieht und die sogar einen Abdruck in der Geschichte der Menschheit hinterlassen hat.

---

[173] Vgl. ER 129 Seite 1
[174] Vgl. ER 130 Seite 1
[175] Vgl. ER 131 Seite 1

„Herr Tyrann Dionysios I., darf ich Sie so nennen?", fragt Mr. Media etwas unsicher.

„Sagen Sie doch einfach „Mein Tyrann" zu mir, das reicht und ist so in Ordnung, junger Mann", antwortet Dionysios I. mit einem verschmitzten Lächeln.

„Gerne", erwidert Mr. Media.

„Seit 405 v. Chr. herrschen sie als Tyrann von Syrakus, und unsere Geschichtsschreibung weiß, dass Sie bis 367 v. Chr. Sizilien regiert haben. Ihre 38 Jahre währende Herrschaft ist die längste Regierungszeit, die ein Tyrann je innehatte. Auch haben Sie das Bild des antiken Tyrannen quasi neu erschaffen. Heute würde man sagen, Sie verstehen es sehr gut, Ihr Image aufzupolieren."

Dionysios I. lächelt unergründlich und erwidert: „Interessante Dinge äußern Sie da, junger Mann, sehr interessante Dinge ... Sie scheinen mir auch eine gute Schule der diplomatischen Rede erfahren zu haben."

Mr. Medias Augen leuchten stolz. Er schaut Dionysios I. eine Weile an und ich spüre, dass er mit sich ringt, doch dann wagt er es und fasst zusammen: „Ich würde Ihr Erfolgsrezept wie folgt beschreiben: Der Widerspruch zwischen kaltem Kalkül und kluger Entscheidung, der Anspruch auf Macht und die schlaue Volksverbundenheit und vor allem die Kontroverse von demokratischen Gedanken und monarchistischem Herrscherstil."[176]

Dionysios I. erhebt sich, kommt zu uns herüber, legt die Hand auf Mr. Medias Schulter und meint: „Junger Mann, wenn Sie nicht aus einer anderen Zeit zu mir gekommen wären, würde ich Sie zu meinem Berater machen", sagt er mit einem breiten, herzhaften Lachen.

Mr. Media lächelt bescheiden und bittet ihn: „Gestatten Sie, mein Tyrann, dass ich mit Ihnen zusammen ein Selfie mache?"

---

[176] Vgl. ER 126 Seite 1-8

176

„*Was* wollen Sie bitte mit mir machen?", fragt Dionysios, und zum ersten Mal sehe ich so etwas wie ein misstrauisches Lauern in seinen Augen.

„Oh ja, bitte!" Jetzt ist auch Fräulein Wiki ganz aus dem Häuschen. „Ich möchte auch ein Selfie mit Ihnen haben!" Sie holt ihr Handy aus ihrer Hosentasche und hält es dem Tyrannen unter die Nase.

Ich kann mir das Lachen nicht verkneifen: „Entschuldigen Sie bitte, mein Tyrann", sage ich, „aber das ist eben die Jugend des 21. Jahrhunderts."

Dionysios I. schaut ein klein wenig irritiert auf das ihm fremde Gerät, das Fräulein Wiki immer noch dicht vor seine Nase hält, und dann geht sein Blick von einem zum anderen. Doch schließlich nickt er und sagt: „So macht halt ein Selfie, was auch immer in aller Götter Namen das sein mag!"

Mr. Media positioniert sich zur Linken des Tyrannen und Fräulein Wiki in der Mitte, sie nehmen ihre Handys, neigen die Köpfe in Richtung des Syrakuser Herrschers, drehen das kleine rechteckige Teil einmal in die eine und einmal in die andere Richtung, dann setzen sie beide ihr bevorzugtes Handy-Selfy-Gesicht auf und drücken mehrere Male auf den Auslöser. Dann betrachten sie eingehend ihre Errungenschaft.

Dionysios I beobachtet die jungen Menschen aufmerksam und möchte von ihnen wissen: „Und wozu habt ihr das jetzt gemacht?"

„Das posten wir jetzt für unsere Freunde!", kommt es wie auf Kommando aus beiden Mündern gleichzeitig herausgeschossen, und voller Stolz zeigen sie ihm das abgelichtete Gruppenkonterfei.

Dionysios I. sieht eine ganze Weile erstaunt auf das Gruppenbild.

„Für eure Freunde?" fragt er langsam und seine Stimme hat einen merkwürdig ernsten Unterton angenommen.

Frei gezeichnet nach meiner Klavierschülerin und meinem Klavier–
schüler und dem Phantasieporträt des Dionysios aus dem Promptua–
rium iconum insigniorum a seculo hominum von Guillaume Rouillé
(1553)

„Ja, alle unsere Freunde überall auf der ganzen Welt kön–
nen unsere Posts sehen, und dann bekommen wir ganz viel
Klicks und Likes", sprudelt es begeistert aus Fräulein Wiki
heraus.

„Freunde überall auf der Welt?" Der eben noch sehr locker–
heitere Dionysios I. wirkt mit einem Mal sehr nachdenk–
lich. „Wie viele Freunde meint ihr denn zu haben?"

„Also ich habe so ungefähr fünfzig Freunde in Deutsch–
land, zehn in England, fünf in Frankreich und sogar drei in
Amerika", berichtet Fräulein Wiki voller Stolz.

„Also bei mir dürften es doch einige mehr sein, und dann
gibt es noch ganz viele Fans oder Follower meiner kleinen
Video-Posts von meinen Auftritten als Musiker", legt
Mr. Media nach.

„*Freunde* nennt ihr das?" Dionysios I. schüttelt den Kopf.
„Würde denn da auch einer von denen für euch ins Gefäng–
nis gehen oder, im schllimsten Fall, sogar für euch sein
Leben hingeben?", fragt er und schaut die beiden jungen
Menschen mit tiefem Ernst an.

„Das ist doch gar nicht relevant … also so etwas kommt doch gar nicht in Betracht", antwortet Mr. Media und ist etwas verwirrt ob solcher Äußerungen.

„So etwas gibt es doch gar nicht", sagt Fräulein Wiki und kringelt sich etwas auf unserem gemütlichen Lager zusammen. „Das gibt es doch nur im Märchen", versucht sie die ernste Stimmung aufzulösen.

„Dann will ich euch von *meinen* Freunden erzählen", sagt Dionysios I., nachdem er sich diese für ihn unverständ–lichen Erläuterungen angehört hat.

„Ich habe nur zwei Freunde, aber auf diese bin ich stolz und ich bin äußerst glücklich, ihnen begegnet zu sein! Ich denke, meine Geschichte hat euch wirklich viel zu sagen. Ihre Botschaft ist vielleicht immer aktuell, geht es doch um Freundschaft, um Treue und um eine Zuverlässigkeit, der man sogar sein Leben anvertrauen kann. Sehnt ihr euch denn nicht alle auch in eurer Zeit genau nach solch einer Beziehung?"

Dionysios klatscht in die Hände, worauf umgehend zwei junge, orientalisch gekleidete Burschen in den Saal treten.

„Sagt Damon und Phintias, ihr Freund Dionysios schickt nach ihnen, und dann bringt uns Obst und für unsere Gäste einen kühlen Erfrischungstrunk!", befiehlt er, worauf die beiden umgehend verschwinden.

Alsbald bringt einer von ihnen ein silbernes Tablett herein, voll beladen mit den köstlichsten Früchten, einer Karaffe mit frischem Orangensaft und sechs Gläsern.

„Was ihr sogleich hören werdet", fährt Dionysios I. fort, „mag euch vielleichtwie ein Märchen oder eine Ballade erscheinen, es ist jedoch wahr und ist *meine* Geschichte von Freundschaft. Wir sind drei Männer und vielleicht ist es ja eine der spannendsten Ereignisse der Weltgeschichte, die sich hier vor Kurzem zugetragen hat! Aber um sie zu verstehen, sollt ihr zuvor noch etwas mehr von uns er–fahren:

Zuerst ein paar Fakten zu meinem Leben. Als Parteiläufer trat ich in den Dienst des Politikers und Befehlshabers Hermokrates. Er kämpfte für die Unabhängigkeit der in Sizilien lebenden Griechen und unternahm im Jahr 407 v. Chr. einen Staatsstreich, bei dem er allerdings umkam. Ich, der ich an der Seite Hermokrates´ gekämpft hatte, wurde schwer verwundet, überlebte jedoch und avancierte nach meiner Genesung zum Sekretär des Kollegiums der syrakusischen Feldherren.

Nichtsdestotrotz scheute ich nicht davor zurück, meine Arbeitgeber, die Feldherren – als sie gegen die Karthager im Jahr 406 v. Chr. eine große Niederlage erlitten – als Verräter anzuschwärzen. Durch diesen geschickten Schachzug habe ich die Sympathie des Volkes gewonnen, stand ich doch somit auf der Seite der Armen und Unterdrückten und setzte die Feldherren mit den Mächtigen und Reichen gleich. Das Volk liebte mich, denn jetzt es sah in mir einen typischen Vertreter, der die Demokratie schützen und wahren wollte, und so gelang es mir, die Feldherren absetzen zu lassen. Als noch sehr junger Mann wurde ich kurze Zeit später zum alleinigen Feldherrn mit unbeschränkter Vollmacht ernannt.

Ursprünglich war dieses Amt nur für die kurze Dauer der Bewältigung großer Staatskrisen gedacht, aber ich wusste, was zu tun war. Ich war ja bestens ausgebildet zu einem klugen, gewitzten Redner und zu einem geschickt agierenden Politiker, und so verstand ich es, mir einflussreiche Freunde zu beschaffen.

Zudem beherrschte ich die Fähigkeit der raffinierten Täuschung. So habe ich zum Beispiel ein Attentat auf meine Person inszeniert und konnte dadurch bei der Heeresversammlung eine Leibgarde für mich erwirken.

Diese Leibgarde war 600 Mann stark, aber ich baute klammheimlich eine Truppe von 1000 Soldaten auf, die ausgezeichnet bewaffnet waren. Mit dieser Truppe führte ich 405 v. Chr. einen Staatsstreich durch, setzte die Verfassung außer Kraft und erhob mich selbst im selben Jahr zum Tyrannen. Aber nicht nur die weltlich politische Bühne sollte mir dienen, jeder Schritt war bei mir zu dieser Zeit gut überlegt.

Zu meiner ersten Frau wählte ich die Tochter meines ersten Arbeitgebers, des Hermokrates. Nachdem diese verstorben war, heiratete ich gleich zwei Frauen auf einmal, was zwar nicht allgemein üblich war, aber ich habe es geschafft, dass diese Entscheidung geduldet wurde.

Natürlich stammten beide Damen aus sehr einflussreichen Adelsgeschlechtern, was die Beziehung zur führenden Adelsschicht untermauerte. Ich hatte ein ganz bestimmtes Ziel, das ich unerbittlich ansteuerte: Ich wollte die Karthager von der Insel vertreiben und den Mittelmeerraum beherrschen. Vier Kriege habe ich im Laufe meiner Herrschaft gegen die Karthager geführt, und obwohl ich durchaus auch schwere Niederlagen hinnehmen musste, habe ich es immer wieder hinbekommen, den Kopf geschickt aus der Schlinge zu ziehen und die Situation zu meinem Gunsten zu wenden.

Ich habe eben ein untrügliches Gespür dafür, wie ich die Menschen für mich gewinnen kann, und weiß im passenden Moment die richtigen Entscheidungen zu treffen. Ich unterstützte zum Beispiel in der Stadt Gela die Demokraten und ließ einen großen Teil der reichen aristokratischen Familien hinrichten, beschlagnahmte deren Besitztümer und bezahlte damit die Söldner, die schon lange auf ihren Sold gewartet hatten. Damit gewann ich bei der armen Bevölkerung und gleichermaßen beim Heer an Ansehen.

In einer anderen Situation ließ ich gegenüber dem besiegten Gegner Gnade walten, was meine Herrschaft als Tyrann stabilisierte.[177]

---

[177] Vgl. ER 126 Seite 2ff

Ich, Dionysios I., gründete in Sizilien den ersten Territo–
rialstaat Griechenlands, der zugleich die stärkste Militär–
macht des griechischen Imperiums war!

Syrakus mit der gewaltigsten Festung des gesamten
griechischen Reiches baute ich zur größten Stadt aus. Ich
brachte große Teile der Insel unter meine Gewalt und
schwächte dadurch ganz entschieden die Vormachtstellung
Karthagos im Mittelmeerraum. Meine Expansionspolitik
reichte sogar bis zum italienischen Festland in den Raum
der Poebene und der Adria.[178]

Soviel zu mir. Und glaubt mir, meine Welt sah bis dahin
wie folgt aus: Ich hatte Freunde, die man gebrauchen kann,
die man wegschiebt und mit neuen ersetzt, wenn sie nicht
mehr in das eigene Bild passen, und damit war alles in bes–
ter Ordnung – bis zu einem gewissen Tag, der meine
Weltsicht entscheidend verändert hat …"

Mr. Media sitzt jetzt weit nach vorn gebeugt und hängt mit
voller Aufmerksamkeit gespannt an den Lippen des
Tyrannen. Dieser will gerade etwas äußern, da geht das
große Portal auf und die Bediensteten lassen zwei Männer
eintreten.

Dionysios I. erhebt sich und geht mit federnden Schritten
auf die beiden zu, die Freude ist ihm direkt anzusehen, und
so begrüßt er die Eintretenden auf das Herzlichste.

„Meine beiden Freunde Damon und Phintias[179]", stellt er
uns die Fremden vor, und zu Damon und Phintias gewandt
fährt er fort: „Hier möchte ich euch mit ein paar Gästen aus
einer anderen Zeit und einem anderen Bewusstsein
bekanntmachen. Lasst uns ihnen von unserer Geschichte
berichten, meine lieben Freunde, damit sie etwas über die
pythagoreische Schule, von den Lehren der Pythagoreer,
erfahren!"

---

178 Vgl. ER 126 Seite 4ff
179 Vgl. ER 132 Seite 1f

„Die Pythagoreer[180]?", fragt Mr. Media erstaunt. „Die gibt es auch in unserer Zeit noch, davon habe ich mal gelesen. Das sind doch die Anhänger des Philosophen Pythagoras von Samos."

Fräulein Wiki zuckt leicht zusammen „Pythagoras?", fragt sie und zieht die Schultern schützend nach oben, „der mit dem Lehrsatz?"[181]

Damon, ein athletischer, braungebrannter Typ, schaut Fräulein Wiki lächelnd an. „Keine Sorge, junge Dame, wir werden uns hier weniger mit mathematischen Übungen be–schäftigen, sondern vielmehr mit den religiös-philoso–phischen und politischen Inhalten dieses klugen Mannes, und wenn diese Gedanken, diese Lehre auch in eurer Zeit noch Anhänger hat, sollte sich eine genauere Betrachtung doch lohnen."

Phintias ist etwas größer und schlanker als Damon und mit feinen Gesichtszügen. Er lässt seine Augen eine kleine Weile auf Fräulein Wiki ruhen, dann schmunzelt er und nimmt das Gespräch auf:

„Der Kosmos, so die Ansicht des Pythagoras, basiert auf den harmonischen Verhältnissen der Zahlen und bildet eine Einheit, der die Gesetze der Mathematik, beziehungsweise der Zahlenlehre, zugrunde liegen.[182] Das bedeutet, dass sich alles in einer immer wiederkehrenden Gesetzmäßigkeit ab–spielt, die sich durch die gesamte Schöpfung zieht, was wiederum Strukturen klarer Ausgewogenheit, Einklang und Harmonie bedeutet.

Auch die Menschen und Tiere sind in diese Gesetze mit eingebunden. Da nun also der Mensch und die Tiere davon nicht auszuschließen sind, ist es folglich die Aufgabe des Menschen, Einklang und Harmonie zu erzeugen. Um dieser

---

[180] Vgl. ER 133 Seite 13f
[181] Vgl. ER 134 Seite 4ff
[182] Vgl. ER 135 Seite 5

Anforderung gerecht werden zu können, ist es von Bedeu‐
tung, die Zahlenverhältnisse zu kennen. Einer dieser Inhalte
besagt, dass die ungeraden und geraden Zahlen einen
Gegensatz darstellen, wobei die ungeraden Zahlen das
männliche, begrenzte Element der Schöpfung symbolisie‐
ren und über den geraden Zahlen stehen, die ihrerseits das
weibliche, unbegrenzte Element darstellen."[183]

Fräulein Wiki sieht ihn unentwegt an. Ich kann ihr förmlich
ansehen, wie es in ihrem Kopf arbeitet.

„So ähnlich ist es doch in der chinesischen Lehre von dem
I Ging über Yin und Yang[184] auch", sagt sie und schaut
fragend in die Runde.

Damon nickt leicht und übernimmt die weitere Schilde‐
rung: „Die Zahl Eins stellt die absolute Einheit, den Aus‐
gangspunkt aller Zahlen und somit der Schöpfung dar und
wird von den Pythagoreern nicht als Zahl eingestuft. Auch
ist für die Pythagoreer die sogenannte Tetraktis, was Vier‐
heit bedeutet, von besonderer Bedeutung, womit die Sum‐
me der ersten vier Grundzahlen, 1, 2, 3 und 4, gemeint ist."

„Das müsste dann doch als Endergebnis die Zahl 10 aus‐
machen, oder?", fragt Fräulein Wiki mit einer leichten
Unsicherheit.

„Genau!", gibt ihr Damon recht. „Die Zahl 10 bildet die
Grundlage für das bei den Griechen und Nichtgriechen
gebräuchliche Dezimalsystem. Die als vollkommen einge‐
stufte Zahl 10 und die Tetraktis stellen das Grundprinzip
der pythagoreischen Weltordnung dar."

„Ist nicht auch die Musik von großer Bedeutung innerhalb
der pythagoreischen Lehre?", steuert Mr. Media zur Dis‐
kussion bei und seine Augen funkeln.

„Ganz richtig!", bestätigt Phintias. „Anhand der Intervalle
lassen sich die harmonischen Schwingungsgesetze leicht

---

[183] Vgl. ER 133 Seite 8f
[184] Vgl. ER 136 Seite 1

darstellen und sogar optisch deutlich machen. Denn die Länge einer schwingenden Saite ergibt die Tonhöhe, wel–che wiederum messbar ist und sich in das Verhältnis zu der Anzahl der Schwingungen setzen lässt."[185]/[186]

„Auch Platon beschäftigte sich schon mit den Lehren der Pythagoreer"[187], fährt Mr. Media fort. „Von vielen wurden die Pythagoreer als Begründer der mathematischen Analyse der Musik angesehen und Pythagoras galt zeitweilig als deren Entdecker, so haben das wir gelernt!"

„Also doch alles Mathe", mault Fräulein Wiki und ihr Gesicht drückt nicht gerade die größte Begeisterung aus.

„Obgleich die Zahlen das Fundament der pythagoreischen Lehre ist", fährt Damon unbeirrt fort, „so ist sie dennoch nicht als rein mathematische Schule beziehungsweise Lehre anzusehen. Vielmehr handelt es sich um die Umsetzung der Gesetze von Harmonie und Gleichklang in teilweise reli–giöses und politisches Gedankengut, somit wird sie immer wieder auch mit Mysterienkulten anderer Kulturen ver–glichen."

„Aha! Und was hat das nun mit Freundschaft und so zu tun?" Fräulein Wiki will es jetzt genau wissen und auch zum Ausgangsthema zurückkehren.

„Nach dem Tod des Meisters sind die Pythagoreer in zwei Hauptströmungen auseinandergedriftet, den sogenannten „Akusmatikern" und den „Mathematikern", erklärt Damon, „wobei die Letzteren ihre Lehren, die sich vorzugsweise mit naturwissenschaftlichen und mathematischen Themen befassten, schriftlich festhielten. Die Akusmatiker gaben ihre philosophisch und religiös ausgerichteten Inhalte nur mündlich, also akustisch weiter."[188]

---

[185] Vgl. ER 137 Seite 1ff

[186] Vgl. ER 133 Seite 10

[187] Vgl. ER 139 Seite 29

[188] Vgl. ER 133 Seite 4f

„Darum kennen wir also Pythagoras aus unseren Mathebüchern?", hakt Fräulein Wiki nach.

„Ganz recht!" antwortet Phintias und fügt hinzu: „Der Le–bensstil der Akusmatiker lässt das Thema der philoso–phisch-religiösen Grundtendenz doch recht klar erkennen. Wir glauben an die Existenz einer unsterblichen Seele und sehen auch die Tiere als beseelte Wesen an, wodurch sich der Verzehr von Fleisch von vornherein für uns verbietet. Die Seele ist göttlichen Ursprungs und es bedarf der rich–tigen Führung, des korrekten, nach den Gesetzen der Harmonie ausgerichteten Lebenswandels, um die Seele zurück in die göttliche Heimat führen zu können.

Die Triebe und das Verlangen des Leibes sollten wir be–herrschen, uns desweiteren in einer bescheidenen Lebens–weise üben, was natürlich auch die Kleidung betrifft, und uns vorzugsweise vegan ernähren."

„Hört sich ein bisschen wie nach den Regeln in einem Mönchsorden an", wendet Mr. Media ein.

Phintias räuspert sich. „Nun, ein Hauptbestandteil der py–thagoreischen Lehre ist die Gesinnung der Freundschaft. Als göttlich und kosmisch harmonische Wesen ist es für uns eine der besonderen Aufgaben, die Freundschaft zu pflegen und auf höchstem Niveau eine Basis von Vertrauen und unbedingter Loyalität zu entfalten. Der Mensch ist nicht nur dem persönlichen, besten Freund verpflichtet, sondern diese Haltung sollte *jeden* Pythagoreer mit einbe–ziehen, ob er nun gut bekannt ist oder nicht. Gerät ein Pythagoreer in wirtschaftliche Not, so erhält er ohne Um–schweife die baldige großzügige Unterstützung von den anderen Pythagoreern."[189/190]

Fräulein Wiki holt ihr Handy aus der Hosentasche und betrachtet nachdenklich ihr Selfie.

---

[189] Vgl. ER 133 Seite 6ff
[190] Vgl. ER 140 Seite 1f

„Und so lebt ihr tatsächlich?", fragt Mr. Media und sein Gesicht drückt das blanke Erstaunen aus. „Also ich meine, ihr vertraut eurem Freund wirklich bis in den Tod?"

„Aber ja!" Phintias´ Antwort kommt so spontan, dass sie keinen Zweifel zulässt.

Fräulein Wiki schaut wieder hoch. „Und warum haben sie uns das alles erzählt?"

„Nur so könnt ihr verstehen, was wir euch nun erzählen", schaltet sich nun Dionysios I. wieder ein. „Dieser Mann, nunmehr mein Freund", Dionysios weist mit seiner Hand auf Phintias, „hatte vor, mich mit einem Dolch zu ermorden, ist jedoch bei seinem Vorhaben erwischt worden. Wegen dieses Vergehens habe ich ihn natürlich zum Tode am Kreuz verurteilt!"

Fräulein Wiki dreht den Kopf abrupt zu Phintias. „Aber wie passt das denn in eure Lehre?"

„Ich wollte die Stadt von dem Tyrannen befreien", sagt Phintias und scheint über den Gedanken im Moment selber verwundert zu sein. „Ich habe die Todesstrafe ja auch ohne Klagen akzeptiert, nur wollte ich zuvor unbedingt noch meine ledige Schwester mit ihrem Verlobten verheiraten, denn ohne mich, ihren Bruder, wäre sie ganz ohne Schutz gewesen. Um die Erlaubnis zu erhalten, zu meiner Schwester reisen zu dürfen, habe ich Dionysios I. angeboten, er möge doch bitte meinen Freund Damon als Pfand für mich so lange einsperren, bis ich wieder zurück sei."

Fräulein Wiki beugt sich auf unserem Lager vor und schaut Phintias mit großen Augen an. „Nein! Ehrlich? Das haben Sie gemacht?"

„Ja, selbstverständlich", antwortet Phintias, „und ich habe ihn nicht einmal vorher fragen können, aber ich wusste, er wird das für mich machen, denn ich würde es im umgekehrten Fall auch tun!"

„Ich fand ja den Gedanken, seine Schwester verheiraten zu wollen, bevor er umgebracht wird, recht anständig, aber andererseits hat mich das Angebot, den Freund als Pfand einzusetzen, doch wirklich erstaunt." Dionysios hält inne, schaut Damon und Phintias an, beide lächeln, da fährt Dionysios fort: „Nein, nicht wirklich erstaunt", sagt er und zögert. „Aber ich fand es absolut absurd und es hat mich gereizt, diese Pythagoreer wegen ihrer großartigen Gesin– nung auf die Probe zu stellen, denn ich habe ihrer Glaub– würdigkeit eigentlich nie so richtig getraut. Also habe ich ihm das Angebot gemacht, dass ich, wenn er nach der vereinbarten Zeit nicht zurück wäre, seinen Freund kreu– zigen und ihn selber freilassen würde!"

„Das finde ich aber echt voll gemein!" Fräulein Wiki ist entsetzt. „Wie konntet ihr denn dann da noch Freunde werden?", fragt sie und schaut Dionysios I. mit wütenden Augen an.

„Ich durfte also für drei Tage aus dem Gefängnis und mein Freund wurde derweil für mich eingesperrt", erzählt Phintias unbeirrt weiter. „Zu Hause angekommen, habe ich meine Schwester sofort mit ihrem Verlobten verheiratet und mich danach umgehend auf den Rückweg nach Syra– kus gemacht. Aber dieser Rückweg war die reinste Höllen– fahrt. Alles schien sich gegen mich verschworen zu haben und wollte mich aufhalten, meinen Freund auszulösen. Ein Unwetter hatte so viel Regen gebracht, dass ich einen Fluss nicht überqueren konnte. In meiner Verzweiflung warf ich mich dann in die reißenden Fluten und schaffte es wie durch ein Wunder doch, hindurch zu schwimmen. Dann wurde ich von Räubern überfallen und musste mich mit denen herumschlagen. Doch damit nicht genug, auf dem weiteren Weg war es dann so heiß, dass ich fast verdurstet wäre, und als ich mich völlig erschöpft Richtung Syrakus schleppte, hörte ich von zweien, die mir entgegenkamen, dass man jetzt den Freund kreuzigen wird. Als ich endlich den Schlosshof erreichte, sah ich, wie man gerade Damon am Strick zum Kreuz hinaufzog."

Fräulein Wiki hält sich die Hand vor den Mund und sieht die beiden mit weit aufgerissenen Augen an.

„Ich bin auf allen Vieren gekrochen, so erschöpft war ich", fuhr Phintias fort, „doch dann habe ich, so laut ich konnte geschrien, dass ich wieder zurück sei und man *mich* kreuzigen müsse!"

„Und?", fragt Fräulein Wiki gespannt.

„Da waren plötzlich alle still, die Henker haben von meinem Freund abgelassen und Damon und ich lagen uns in den Armen. Wir haben geweint, ja, wir haben vor all den vielen Menschen laut geweint! Unsere Freundschaft, unsere Treue hatte all die Bosheit der Welt besiegt!"

Dionysios wischt sich verstohlen eine Träne von der Wange. Endlich, nach einer ganzen Weile findet er die Sprache wieder.

„Ich weiß noch genau den Augenblick, als mein Diener in den Thronsaal kam und mit tränenerstickter Stimme berichtete, was sich da gerade im Gerichtshof abgespielt hatte. Ich hatte ja mit allem Möglichen gerechnet, nur nicht damit!" Er schweigt und schluckt, dann spricht er weiter: „Ich bin sofort zu den beiden gelaufen, ich musste diese beiden Männer sehen! Sie haben mich so bewegt! Ihre Treue, ihre Freundschaft hat etwas in mir verwandelt und ich hatte nur den einen Wunsch, zu diesen edlen Menschen gehören zu dürfen!"

Fräulein Wiki und Mr. Media schauen sich an und Fräulein Wiki schnäuzt verlegen in ihr Taschentuch. Dann blicken beide stumm auf ihre Handys. Mr. Media dreht das flache Teil auf seiner Handfläche hin und her, dann sieht er Phintias an und etwas Aufmüpfiges ist in seinem Blick, als er sagt: „Aber wir haben in der Schule gelernt, dass nicht *Sie* es waren, der da den Freund als Pfand angeboten hat, sondern Damon."

„Nun, wer auch immer euch das so erzählt hat", hält Damon dagegen, „dem ist da eine Verwechslung unterlaufen.[191] Es ist nämlich so, wie wir es euch gerade berichtet haben, aber … macht das denn nun wirklich einen so großen Unterschied? Geht es denn nicht um die Sache als solche?"

Mr. Media senkt den Kopf.

„Das ist schon krass … also ich meine, so richtig echt voll krass!", murmelt er vor sich hin.

Wir sitzen noch eine ganze Weile bei diesen drei außer‐gewöhnlichen Männern und unterhalten uns, bevor wir uns verabschieden müssen.

Als wir gehen, sind meine beiden jungen Begleiter doch recht nachdenklich – und stiller als sonst.

Irgendwann findet Mr. Media wieder zu sich: „Ich habe immer gedacht, das sei eine erfundene Geschichte. Es hat sie also wirklich gegeben, den Phintias und den Damon von Syrakus, dies beiden Pythagoreer, denen das hohe Gut der Freundschaft mehr bedeutete als ihr eigenes Leben! Das muss ich echt meinen Freunden erzählen!", sagt er und klappert emsig in sein Handy.

Während wir von der Festung Castello Eurialo hinunter‐steigen, breitet Syrakus seine ganze Schönheit zu unseren Füßen aus. Umsäumt von samtigem Blau streckt sich Orty‐gia, Syrakus` vorgelagerte Insel, weit hinein in das Mittel‐meer, gleich dem ausgestreckten Zeigefinger einer Hand, die die Wassertemperatur erspüren möchte.

„Es ist so wunderschön hier", seufzt Fräulein Wiki und bleibt stehen. „Wie geht es denn nun weiter mit dieser Insel und seinen Menschen?", möchte sie wissen. Ich setze mich auf einen der weißen Steine, die aus der spärlichen Vegeta‐tion hervorgucken. Meine beiden jungen Reisegefährten hocken sich, nachdem sie eifrig von hier oben Fotos gemacht und gepostet haben, neben mich.

---

[191] Vgl. ER 132 Seite 3

Ein heiß(er) begehrter Zankapfel
Teil 2: „Alle waren sie hier …"

Nach den Griechen, Phöniziern, Karthagern und Dionysius kamen die Römer. Auch die Herrscher des Römischen Reiches wollten die geographisch und strategisch sehr günstige Lage Siziliens für ihre Handels- und Kriegsakti–vitäten nutzen.

Mit Anfang des 2. vorchristlichen Jahrhunderts fiel Sizilien an das Römische Reich und wurde die Kornkammer Roms. Eine neue, große Bevölkerungsschicht stellten griechische Sklaven dar, die vom römischen Festland nach Sizilien ge–bracht worden waren. Sie lebten in erbärmlichen Verhält–nissen auf der Insel, was letztendlich zu den drei Sklaven–kriegen im 2. und 1.Jahrhundert v. Chr. führte, die jedoch alle äußerst brutal vom römischen Heer niedergeschlagen wurden. So sollen einmal an die 20.000 Sklaven von den Klippen der sizilianischen Küste ins Meer gestürzt und ein andres Mal an die 6.000 überlebenden Sklaven an den Straßen gekreuzigt worden sein. Die Insel stand nun vol–lends unter römischem Einfluss, der Latinisierungsprozess schritt laufend fort, und dennoch sprach die Bevölkerung zumeist weiterhin griechisch. Bis in das 5. Jahrhundert nach Christus blieb Sizilien unter römischer Herrschaft.

Der römische Riese wankte, das Westreich zerfiel und neue Völkerschaften erstarkten. Die Vandalen, deren weite Wanderschaft sich über 150 Jahre hingezogen hatte, kamen letztendlich nach Mainz, wo sie den Rhein überquerten und in der Silvesternacht des Jahres 406 die römische Provinz Gallien überfielen. Die Römer konnten den kontinuier–lichen Südwest-Vormarsch der Vandalen nicht mehr effektiv abwehren und so drangen die nordischen Eroberer bis nach Spanien vor. Diese Eroberungszüge führten die Vandalen auch nach Sizilien, und nun stand das Dreieck im Mittelmeer unter der Herrschaft der aus dem Norden stammender Völkerschaften.[192] Den Vandalen folgten die Ostgoten, über 100 Jahre unterstand Sizilien danach dem Byzantinischen Reich (Oströmisches Reich) unter Kon–stans II. – Kaiser von Byzanz (641-668 n.Chr.).

In den großen Expansionswellen gen Westen eroberten die Araber im 9. Jahrhundert auch die Insel Sizilien. In der daraufhin 250 Jahre währenden muslimischen Herrschaft erfuhr Sizilien einige einschneidende Veränderungen. Die Araber machten Palermo zur wichtigsten und mächtigsten Stadt der Insel. Die neuen Bewässerungstechniken der Eroberer bescherten den Menschen dort einen großen land–wirtschaftlichen Aufschwung.

Im 11. Jahrhundert vertrieben die Normannen die Araber und gründeten ein eigenes Königreich auf Sizilien.

Auf die Zeit der Normannen folgten die Stauffer (1194-1268). Die Epochen unter den Normannen und Stauffern bedeuteten weiterhin eine Zeit großer kultureller und archi–tektonischer Entwicklung. Die fruchtbare Verbindung von byzantinischem, arabischem und normannischem Einfluss brachte viele Kunstwerke hervor.

Doch anschließend begann sich ein langer Dämmerzustand über diese einstmals so bedeutende, vielbegehrte Insel zu legen.

Die nachfolgenden fremden Mächte kamen und gingen, wie die Wellen des Meeres, ohne sich besonders für das Land und die Menschen zu interessieren. Aragon, Spanien, Sa–voyen und auch Österreich nannten nacheinander Sizilien ihr Eigentum, dann gehörte Sizilien zum Königreich Nea–pel und wurde vom Festland aus verwaltet.

Keiner dieser neuzeitlichen Herrscherhäuser kümmerte sich wirklich um die Belange und Notwendigkeiten der Insel-bevölkerung. Vielmehr kämpfte eine kurzsichtige Adels–schicht um ihren Status und überließ die zunehmend verar–mende Landbevölkerung mehr oder weniger sich selber, was dann im 19. Jahrhundert zur Bildung eines Geheim–

bundes führte, der der Insel eine fragwürdige Berühmtheit bescherte."[193]

„Sprichst du da eventuell von Siziliens Cosa Nostra, der eigentlichen Mafia?", fragt Mr. Media.

„Genau, die meine ich", antworte ich etwas überrascht, da er sofort darauf gekommen ist.

„Dazu kann ich jetzt aber was sagen", meint er, „denn dar–über habe ich schon einmal ein Referat gehalten." Er sucht in seinen Dateien und wird fündig.

Ein heiß(er) begehrter Zankapfel
Teil 3: Mafiusu/Marfusu - M.A.F.I.A.

„Mafia ist doch ein Begriff, der für das organisierte Ver–brechen in Bezug auf Drogen- und Menschenhandel und Prostitution steht, oder liege ich da falsch?", fragt Fräulein Wiki. Sie gibt *Mafia* in ihrem Handy ein und studiert einige Einträge.

„Da", sagt sie und zeigt auf das Bild in ihrem Mobiltelefon, „an der Autobahn Richtung Palermo, dort, wo der Mafia-Jäger Giovanni Falcone von der Mafia mit seinem Wagen in die Luft gesprengt wurde, steht eine mehrere Meter hohe Granitsäule, in die sein Name, der seiner Frau sowie die Namen seiner drei Leibwächter, die auch bei diesem Atten–tat umgekommen sind, eingraviert sind, und der Flughafen Palermo trägt seit jenem Anschlag den Namen der beiden 1992 getöteten Richter Giovanni Falcone und Paolo Bor–sellino.[194] In unserer Zeit ist der Widerstand gegen diese Organisation doch sehr stark geworden."

---

[192] Vgl. ER 141 Seite 5f
[193] Vgl. ER 95 Seite 7ff
[194] Vgl. ER 146 Seite 2f

Sie ist richtig aufgeregt und spricht viel schneller als ge–
wöhnlich.

„Hier, schau, seit 2004 gibt es eine Anti-Schutzgeld-Initia–
tive unter der Bezeichnung *Addiopizzo,* was übersetzt „Ade
Schutzgeld!" bedeutet. Ausgegangen ist diese Initiative von
jungen Menschen, die in Palermo ein Restaurant eröffnen
wollten und bei ihren Finanzierungsplänen die bis dahin
üblichen Zusatzausgaben des Schutzgeldes miteinkalkulie–
ren mussten. Diese Tatsache hat sie derart wütend gemacht,
dass sie spontan eine Antischutzgeld-Kampagne eröffnet
haben. Seitdem beteiligen sich immer mehr Unternehmer
und Geschäftsleute an dieser Bewegung. Diejenigen, die
den Mut haben, sich der Mafia entgegenzustellen und kein
Schutzgeld mehr bezahlen, bekennen sich auch öffentlich
zu ihrer Entscheidung. Diese Organisation erfährt Unter–
stützung von zahlreichen öffentlichen Einrichtungen bis hin
zur deutschen Botschaft."[195] Sie tippt immer wieder mit
ihrem Finger auf den Bildschirm ihres Handys. „Das gehört
doch alles in unsere Zeit!"

„Das ist schon richtig", antworte ich, doch bevor ich wei–
tersprechen kann, fällt sie mir erneut ins Wort: „Da gibt es
ja außerdem noch die Russenmafia, die fernöstliche Mafia,
die amerikanische und was weiß ich noch alles. Wieso hat
das jetzt etwas mit unserer Zeitreise zu dieser Insel zu tun?"

Die vielen Namen einer weltbekannten und ge– fürchteten Organisation

„Du lässt einen ja gar nicht zu Wort kommen!", sagt Mr.
Media genervt. „Lass mich doch erst mal ausreden! Dabei
handelt es sich doch einfach nur um die Verwendung dieses
Begriffes für kriminell strukturierte Organisationen. Seit

---

[195] Vgl. ER 147 Seite 1f

dem 20. Jahrhundert hat es sich eingebürgert, alle möglichen verbrecherischen Organisationen unter dem Pseudonym *Mafia* zusammenzufassen, wobei dies vielleicht nicht immer dienlich sein muss. Feststeht, dass die Mafia aus Sizilien kommt und Tausende von Verbrechen, angefangen bei Schmuggel und Banküberfällen bis hin zu Folter und Morden, auf das Konto dieser Organisation gehen.

Dennoch sollte man der Sache einmal auf den Grund gehen und da reicht es nicht, die bekannten Berichte über Gräueltaten und Meuchelmorde aufzulisten, sondern eventuell einmal der Entstehungsgeschichte dieses Begriffes, der für all das steht, nachzugehen. So gibt es zum Beispiel allein bei der Betrachtung des Wortes Mafia eine ganze Reihe von Möglichkeiten der Wortabstammung, und die wiederum erzählen schon einiges über die Geschichte dieses von Legenden und Geheimnissen umwobenen Männerbundes, aber auch über die Menschen der Insel.

Beginnen wir mit der Reihenfolge der Völkerschaften, die diese Insel bewohnt haben, so taucht das Wort schon in Zusammenhang mit den Griechen auf. Das Wort *maffia* bedeutet so viel wie Hexe und geht auf den griechischen Begriff Hybris zurück. Hybris steht für die Selbstüberschätzung und den Hochmut der Menschen, welche einen Zornesausbruch Gottes als gerechte Strafe nach sich ziehen und meist den Tod für den betreffenden Menschen bedeuten. Aber auch Eigenschaften wie Stolz, Gier, Frevel, Raub, Vergewaltigung und Selbstjustiz in jedweder Form werden dem Begriff Hybris zugeschrieben, womit wir bei der Zuordnung des Wortes Mafia im eigentlichen Sinne wären.[196]

Dann wissen wir, dass die arabischen Völkerschaften der Insel lange ihre Kultur und ihren Stempel aufgedrückt haben, aus dieser Zeit sind sogar drei Worte nach Sizilien gekommen, die dem Wortlaut Mafia naheliegen:

---

[196] Vgl. ER 144 Seite 1

Maha bezeichnet auf Arabisch eine Höhle oder eine Grotte, und im sizilianischen Dialekt nannte man die Grotten, die den Menschen Schutz vor ihren Verfolgern boten, *mafie.*

Ma hias bedeutet so viel wie Angeber, Zerstörer und über–heblich, dreist. Wiederum der Aspekt des Schutzes und der Sicherheit ergibt sich aus der arabischen Wortverbindung *mu`afa* und die Zuweisung für eine Versammlungsstätte findet sich in *mahfil.*

Die *Ma´afir,* ein Stamm der Sarazenen, regierte in Palermo von 831 bis 1072 nach unserer Zeitrechnung und das Wort lässt ebenfalls unschwer einen Bezug zu dem Begriff Mafia erkennen.

Italienische Dialekte zeigen auch Worte auf, aus denen sich Mafia ableiten ließe, wie der toskanische Dialekt einen Kriminellen schon im 15. Jahrhundert *il malfusso* nennt. In Florenz steht *mafia* oder *maffia* für Armut und Not, und aus piemontesischen Niederschriften sind die Worte *mafi, mafio* und *mafiun* in einem mundartlichen Wörterbuch von 1830 durch C. Zalli belegt, die einen kleinwüchsigen, miss–gestalteten Menschen einerseits, einen Rüpel oder gar Dieb andererseits bezeichnen.

Außerdem kann die Aneinanderreihung der Buchstaben des Wortes als Akronym gedeutet werden, so zum Beispiel in foldendem Spruch ´*Morte Ai Francesi, Invasori, Assassini*` (= Tod den Franzosen, Invasoren, Mördern) oder in dem Ausspruch ähnlichen Inhalts ´*Morte Alla Francia, Italia Anela*` (= Den Tod Frankreichs ersehnt Italien), was dann in der Schreibweise M.A.F.I.A. ausgedrückt wird. Dieses Akronym, so heißt es, sei der allgemeine Schlachtruf der Sizilianischen Vesper gewesen.

Aber das Paradoxe an der Sache ist, dass der Begriff Mafia beziehungsweise Mafiosi durch ein Theaterstück ins Leben gerufen, oder besser gesagt, unter die Leute gebracht wur–de, und zwar durch die Komödie ´*I mafiusi di la Vincaria*`, die im Jahr 1863 uraufgeführt wurde. Erzählt wird die

Geschichte von Häftlingen im Gefängnis von Palermo. Dort formiert sich ein Bund unter der Bezeichnung Mafia, der sich zum Ziel gesetzt hat, die schwächeren Mitgefangenen vor gewaltsamen Übergriffen anderer Mitgefangener zu schützen. So erhielt der Begriff Mafia in dem Stück eine recht edle Deutung. Vielleicht wäre das Lustspiel völlig in Vergessenheit geraten, würde es nicht äußerst verwandte Strukturen aufzeigen, die den hierarchischen Aufbau und sogar den Initiationsritus der realen Mafia beschreiben.[197] Seit der Aufführung dieses Theaterstücks und einer Diskussion der Regierung über die zunehmende Bandenkriminalität bezeichnete man also alles, was bis dahin namenlose Vereinigungen von Straßenräubern, Briganten, Nichtstuern oder sonstige, in Gruppen auftretende Kriminelle waren, mit dem Synonym Mafia. Schließlich wurde der Name zu einem neuen Begriff für organisierte Kriminalität.[198]

Soweit nun die Erforschung des Namens, eines Markenzeichens für Macht mittels Gewalt, Morden und undurchschaubaren Geschäftspraktiken.

Anfang des 19. Jahrhunderts siedelten sich viele Großgrundbesitzer aus Norditalien in Sizilien an und setzten Verwalter, die sogenannten *Gabellotti,* ein, die das Anwesen gegen Plünderer beschützten. Vielleicht die sizilianische Mentalität nie wirklich begreifend, vielleicht aber auch einfach nur dem Müßiggang des Reichtums verfallend, verloren die vorzugsweise adligen Herren aus dem Norden mehr und mehr die Kontrolle über ihre Besitztümer, und die Gabellotti wurden immer mächtiger, verbündeten sich zum Teil mit Briganten und gelangten so selbst in den Besitz der Güter. Auch darin kann ein Anfang der Institution Mafia zu sehen sin.[199]

---

[197] Vgl. ER 143 Seite 1
[198] Vgl. ER 142 Seite 2f
[199] Vgl. ER 145 Seite 2

Die Vereinigung des sizilianischen Geheimbundes weist strenge Strukturen auf, folgt festgelegten Richtlinien und Ritualen und hat einen eigenen Kodex. Die Mafiamitglieder sprechen von sich selber auch eher als der Organisation der *Cosa Nostra,* um sich von den neueren Zugehörigkeiten dieses Begriffes zu differenzieren. Die Cosa Nostra, was übersetzt „Unsere Sache" bedeutet, beziehungsweise Mafia, hat ihren Ursprung einzig in Sizilien und formiert sich aus Mitgliedern ausschließlich sizilianischer Herkunft.

Es handelt sich bis heute um einen reinen Männerbund, zu dem Frauen keinen Zutritt haben, wobei aber den Frauen als Gattinnen und Mütter der Mafiamitglieder eine beson–dere Bedeutung beizumessen ist, da sie ihren Kindern eine positive Einstellung gegenüber der „Familie", der Mafia–vereinigung vermitteln. Die Vereinigung als solches setzt sich aus sogenannten „Familien" zusammen, wobei hiermit aber keine Blutsverwandtschaft gemeint ist. Der Begriff Familie steht für einen Gruppenverband, der eine Hierar–chie aufweist, in der dem Übergeordneten grundsätzlich absoluter Gehorsam geleistet werden muss.

Interessant sind auch die hierarchischen Strukturen dieses Männerbundes. Obgleich es heute kaum noch den Begriff des Paten gibt, der „Oberster Vertreter", „Chef" und nach amerikanischem Vorbild „Boss" genannt wird, ist dieser Männerbund nach wie vor nach altem römischen Muster aufgebaut. Die Römische Legion dient als Vorbild und die strukturelle Zusammensetzung entspricht in etwa der der römischen Armee. Es wird auch immer wieder auf die Ähnlichkeit zum hierarchischen Gefüge der katholischen Kirche hingewiesen.

Die allgemeine Aufstellung lässt sich in sieben Stufen auf–gliedern, wobei der *Capo dei capi*, der Kopf der Köpfe, die oberste Instanz, der höchste Boss ist. Diesem Obersten unterstehen Provinzrepräsentanten und diesen sind wieder–um Repräsentanten untergeordnet, denen drei Familien unterstehen. Jede Familie hat ihren eigenen Boss, diesem steht zumeist ein Consigliere, ein Berater, zur Seite, wobei der Berater nicht handlungsbevollmächtigt ist.

Eine Gruppe von zehn Ehrenmännern wird meist von einem eigenen Boss angeführt. Die rangniedrigsten Mafia–mitglieder werden als Fußvolk oder Soldaten bezeichnet, wobei jedoch eher der Begriff *Ehrenmann* Verwendung findet. Den strengen Regeln der Vereinigung hat sich jeder zu unterwerfen, wobei als eines der obersten Gebote die absolute Verschwiegenheit für jedes Mitglied einzuhalten ist und der Verstoß dagegen für den Verräter den sicheren Tod bedeutet."[200]

„Das wäre echt gar nichts für mich!", ruft Fräulein Wiki und in ihrer Stimme ist absoluter Unmut zu erkennen. „Keine Frauen, kein Widerspruch – und dann noch Verschwiegenheit! Also bitte, das ist ja richtig hinterwäld–lerisch!"

Ich muss lachen und Mr. Media runzelt die Stirn und meint: „Ja, ganz bestimmt wäre das nichts für dich, du Kind der Normalität", sagt er halb lachend, halb ernst. „Da kannst du auch gar nicht so einfach eintreten wie in den Tennisclub. Der Beitritt muss sich erst erarbeitet werden! Der Kandidat wird einer Prüfung unterzogen, die zumeist in der Durch–führung eines kriminellen Aktes oder einer anderweitigen, der Organisation dienlichen Mutprobe besteht. Hat der Aspirant seine Aufgabe gemeistert, wird er mit einem spe–ziellen Initiationsritus in die Organisation eingegliedert. In der Gegenwart mehrerer Ehrenmänner wird ihm in den Finger oder den Daumen gestochen, dann muss er das Blut auf ein Heiligenbild tropfen lassen und dabei einen Eid auf die Familie und die Gesetze der Cosa Nostra schwören. Aus diesem Mann wird nun ebenfalls ein Ehrenmann."[201]

---

[200] Vgl. ER 145 Seite 5f
[201] Vgl. ER 145 Seite 3

„Das wird mir jetzt echt zu eklig!" Fräulein Wiki schüttelt sich. „Mit der Nadel in den Finger stechen und Blut auf ein Heiligenbild tropfen lassen … Lasst uns endlich weiter–reisen, ich weiß jetzt genug über diese Truppe!"

Sie zieht ihre Flügelschuhe an und fragt: „Wohin wollen wir also jetzt fliegen?"

„Bevor wir weiterfliegen, will ich euch auch noch etwas zu diesem Thema erzählen", sage ich, „denn es gibt da auch in meinem Leben einen ganz besonderen Begegnung mit die–sen Menschen."

Eine Zugbekanntschaft

„Im Mai 1983 lag in der Post ein unscheinbarer, grauer Brief, der Absender jedoch steigerte meine Herzfrequenz schlagartig um ein Vielfaches. Fast hatte ich das schon länger zurückliegende Telefonat vergessen und mit einer Zusage auch nicht mehr gerechnet, doch jetzt zauberte mir der unromantische Umschlag die Einladung zu einem Vor–singen an der Mailänder Scala hervor.

Ich muss vielleicht für alle Unkundigen der klassischen Musikszene kurz erwähnen, dass die Mailänder Scala das Eldorado, das Mekka des Gesangs für jeden Opernsänger darstellt und ein Vorsingen zu den begehrtesten Vorstel–lungsmöglichkeiten gehört.

Mit dieser besonderen Einladung in der Tasche saß ich nun, in Begleitung meiner Mutter, im ICE Dortmund-Mailand, mit Kurs auf die klassische Musenstätte.

Immer wieder ging ich in Gedanken die Texte meiner Arien durch und so nahm ich die neuen Mitreisenden, die die gegenüber liegenden Plätze belegt hatten, zuerst nur am Rande wahr. Aber die Reise war lang, meine Anspannung legte sich nach und nach und irgendwann schob sich die momentane Realität des Zugabteils zwischen die Texte und Noten rezitierenden Geister in meinen Kopf.

Ein älterer Herr mit einer sehr gepflegten Ausstrahlung und eine modisch gekleidete Dame, schätzungsweise gleichen Alters, saßen uns gegenüber. Mein Vis-á-vis erwiderte meinen Blick mit einem freundlichen Lächeln, und als habe er auf einen Augenblick der Kontaktaufnahme gewartet, begann er ein Gespräch.

Seine Aussprache hatte einen leichten Akzent, den ich jedoch nicht zuordnen konnte, und da ich schon immer an Land und Leuten anderer Kulturen interessiert war, gestattete ich mir die dezente Frage nach seinem Heimat‐land. Er nutzte diese Gelegenheit, um die Dame zu seiner Linken als seine aus Deutschland stammende Gattin vorzu‐stellen. Aber dann zwinkerte er mir zu und forderte mich auf, doch einmal den Versuch zu unternehmen, seine Nationalität zu erraten.

Ich fand das amüsant, vertrieb es doch die Zeit, und so schaute ich ihn jetzt aufmerksam und forschend an. Etwas an ihm erinnerte mich an einen mir bekannten Eindruck und ich suchte in den Schubladen meines Gehirns. Was war es und wo war mir dieser Input begegnet? Endlich hefteten sich meine Augen an seinen Haaren fest. Diese eigentüm‐liche Verteilung grauer und schwarzer, leicht krauser Haa‐re, das war es, was ich kannte!

In meiner Studienzeit hatte ich einen jungen Kommilitonen gekannt, der genau diese Haarfärbung aufgewiesen hatte, und schon damals wunderte ich mich über die grauen Schläfen bei einem so jungen Mann. Damals hatte mir mein Mitstudent erklärt, dass dies äußerst typisch für Männer seiner Ethnie sei.

´Sie sind Armenier´, antwortete ich schließlich, mich an die Nationalität meines Kommilitonen erinnernd. Mit man‐chem hatte mein Gegenüber gewiss gerechnet, aber nicht damit, und nun schaute er mich völlig verdattert an und brach dann in ein schallendes Lachen aus. Er brauchte eine Weile, bevor er mir bestätigte, ja, er sei Armenier, und mich dann eindringlich fragte, wie ich denn darauf gekommen sei. Da berichtete ich von meinem Studienkollegen.

Das Eis im ICE war gebrochen und eine lebhafte Unterhaltung entstand. Ich berichtete vom Anlass meiner Reise und meinem Beruf als Opernsängerin.

Das Ehepaar hörte mir aufmerksam zu und dann erzählte er uns von seiner Zeit in Armenien. Er habe während des Weltkrieges gegen das kommunistische Russland Spionage betrieben und nach dem Weltkrieg aus seiner Heimat fliehen müssen. Er hatte dann eine Weile in Berlin gelebt, wo er seine Frau kennengelernt hatte, und in dieser Zeit war er weiterhin im Spionagedienst, diesmal jedoch für Amerika und wiederum gegen Russland tätig gewesen. Als der Boden in Berlin zu heiß wurde, emigrierte das Ehepaar dann nach Amerika. Dort erhielt er eine kleine Weile finanzielle Unterstützung, war dann jedoch auf sich selbst gestellt. In dieser recht schwierigen Situation sei dann ein neuer Arbeitgeber auf ihn zugekommen.

Hier unterbrach er seine Erzählung und fügte übergangslos ein: ´Ich arbeite bei der Mafia.´ Man konnte es seinen verschmitzten Augen ansehen, dass er jetzt von mir blankes Entsetzen erwartete.

Diese Aussage war nun für mich so unwahrscheinlich, dass ich wohl keinerlei Erstaunen zeigen konnte. So setzte er noch einmal nach und ergänzte: ´Wir wohnen auch in den Bronx, jenem berüchtigten Kriminellenviertel in New York.´

So sieht also ein Mafioso aus, schoss es mir durch den Kopf, und als hätten meine Gedanken auf meiner Stirn gestanden, begann er nun eine ausführliche Beschreibung seines Umganges mit der Cosa Nostra beziehungsweise der amerikanischen Mafia. Es hörte sich alles wirklich absolut seriös und gut an. Er habe noch nie jemanden ermordet und auch noch nie einen Bankraub ausgeführt, erklärte er, wobei ich ihm diese Ausführungen durchaus abnahm. Er sei ein solider Geschäftsmann, habe einen absolut gutmütigen Chef und die Organisation der Mafia habe ihm sehr geholfen. Die Mafia sei wirklich nicht so schrecklich, wie sie immer dargestellt werde. Auch lebe man in den Bronx nicht gefährlicher als anderswo auf der Welt.

´Wie Sie sehen, sind wir beide unversehrt, unsere Kinder haben dort gut überlebt und eine ausgezeichnete Ausbildung absolviert´, fügte er lächelnd hinzu.

Falls ich jemals nach New York käme, sei ich herzlich eingeladen und könne mich von der Richtigkeit der Schilderung ihres Mannes überzeugen, toppte seine Gattin noch die ganze Unterhaltung.

Heutzutage würde man ihn wahrscheinlich mit den Attributen „dynamisch, erfolgreich und innovativ" beschreiben. Er und seine Gattin hatten Charme und Witz und ich glaube bis heute, dass sie wahrscheinlich – bis auf Anzeigen wegen überhöhter Geschwindigkeit und Falschparkens – kaum mit dem Gesetz in Konflikt geraten waren. Allerdings war ich auch nie in New York, und die Bronx kenne ich nach wie vor nur aus verschiedenen Berichten, sodass ich mir „vor Ort" nie ein genaues Bild machen konnte.

Am Hauptbahnhof Mailand verabschiedeten wir uns voneinander und mir ist nur die Erinnerung an eine interessante Unterhaltung mit einem sympathischen Ehepaar geblieben, an eine Zugbekanntschaft auf einer Fahrt von Dortmund nach Mailand."

„Also, ich hätte mich nicht wirklich wohl gefühlt, zusammen mit einem Spion und Mafiaangehörigem in einem Abteil zu sitzen", sagt Fräulein Wiki und rutscht ein wenig zur Seite.

„Stellt sich dir nicht die Frage nach dem Ursprung, der Dynamik solcher Zusammenhänge und Organisationen?", fragt Mr. Media.

Ich schaue die beiden jungen Menschen an und muss dabei an unsere aktuellen Probleme und die allgemeine Unsicher–heit der Menschen denken.

„Eventuell lassen sich solch ausgerichtete Organisationen damit erklären, dass es wohl ein Urbedürfnis des Menschen ist, und gewiss ist das nicht nur ein sizilianisches Phäno–men, einen Großen, einen über allem Stehenden an seiner Seite zu wissen. Ein Pate, ein Boss wird ersehnt, ein Mensch zur Leitfigur ernannt, die sorgt, die schützt und aus dieser elenden Zwickmühle der unerbittlichen Selbstver–antwortung heraushilft – oder zumindest ein brauchbares Muster, ein Schema vorgibt. Dafür wird dann gerne einmal der Verstand zum Denken vermietet und das Gewissen mit unbeschränktem Haltbarkeitsdatum ganz hinten, unten in der großen Gefriertruhe der unkomfortablen Lebensum–stände eingefroren. Auf diesem Nährboden gedeiht nicht nur die Mafia – viele andere Organisationen wissen um diese Schwachstelle des menschlichen Gemütes, und oft–mals bedarf es nicht einmal eines großen sozialen und per–sönlichen Elends, um Ängste und Unsicherheit wachzuru–fen, die dann mit verlockenden Philosophien von Gerech–tigkeit und Ehrenbezeugungen entmachtet werden, und schon ist es ein Leichtes, Gefolgsleute zu finden, und das eben nicht nur und ausschließlich in Sizilien“, beende ich meine Ausführungen.

„Nach so viel Schwermut möchte ich wieder etwas Aufre–gendes erleben. Ich ziehe jetzt meine Flügelschuhe an und reise weiter. Kommt endlich!“, ruft Fräulein Wiki.

Ich greife mir unseren Lotsen Attentino, schlüpfe in meine Hermesschuhe und schon sausen wir durch die Lüfte gen Westen.

Wir landen unweit von Palermo, auf dem Monte Pellegrino. Der atemberaubende Blick auf das endlose Blau des Mit–telmeeres und die malerische Kulisse des unter uns liegenden Ortes Addaura nehmen mich für einen Augen–

blick gefangen. Und dann entsinne ich mich, dass es hier Höhlenzeichnungen geben soll, die Menschen vor mehr als 12.000 Jahren in die Felswände ihrer Höhen eingeritzt haben.[202/203]

„Das ist ja unwahrscheinlich, wie lange diese Insel schon von Menschen bewohnt wird", wundert sich Mr. Media. „In welchem Jahrhundert sind wir denn eigentlich gerade gelandet?"

„Ich weiß es nicht", antworte ich ihm. „Aber lasst uns nach Palermo gehen, vielleicht erfahren wir ja dort, in welcher Zeit wir gerade sind", schlage ich vor, denn ich muss gestehen, auch ich habe ein wenig die zeitliche Orientierung verloren.

Auf unserem Weg hinunter in die Bucht des Tyrrhenischen Meeres begegnen wir einem alten Bauern.

Er bleibt stehen und betrachtet uns aufmerksam, dann fragt er: „Wo wollt ihr denn hin?"

Sein Gesicht macht mir einen etwas verängstigten Eindruck, und da ich befürchte, dass ihn unser ungewohntes Outfit beunruhigt, erkläre ich ihm schnell, dass wir nur Durchreisende sind, die nach Palermo wollen.

„Nach Palermo", wiederholt er langsam, und dann zeigt er auf den Hund.

„Lasst das arme Tier doch besser bei mir. Ihr könnt es später abholen", sagt er und macht eine Pause, „wenn ihr wollt."

Wir sehen ihn irritiert an, aber der Fremde klopft auf seinen Schenkel und Attentino springt freudig an ihm hoch. Bereitwillig folgt er dem alten Mann, ihn mit munteren Sprüngen umkreisend.

---

[202] Vgl. ER 148 Seite 1
[203] Vgl. ER 149 Seite 1

Ein heiß(er) begehrter Zankapfel
Teil 4: Eine Vesper mit Säbel und Dolch

Je näher wir der Stadt kommen, umso mehr Menschen begegnen uns, ja, es scheint geradezu alles auf den Beinen zu sein. Festlich gekleidet scheinen sie alle in das Stadt–zentrum zu streben. Die Menschen beäugen uns mit einem sonderbaren Ausdruck in den Augen und in der Luft liegt eine eigentümliche Spannung. Ich wende mich an einen der Passanten und frage höflich, wohin denn all die Menschen jetzt am Abend, gehen.

„Zur Vesper", sagt er, „es ist doch Ostermontag!"

Irgendetwas in mir lässt eine Alarmglocke erklingen und ich suche in meinem Kopf nach einer Erklärung. Die Vesper ist ein Brauch, der sich aus der jüdischen Tradition des Abendgebetes, dem *Maariw,* ableitet und wird im Christentum, besonders in der katholischen Kirche, seit den frühen Anfängen von den christlichen Gemeinden als das sogenannte Stundengebet zelebriert. Am Morgen wird der Tag mit den Laudes begonnen und am Abend mit der Vesper abgeschlossen. Soviel bringe ich zusammen, aber ich spüre, da ist noch etwas anderes in meinem Gedächtnis verborgen, nur komme ich gerade nicht darauf.

Wir sind unterdessen auf dem großen Platz vor der Kirche *Santo Spirito*[204] im Zentrum Palermos angekommen. Dicht zusammengedrängt stehen die Menschen beieinander, edel gekleidete Bürgersleute, in Trachten gehüllte Bauern und dazwischen eine Menge Soldaten in illustren Uniformen.

„Irgendwie komisch hier, findet ihr nicht auch?", meint Fräulein Wiki und hält sich dicht an meiner Seite.

Mr. Media nickt, doch dann lacht er. „Wirst ja wohl keine Angst haben, oder?" Er drängt sich zwischen uns und legt seine Arme auf unsere Schultern. In diesem Moment gellt

---

[204] Vgl. ER 152 Seite 11

ein Schrei über den Platz: „Ma ffia, Ma ffia[205]!" Eine Frau drängt sich zwischen den Menschen hindurch und zerrt ein blutverschmiertes Mädchen hinter sich her. „Ma ffia!", schreit sie wieder und bricht auf dem Platz zwischen den Menschen zusammen. Das Mädchen macht einen vollkommen verstörten Eindruck, ihrer zerzausten Kleidung und ihrem Zustand ist unschwer abzulesen, was dem armen Kind passiert sein muss.

Im nächsten Moment kommt ein stämmiger Mann auf den Platz und schleift einen schwer verwundeten Soldaten hinter sich her. Die Menge weicht etwas auseinander und dem Stimmengewirr entnehme ich, dass dieser Soldat das Mädchen geschändet hat und der, der ihn da herumschleift, der Vater der Entwürdigten ist.

Die Menge schreit nach *Vendetta*, Soldaten stürmen herbei, doch noch bevor einer der Soldaten eingreifen kann, stößt der aufgebrachte Vater dem Kinderschänder den Säbel zum Todesstoß in die Brust. Die ganze Innenstadt schreit, tobt und brüllt: „Vendetta! Vendetta! Vendetta! Morte ai Francesi! Morte!"

Im Handumdrehen ist die Stadt ein Hexenkessel. Säbel, Dolche, Äxte und Lanzen blitzen in der Abendsonne, es knirscht und kracht rings um uns herum.

Eine junge Frau, deren langes, kastanienbraunes, offenes Haar mit einem Kranz weißer Rosen geschmückt ist,[206] kommt rasch auf uns zu. Sie ergreift Fräulein Wiki und mich an den Armen und schiebt uns energisch in die Kirche. Laut krachend fällt das Kirchenportal hinter uns zu und Fräulein Wiki, die junge fremde Frau und ich befinden uns im Schutze der mächtigen Kirchenmauern.

„Die Sizilianische Vesper!", stammle ich und blitzartig weiß ich wieder alles: Es ist der 30. Mai 1282 und die

---

[205] Vgl. ER 142 Seite 3
[206] Vgl. ER 151 Seite 2

gequälte sizilianische Bevölkerung wehrt sich gegen die verhasste Herrschaft der Franzosen.

Fräulein Wiki beginnt plötzlich zu schluchzen, sie ruft: „Mr. Media ist noch da draußen!" Die Tränen laufen an ihren Wangen in kleinen Bächen herunter. „Wir müssen ihn suchen! Wir müssen ihn auch in die Kirche holen!"

Sie rennt zur Kirchentür und will sie öffnen, doch das Portal gibt keinen Spalt nach. Die Menschenmassen draußen vor der Kirche machen wohl ein Öffnen unmöglich, sie scheinen zu Hauf vor der schweren Tür zu stehen.

Die zarte junge Frau, die uns gerettet hat, lächelt, zupft zwei weiße Rosen aus dem Kranz auf ihrem Kopf, gibt sie uns, dreht sich um und geht, dann aber bleibt sie stehen, schaut noch einmal zurück und sagt: „Niente paura, keine Angst, euer Freund steht unter meinem Schutz, ihr werdet ihn finden", und im nächsten Augenblick ist sie verschwunden, wie vom Erdboden verschluckt.

Durch die dicken Mauern dringt das Kampfgeschehen zwar gedämpft, doch immer noch deutlich vernehmbar zu uns durch.

„Morte ai Francesi Invasori Assassini![207] Morte! Morte!", hören wir die aufgeheizte Menge zwischen den Schreien immer wieder rufen.

Langsam bricht die Nacht herein und in der Kirche wird es dunkel. Die wenigen Kerzen, die an den Altären angezündet sind, tauchen den Raum in ein flackerndes, mystisches Licht und die steinernen Heiligenfiguren werfen lange Schatten, die sich in der Dunkelheit auflösen.

Wir sitzen zusammengekauert in einer der Bänke und ich habe alles, was mir so eingefallen ist, herauf- und heruntergebetet. Langsam scheint es draußen stiller zu werden und ich wage einen erneuten Versuch, die Tür zu öffnen, aber

---

[207] Vgl. ER 142 Seite 3

sie gibt uns immer noch nicht frei. „Wir werden wohl die Nacht in der Kirche bleiben müssen", sage ich zu Fräulein Wiki. „Komm, leg dich auf eine der Bänke und versuch zu schlafen." Schließlich übermannt dann auch mich die Müdigkeit und die Augen fallen mir zu …

Irgendwann dringt durch den Nebelschleier des Halbschla–fes das Geräusch von Glocken in mein Bewusstsein. Ich öffne die Augen und sehe die langen Strahlen der Sonne, die durch die Kirchenfenster bunte Formen in die Weite des Kirchenschiffes zaubern. Es ist endlich früher Morgen!

Ich richte mich auf und schaue nach Fräulein Wiki, doch ich sehe sie nirgends. Erst jetzt bemerke ich, dass das Kirchenportal offen steht. Ich gehe zur Toröffnung und bleibe entsetzt stehen: Das nackte Grauen offenbart sich meinen Augen! Überall liegen Tote, zerstückelte Leiber und blutverschmierte Menschen. Es ist ein Bild des Hor–rors, und über all dieser Verwüstung liegt so ein bestiali–scher Gestank, dass mir der Atem stockt!

Mein Kopf fühlt sich ganz hohl an und einzig die Namen meiner Begleiter, Fräulein Wiki und Mr. Media, kreisen darin herum wie Raben am leeren Himmel. Wo sind sie nur? Irgendwo müsst ihr doch sein!, hallt die unausgespro–chene Hoffnung in meinem Inneren. Rufe ich sie, flüstere ich ihre Namen? Ich weiß es nicht. Ich steige über die vielen Toten, schiebe leblose Körper zur Seite, recke mich, so hoch ich kann.

Da! Da endlich entdecke ich Fräulein Wiki! Sie kniet am Boden. Als ich mich zu ihr durchkämpfe, erblicke ich auch Mr. Media.

Er sitzt mit ausgestreckten Beinen reglos auf dem Pflaster des Marktplatzes, angelehnt an eine Mauer, und hält auf seinem Schoß ein Mädchen mit kupferroten Haaren und einem rosafarbenen Gewand fest umklammert. Sein Kopf ist tief nach unten gesunken und sein Hemd und seine Hose sind tränennass. Das Gesicht des Mädchens ist mit einem tiefen Schnitt unkenntlich geworden und ihr ganzer Leib mit Blut verschmiert.

Fräulein Wiki streicht über Mr. Medias Haare.

„Er reagiert nicht", flüstert sie. „Ist er tot?" Sie schluchzt. Ich beuge mich zu ihm hinunter und in diesem Augenblick fällt eine der Rosen der unbekannten jungen Dame auf Mr. Medias Bein. Er schlägt die Augen auf und weint sofort wieder.

„Fräulein Wiki", stammelt er und streicht über die rotblon–den Haare des Mädchenkörpers auf seinem Schoß, „Fräu–lein Wiki, wach auf!"

Fräulein Wiki fasst ihn an den Schultern und schaut ihn an. „He", sagt sie leise, „schau, da bin ich!"

Langsam, wie in Trance, hebt Mr. Media den Kopf und schaut Fräulein Wiki vollkommen verwundert an. Für einen Moment sehen sie sich schweigend in die Augen.

„Und ich dachte …", sagt da endlich Mr. Media schluch–zend, „ich dachte, dass sie dich …"

„Wir sind voll in die Sizilianische Vesper hineingeraten, diesem Aufstand der Menschen gegen die französische Vorherrschaft in ganz Europa. Das hat hier, in Palermo, am Ostermontag begonnen und sich dann auf ganz Europa ausgebreitet. Letztendlich hat es zum Sturz des franzö–sischen Herrscherhauses der Anjou geführt und Spanien die Weltmacht eingebracht. Es müssten gestern so an die 8.000 französische Soldaten von der sizilianischen Bevölkerung getötet worden sein. Der Aufstand wird unter dem Namen „Sizilianische Vesper" in die Geschichte eingehen und in Giuseppe Verdi einen adäquaten Komponisten für die Schöpfung der gleichnamigen Oper „I vesperi siciliani" (1855) finden",[208] erkläre ich meinen beiden jungen Reise–gefährten das schreckliche Erlebnis, das uns da zuteil ge–

---

[208] Vgl. ER 150 Seite 5f

worden ist, und mir wird im selben Moment bewusst, dass ich diese ausschweifende Erklärung da nur vor mich her–plappere, um meinen eigenen Schreck zu überwinden.

„Lasst uns abhauen", sagt Fräulein Wiki, „bevor die noch meinen, wir sind Feinde!"

Wir kämpfen uns durch das Schlachtfeld auf dem Markt–platz, lassen die Stadt unversehrt hinter uns und steigen den Hang zu unserem Bauern, der Attentino so liebevoll in Gewahrsam genommen hat, hinauf. Attentino kommt schon von Weitem springend und schwanzwedelnd auf uns zu.

Cirneco dell'Etna

Hoch aufgerichtete, weit auseinanderstehende große Ohren, als wolle er den Klängen und Weisen der bewegten Ge–schichte seines Landes nachlauschen. Und Augen, die selbst im grellen Sonnenlicht alles klar erkennen können: Der *Cirneco dell'Etna* ist eine auffällige Erscheinung!

Nachweislich gibt es diese Hunde auf Sizilien schon seit 3.000 Jahren. Münzen aus der Zeit der alten Griechen und Römer zeigen sein Abbild. Aristoteles, der griechische Philosoph und große Lehrmeister, erwähnt ihn.

Sein Name könnte auf die griechische Region *Cyrenaica* (heutiges Libyen) zurückgehen und wahrscheinlich ist er mit den Phöniziern oder den Griechen der Antike auf die Insel Sizilien gelangt. Andererseits gehen neuere Untersuchungen davon aus, dass dieser ausgezeichnete Jäger von der Insel Sizilien stammt und die Hänge des Ätnas seine ursprüngliche Heimat waren.

Nichts an seiner Erscheinung ist zufällig, reines Schönheitsideal oder Mode. Dieser mittelgroße braun- bis falbfarbige Hund ist mit allen Gaben für die erfolgreiche Jagd ausgestattet: ein scharfes Sehvermögen für die Sichtjagd (Windhund), ein empfindliches Gehör, um im hügeligen Umfeld die akustischen Reize der Beute wahrzunehmen, eine ausgeprägte Nasenlänge (Geruchsjäger), ein starkes Geläuf (Laufhund) und ein kurzes, glattes und festes Haarkleid, das für die Jagd durch Büsche, Gestrüpp und Dornen sehr gut geeignet ist.

Er wird auch heute noch auf Sizilien als Jagdhund gehalten. Sein starker Jagdinstinkt und seine große Intelligenz erfordern einen Menschen, der ihm die nötige Aufgabenstellung entgegenbringen kann und will. Der Cirneco dell`Etna ist sehr gelehrig und, bei ausreichender Beschäftigung, ein liebevoller Kamerad und Begleiter seines Menschen.[209/210]

Der alte Mann wartet am Tor eines alten Stalles auf uns und ein warmes Lächeln liegt auf seinem Gesicht, als er fragt: „Nun, wisst ihr jetzt, warum ich den Hund hierbehalten habe?"

Voll Dankbarkeit schüttle ich ihm die Hand und er deutet auf die weiße Rose, die ich in mein Haar gesteckt habe. „Wer hat euch diese Rose gegeben?", fragt er und seine Augen leuchten sonderbar. Ich berichte ihm von dem

---

[209] Vgl. ER 155
[210] Vgl. ER 156 Seite 1f

jungen hübschen Mädchen und dass es uns gerettet hat. Der Alte nickt. „Dachte ich es doch, ihr seid der heiligen Rosalia begegnet", sagt er und blickt nach oben. „Danke", haucht er und bekreuzigt sich.

„Ihr habt eine wichtige Aufgabe", sagt er dann zu mir gewandt, „deshalb steht ihr auch unter einem besonderem Schutz. Geht und genießt die sizilianische Lebensfülle, ihr habt es euch verdient!" Er weist mit seiner Hand nach unten auf die Stadt und wiederholt: „Geht!"

„Nach Palermo?", fragt Fräulein Wiki. „Oh nein, keine zehn Pferde kriegen mich da mehr hin!", ruft sie empört und zieht demonstrativ einen ihrer Flügelschuhe an. Der Alte berührt sie am Arm. „Die Zeit ist doch vorbei", sagt er und zwinkert ihr zu. „Geht in euer Palermo, in die Stadt, die eure Zeit widerspiegelt."

Ich schaue ihn verdattert an, aber er hat sich schon umge– wandt und geht zielstrebig auf seinen Stall zu.

Pienezza di Vita Siciliana

Eingerahmt von Oleander, Bougainvillea und Palmen sitzen wir im idyllischen Hinterhof einer der gemütlichen Tratto– rien, etwas abseits vom Straßenlärm Palermos. Wir genie– ßen die Arancini, kleine gefüllte Reisbällchen, und Sfin– cione, eine Pizza aus Brotteig. In uns klingen noch die herrlichen Melodien einer der Opern Bellinis nach, denen wir noch vor wenigen Augenblicken im Teatro Massimo – Italiens größtem und Europas drittgrößtem Opernhaus – gelauscht haben.

„Bellini! Ah, sie haben eine Oper von Bellini besucht?" Der Cameriere strahlt und fährt fort: „É uno di noi, er ist einer von uns und hat mit den Opern ´La Sonnambula´, ´I Puritani´ und ´Norma´ das sizilianische Bewusstsein in die Welt getragen. In Catania gibt es ein Opernhaus, das seinen Namen trägt: Teatro Massimo Bellini", werden wir begeistert informiert.

„Ma Scarlatti, Scarlatti, anche lui è un componista molto importante", bekommen wir sachkundig von den Herr–schaften am Nachbartisch erklärt. Scarlatti habe doch viele Opern geschaffen und vor allem die Einleitung, La Sinfonia, sei eines seiner Hauptverdienste.

Wenn uns schon Bellinis Musik inspiriert hat, wie wäre es dann mit einer "Pasta alla Norma"[211], einem Nudelgericht aus Catania, benannt nach Bellinis Oper Norma?, überlegen wir gerade. Vielleicht wählen wir aber doch lieber „Sarde a beccafico", eine gefüllte Sardine, und als Beilage einen köstlichen "Insalata di arance", einen aromatischen Oran–gensalat?

Der Kellner bringt uns gerade einen frisch aus dem Fass abgefüllten Wein, als wir beschließen, dass wir unbedingt auch eine Vorstellung im Marionettentheater besuchen wollen.

Puppenspiele mit aufwändig gestalteten Puppen werden bis heute in den größeren Städten Siziliens aufgeführt und seit 2001 gehören sie in die Liste des mündlichen, immate–riellen Erbes der Menschheit, aufgenommen von der UNESCO.

Ob wir schon die Kathedrale von Palermo und die Kathe–drale von Messina angeschaut hätten, werden wir gefragt. Seien doch dort die Figuren des wichtigsten sizilianischen Bildhauers, Antonello Gagini, zu bewundern.

„Nein", antworte ich, „aber die Bilder Antonello da Messinas – besonders seine Madonna Annunziata – haben uns beeindruckt. Antonello da Messina ist ja der Maler, der die Ölmalerei in Italien bekannt gemacht hat."

Bei so viel Kenntnis über die sizilianische Kultur wird uns sogleich freudig zugeprostet!

---

[211] Vgl. ER 153 Seite 1

Ja und die Literatur! Sizilien nennt so große Namen wie Giovanni Verga sein eigen, dessen Werk „Visconti" 1948 unter dem Titel „Die Erde bebt" verfilmt wurde. Und Giuseppe Tomasi di Lampedusa[212]!

„Haben Sie den Film ´Der Leopard´ gesehen?", werden wir gefragt. „Der Leopard" ist eine Verfilmung nach dem gleichnamigen Roman von Lampedusa und wurde ebenfalls von Visconti produziert.

Aber jetzt, nach all den Künsten der Musen, wollen wir uns endlich den Künsten eines vorzüglichen Pasticciere (Konditors) zuwenden! Wie wär´s mit einer der Spezialitäten, „Dolci siciliani", nach altem Rezept aus arabischer Zeit? Oder „Un pezzo di cassata", einer farbenfroh dekorierten Torte, oder „Frutti della Martorana", Früchten aus Marzipan. Oder essen wir vielleicht doch lieber „Cannoli", mit Ricottacrème gefüllte Teigröllchen? Schließlich entscheiden wir uns doch für „Teste de turke" und lassen uns überraschen. Wir fragen uns, ob es sich wohl um so etwas wie Mohrenköpfe nach türkischer Art handelt.[213]

Aus einiger Entfernung klingt ein altes sizilianisches Volkslied zu uns herein, eines aus dem über 5.000 Lieder zählenden Liederschatz der Insel. Der rhythmische Schlag des Tambureddu (Tamburin), das Schnarren der Marranzanu (Maultrommel) und der eigentümlich quäkende Ton des Ciaramedda (eine Art Dudelsack) vermischen sich zu einem charakteristischen Klang, den man nicht mehr vergisst. Sie fangen an zu singen – ein paar Urgesteine sizilianischen Bewusstseins – erst hinten im Eck, doch dann stimmen alle mit ein, in das Lied von Lachen und Liebe, von Bergen und Heimat, von Leidenschaft für ihr Land – und die Seele Siziliens erfasst uns, führt uns in ihr „Paradiso", das sie hier gefunden haben.

---

[212] Vgl. ER 152, Seite 13
[213] Vgl. ER 154 Seite 3

Madre Terra

Sei tu il sorriso
Che fa innamorare
Sei la montagna
Di cui senti il cuore
Con l'universo non ti cambierei
Madre terra di uomini e Dei
Sei tu l'inverno
Che riesce a scaldare
L'estate antica
Che fa innamorare
Sei la cometa
Che io seguirei
Madre terra di uomini e Dei
Sicilia, terra mia
Triangolo di luce in mezzo al mondo
Sicilia, terra mia
Un sole onesto che non ha tramonto
Sicilia sei cosi
Il Paradiso è qui

Tra le tue braccia è nata la storia
Sulla tua bocca fratelli d' Italia
E per difenderti io morirei

Madre terra di uomini e Dei
Sicilia, terra mia
Triangolo di luce in mezzo al mondo
Sicilia, terra mia
Tu rosa aulentissima ne tempo
Sicilia, terra mia

Triangolo di luce in mezzo al mondo
Sicilia, terra mia
Bandiera liberata in mezzo al vento
Sicilia sei cosi
Il Paradiso è qui

Mutter Erde
(Übersetzung: A. Dohlien)

Für nichts tausch ich dich ein,
selbst wenn sich mir das Universum enthüllt.
Mutter Erde, der Menschen und Gottheit!
Du bist der Winter,
der es schafft zu erwärmen,
der uralte Sommer,
in dem die Liebeszauber schwärmen.
Du bist der Komet,
dem ich folge aus unendlichen Fernen.
Mutter Erde, der Menschen und Gottheit!
Sizilien, meine Erde,
ein Dreieck des Lichts inmitten der Welt,
Sizilien, meine Erde,
eine strahlende Sonne, die nie erlischt.
Sizilien, so wie du bist, ist hier das Paradies.

In deinen Armen ist die Geschichte geboren,
mit deinem Munde hast du die Brüder Italiens erkoren,
dich zu verteidigen, bis zum Tode, habe ich geschworen.

Mutter Erde, der Menschen und Gottheit.
Sizilien, meine Erde,

ein Dreieck des Lichts inmitten der Welt.
Sizilien, meine Erde,
erhabenste Rose unter dem Himmelszelt!
Sizilien, meine Erde,
ein Dreieck des Lichts inmitten der Welt.
Sizilien, meine Erde,
die Fahne der Freiheit, die selbst im Sturme hält.
Sizilien, so wie du bist, ist hier das Paradies.

Wir schauen uns an und die bedrückende Sentimentalität des Abschieds steigt in uns auf. Attentino liegt unter dem Tisch, er hebt den Kopf, in seinen aufmerksamen Augen liegt die stets leichte Melancholie, die von dieser Insel und seinen Menschen so viel zu wissen scheint.

„Attentino", sage ich, „es wird Zeit, wir müssen aufbrechen, wir müssen nach Hause!"

„Das war jetzt mal ein echtes Abendteuer", sagt Mr. Media. Er scheint die Sizilianische Vesper ganz gut verkraftet zu haben.

„Irgendwie war es doch schön. Und vor allem die Menschen, die sind echt mega nett in diesem Land", meint Fräulein Wiki nachdenklich.

Ich lehne mich im Korbstuhl zurück und atme noch einmal tief die aromatische Luft ein, den Duft von Meer, von Kräutern, von feinen Speisen und frischem Obst, und dann heißt es: Zurück – und Aufbrechen zum nächsten Land unserer Reise!

Attentino spring auf, läuft Richtung Ausgang, er stellt sich auf die Hinterbeine und legt die Pfoten auf die Mauer, die den kleinen Innenhof einfriedet, als wolle er sich die Stadt, diesen Platz und die Situation noch einmal genau einprägen.

„Ich glaube", sagt Fräulein Wiki und Wehmut schwingt in ihrer Stimme, er weiß, dass wir gehen müssen."

„Oder aber er meint: Schaut, es war doch schön, und bald geht es ja weiter", flachst Mr. Media und gibt Fräulein Wiki einen liebevollen Schubs an die Schulter …

Perlen auf unserem Weg

Verehrte Leserin, verehrter Leser, Sie haben uns, Fräulein Wiki, Mr. Media und mich, mit unserem Chronomobil in drei Länder dieses Völkerverständigungsprojektes begleitet. Sie sind, wie wir, durch den Zeitstrahl geglitten, haben außergewöhnliche Orte erkundet, berühmte Persönlichkeiten der Historie getroffen und sind gemeinsam mit uns in die Geschichte und in Geschichten der Kulturkreise von Orient und Okzident eingetaucht.

Ganz nebenbei erkennen Sie ab jetzt vielleicht manchmal hier oder da eine Gemeinsamkeit mit den alten Persern, den Weisheiten Zoroasters oder den Pythagoreern. Mag sein, dass Ihnen sogar manches aus unserer Zeit altbekannt und lang vertraut vorkommt, so, als sei es uns schon einmal begegnet. Dann dürfen Sie annehmen, dass es auch so ist.

Für uns ist es auf jeden Fall an der Zeit, eine erste Verschnaufpause einzulegen, um die vielen Eindrücke zu verarbeiten und wirken zu lassen.

Unser Chronomobil benötigt ein dringendes Update und außerdem, bedingt durch die Kollision mit dem Ausbruch des Ätna, die Aufrüstung des Hitzeschilds, denn wer weiß, was uns noch alles begegnet oder erwartet!

Fräulein Wiki und Mr. Media werden in die Sommerferien gehen und ich werde die Planung unserer nächsten Etappe vornehmen.

Doch zuvor genieße auch ich den Sommer, verbringe endlich etwas mehr Zeit mit meinen Windhunden und werde im Hier und Jetzt, in unserer modernen Gegenwart, auf der größten Windhundausstellung unseres Planeten nach neuen Impulsen der Völkerverständigung Ausschau halten.

Kommen Sie doch auch da einfach einmal mit und schauen Sie, wen wir da treffen und was es da so alles zu entdecken gibt!

Rahmengeschichte

Ein Geschenk des Himmels

Der Windhund, der mit seinen wertvollen Diensten nicht selten das Überleben der Menschen ermöglicht, gilt seit Jahrtausenden in vielen Völkerschaften der orientalischen Welt als ein Geschenk des Himmels.

Auch dem Menschen des 21. Jahrhunderts kann der Windhund neue Aspekte aufzeigen.

Überall da, wo sich Menschen verschiedener Nationen friedlich begegnen, ist Austausch und Weiterentwicklung möglich. Eine dieser besonderen Begegnungsstätten liegt ganz in meiner Nähe.

Die Stadt, in der sich mit Breg und Brigach zu Europas zweitlängstem Fluss, zur Donau, vereinigt, ist einmal im Jahr Treffpunkt von Orient und Okzident auf den Spuren der Windhunde. Donaueschingen öffnet auf dem Gelände der Reitanlage des Fürstenhauses derer zu Fürstenberg seine Tore und verwandelt sich zur Windhund-City.

Menschen aus der ganzen Welt folgen der Einladung des DWZRV (Deutscher Windhund Zucht- und Rennverband), um ihre Windhunde vorzustellen und bewerten zu lassen; um diese Hunde – von zum Teil längst vergessenen Ethnien – nach heutigen Gesichtspunkten, wissenschaftlichen Erkenntnissen und schlichter Liebhaberei weiterzuentwickeln und die Spezies zu erhalten.

Es ist ein unbeschreibliches Spektakel, das sich dem Zuschauer dort unter der Schirmherrschaft Seiner Durchlaucht, des Fürsten zu Fürstenberg, bietet. Weit über 1.400 Windhunde, geführt von Menschen in unterschiedlichstem Outfit, nicht selten in der Tracht des Ursprungslandes ihrer Hunderasse, bieten ein buntes, friedliches Bild der Völkerbegegnung.

Um den internationalen Ansprüchen dieses Events gerecht zu werden, wird die Moderation nunmehr in drei Sprachen durchgeführt. Eine große Anzahl begeisterter Mitglieder aus den Reihen des DWZRV stellen ihre Arbeitskraft unentgeltlich und ehrenamtlich zur Verfügung, um das horrende Arbeitspensum dieser Ausstellung zu bewältigen. Rolf Wetzel, vom Film- und Tonstudio WESPO, saugt mit der Linse seiner Filmkamera die Vorgänge auf dem Campus auf und verarbeitet sie zu mannigfaltigen, faszinierenden Videoclips und Facebook-Beiträgen. Das SWR-Fernsehen schickt ein Aufnahmeteam, um in den Abendnachrichten von diesem denkwürdigen Ereignis berichten zu können, und Angelika Heydrich, eine der Hauptorganisatoren, Schriftleiterin und Publikationsbeauftragte des DWZRV, erstellt das breite Spektrum Öffentlichkeitsarbeit mittels Internet- und Facebook-Auftritt sowie der Zeitschrift „UW/Unsere Windhunde".

Für mich haben diese Tage Feiertags-Charakter, denn einerseits hat das Ensemble Via Lumina unter meiner Leitung schon zweimal unser Völkerverständigungskonzert parallel zu der Ausstellung in Donaueschingen veranstaltet und andererseits beobachte ich immer wieder mit Freude das Zusammentreffen so unterschiedlicher Charaktere, so– wohl von Menschen als auch von Hunden.

Natürlich gibt es bei diesem Event nicht nur Hunde, Hun– dehalter und bewertende Richter. Ein bunt gemischtes An– gebot an Verkaufsständen rund um das Wohl des Hundes und das kulinarische Wohl der Menschen ergänzt die Ver– anstaltung ebenso wie außergewöhnliche Vorführungen und Referate, vorgetragen von Fachleuten und Wissen– schaftlern, rund um das Thema Mensch und Hund.

Wenn sich der Kreis schließt

Eine Dame steht im Hauptring des Ausstellungsgeländes und führt ihre Präsentation vor.

Sie ist die Repräsentantin der Firma **HAPPY DOG.**

Für viele Hundebesitzer ist HAPPY DOG ein bekannter und vertrauter Name, steht er doch für ein reichhaltiges und ausgewähltes Angebot an hochwertiger Hundenahrung. Doch in Donaueschingen hat HAPPY DOG noch einmal eine andere Rolle übernommen: Die Firma ist der Hauptsponsor der Sighthound-Ausstellung Donaueschingen.

Ich stehe außerhalb des Veranstaltungszeltes, nahe dem Hauptring, lasse, nach bekannten Gesichtern Ausschau hal– tend, versonnen meine Blicke über die Menschen schwei– fen und höre der Rede der Referentin eher zufällig als bewusst zu. Doch plötzlich bin ich hellwach! Die Dame spricht von Afrika, von artgerechter Tierhaltung, von Un– terstützung der Landwirtschaft und der Förderung eines Bildungsprojektes auf diesem Kontinent.

Ich stutze. Was hat ein Hundenahrungshersteller mit Afrika und Bildungsförderung zu tun? Darüber muss ich unbedingt mehr erfahren!

Als die Dame ihren Vortrag beendet hat, gehe ich zu dem Stand von HAPPY DOG und spreche sie an. Ich sage ihr, dass ihre Ausführungen bezüglich der Verbindungen von HAPPY DOG zu Afrika mein Interesse geweckt haben und ich gerne mehr darüber erfahren würde.

Die Dame erklärt mir, dass Herr Müller, der Inhaber der Firma HAPPY DOG, es sich zum Ziel gemacht habe, seine Produkte zunehmend aus dem Fleisch von Tieren aus art–gerechter Haltung herzustellen.

Für das Hundefutter HAPPY DOG **AFRICA** werden Fleisch und Innereien vom Strauß verarbeitet, da jedoch nur in Afrika eine wirklich artgerechte Haltung dieses großen Laufvogels gegeben sei, beziehe die Firma HAPPY DOG das Selected Protein des Straußenfleisches von einheim–ischen Farmern in Afrika. Aus dem Verkauf dieses Hunde–futters unterstütze die Firma wiederum Bildungs–förderungsprojekte in Burundi beziehungsweise Ruanda.

Seit sieben Jahren bin ich auf der Suche nach Menschen oder Gegebenheiten, die Wege der Völkerverständigung aufzeigen, und hier, so spüre ich, habe ich wieder einmal eine außergewöhnliche Spur gefunden.

Ich durchstöbere das Internet, um weitere Informationen über die Firma HAPPAY DOG und seinen Firmeninhaber in Erfahrung zu bringen, und unter www.happydog.de werde ich natürlich gleich fündig.

Dem Leser wird ein umfangreiches Bild von der Ent–wicklung und Historie der Firma in Wehringen an der Singold aufgezeigt und mittels einer fachkundigen und in–teressanten Zusammenstellung ein Einblick in die Produk–tionsverfahren der HAPPY DOG-Tiernahrung gewährt.

Immer wieder erscheint auf der Website dieser sym–pathische, feingliedrige Mann in Begleitung eines Hundes – hier ist es ein Dackel, dort ein Mischlingshund, da Chewakka, ein Berger de Picardie – und immer strahlt aus den Bildern eine große Zuneigung, eine große Vertrautheit von Mensch zu Geschöpf und von Geschöpf zu Mensch.

Der Bericht über den ersten Hund, eine zugelaufene Promenadenmischung, wie es original in der Aufzeichnung zu lesen ist, nimmt den Betrachter unmittelbar an die Hand und führt ihn in ein Stück Kindheitsgeschichte von Georg Müller.

In liebevoll erstellten Videoclips wird der interessierte User zur Betrachtung der Firmenphilosophie eingeladen, und ein Familienfoto der Familie Müller rundet das Bild eines integren Familienbetriebes ab.

Aber nicht nur Hunde können aus dem Hause HAPPY DOG versorgt werden: Unter dem Markennamen HAPPY CAT wird auch den Samtpfoten ein reichhaltiges Sortiment an Trocken- und Weichfutter angeboten.[214]

Dann taucht der Name **INTERQUELL**[215] und ein weiteres Produkt auf: Koschere Babynahrung!

INTERQUELL – mein Spürsinn für Sprachen und sprach–philosophische Verknüpfungen ist wieder geweckt. Was kann, was will uns dieses Wort und was will uns Herr Müller damit sagen, indem er seine Firma so benennt, unter deren Obhut Tiernahrung und eine ganz spezielle Babykost zubereitet wird?

Quell bedeutet: Anfang, Ausgangspunkt, Beginn, Grund, Herd, Keim, Ursache, Ursprung oder Wurzel, so die Deu–tung dieses aus dem Lateinischen herrührenden Wortes nach Duden.[216]

Inter, ebenfalls aus dem Lateinischen, kann in Zusammen–hang mit Substantiven, Adjektiven oder Verben eine Wort–

---

214 Vgl. ER 157, Seite 1-8

215 Vgl. ER 158, Seite 1ff

216 Vgl. ER 159, Seite 1ff

verbindung eingehen und bedeutet dann: zwischen zwei oder mehreren bestehend, sich befinden oder sich voll–ziehen.[217/218]

Somit bedeutet **INTERQUELL: sich zwischen zwei oder mehreren Ausgangspunkten befindend,** oder auch **sich zwischen zwei oder mehreren Ursprüngen vollziehend!**

Drei Produkte verlassen diese Produktionsstätte an der Sin–gold südlich der alten Fuggerstadt Augsburg, die Firma INTERQUELL birgt zwei weltbekannte Produktbezeich–nungen, und ein ungeahntes Maß an geistigen Verknüp–fungen warten darauf, entdeckt und bekannt gemacht zu werden, so meine Überzeugung!

Diesen Menschen muss ich unbedingt kennenlernen, der mit seiner Firma Wege beschreitet, Gedanken aufzeigt, die ich mit unserem Projekt anregen möchte! Also nehme ich Kontakt mit der Firma HAPPY DOG/INTERQUELL auf und nach einigen Telefonaten und Schriftwechsel per E-Mail werde ich von Herrn Georg Müller zu einem Gespräch nach Wehringen eingeladen.

Habe ich doch bis dato nicht gewusst, dass es einen Ort namens Wehringen gibt, geschwiege denn, wo er liegt, so bemühe ich mich nun, mittels des alles ausplaudernden Internets etwas über diese Stadt in Erfahrung zu bringen, und natürlich weiß das Netz etwas zu berichten.
Was ich da lese, lässt in mir Begeisterung aufsteigen, denn Wehringen birgt ein uraltes Geheimnis!
Ausgerechnet eines der historischen Lieblingsvölker von Mr. Media und Fräulein Wiki, mit dem wir in absehbarer

---

[217] Vgl. ER 160, Seite 1f
[218] Vgl. ER 161, Seite 1

Zeit ein Treffen auf unserer Irland-Reise eingeplant haben, hat hier eine hochinteressante Spur hinterlassen. Die Kelten, dieses reiche Volk ohne Reich, hatte vor nahezu 3.000 Jahren in Wehringen eine Grabanlage für ihre Verstorbenen angelegt, und innerhalb dieser Nekropole wurde das älteste bekannte *Wagengrab*[219] der Hallstadtkultur entdeckt.

Die Firma Hoechst hatte im Jahr 1960 auf dem „Hexenbergle" in Wehringen eine Baumaßnahme veranlasst, bei deren Durchführung eine Anlage von acht Grabhügeln aus dem 8. Jahrhundert v. Christus zu Tage traten, mit reichhaltigen Grabbeigaben aus Gold und insbesondere bronzenen Beschlägen für Wagenräder.

Wo die Kelten waren, finden sich zumeist auch Spuren der Römer, und so verwundert es nicht, dass bei weiteren Ausgrabungen in den 1960er Jahren Überreste eines römischen Gutshofes und ein römisches Gräberfeld mit reichhaltig ausgestatten Gräbern entdeckt wurden.

Der Ortsname Wehringen taucht zum ersten Mal in den Jahren zwischen 973 und 993 in der Biographie des *Heiligen Ulrich*[220], Bischof von Augsburg, auf. Der Heilige Ulrich pflegte während seiner Zeit als Bischof zu Augsburg seine Pfarreien in regelmäßigen Abständen persönlich aufzusuchen, und wenn er von Augsburg, zu Pferd oder mit dem Ochsenkarren, nach Süden in das entfernte Allgäu reiste, führte ihn seine Wegstrecke durch das nahe bei Augsburg gelegene Wehringen.[221]

Wehringen ist eine Stadt der beiden Flüsse Wertach und Singold. Die Wertach fließt durch die äußere westliche Gemarkung des Städtchens, doch die Singold durchquert Wehringen direkt. Obgleich die Wertach größer, länger und wasserreicher als die Singold ist, so hat die Singold doch

---

[219] Vgl. ER 162, Seite 3
[220] Vgl. ER 163, Seite 1
[221] Vgl. ER 164, Seite 1f

eine farbigere Geschichte zu erzählen, der wir uns aus verschiedenem Anlass widmen wollen.[222]

Von Süden, aus dem Allgäu kommend, floss die Singold ursprünglich um die Stadt Augsburg herum und mündete, noch eben den Namen zu Senkelbach wechselnd, von links kommend in den Lech.

Diesem Verlauf blieb sie bis zum 6. September 1588 treu und bewegte so manches Mühlenrad. Doch an besagtem September brach sie, nach starken Regenfällen, einer exaltiert schluchzenden Diva gleich, aus ihrem Flussbett aus und vereinigte sich, nördlich von Göggingen, mit der Wer–tach.

Alle Mühlenräder am Unterlauf der Singold standen auf einmal still. Doch das kümmerte das „sumpfige Gewässer" – so die Namensdeutung aus den alten germanisch-kelti–schen Sprachwurzeln – oder aber „Die Glucksende", was sich vom Lateinischen Singultus (= das Glucksen) ableitet, wenig.

Im Jahr 1589 ließen die verzweifelten Müller flussabwärts einen Verbindungskanal von der Wertach hin in das alte Flussbett der Singold graben, und so mündete die Singold an dieser Stelle bis in das Jahr 1884 unter dem Namen Holzbach wiederum in die Wertach – und die Mühlenräder klapperten nun wieder.

Die Gögginger Bürger gaben im Jahr 1884 mit dem Bau des Fabrikkanals den Fluten der Singold abermals einen neuen Verlauf, denn nun mündete sie in den Fabrikkanal anstatt in die Wertach. Doch noch einmal sollte sich der Lauf der Singold verändern: 1920 wurde der Fabrikkanal mit dem Bau des Wertachkanals erweitert. Der Wertach–kanal fließt in den Holzbach und etwas weiter nördlich in den Senkelbach. Unterhalb des Lechs, im Landschafts–schutzgebiet Wolfzahnau, trägt der Senkelbach nun das

---

[222] Vgl. ER 165, Seite 2

Wasser der Singold zu ihrem eigentlichen Wahlziel, der Wertach, zurück, und die Wertach vereint ihre Wässer schließlich in den Auwäldern der Wolfzahnau mit denen, des Lechs.

Als kapriziöse kleine Schwester schlängelte sich die Sin–gold also schon immer zwischen Wertach und Lech vom Allgäu kommend gen Nordwesten, ließ ihre größere Schwester Wertach rechts liegen und machte sich in Dör–fern und Städten beliebt. Sie bewegte die Räder der Mühlen seit Jahrhunderten und schäkerte mal mit dem mächtigen Lech, mal mit der würdigen Wertach, wechselte ganz nach Belieben den Namen und blieb sich – so launisch sie auch war – doch in einem treu: Sie diente mit ihren Fluten immer dem Menschen.[223]

Betrachten wir nun den Begriff **INTERQUELL** erneut, so vermittelt uns die Singold mit ihrer Historie einerseits und ihrem Verlauf andererseits einen interessanten Blickwinkel auf diesen Namen: **sich zwischen zwei oder mehreren Ursprüngen vollziehend.** Und damit nicht genug, ist doch die Singold der Ursprung dieses auf uralte Wurzeln zu–rückgehenden Unternehmens, und nebenbei hat sie das Familienwappen auf ganz besondere Weise geprägt.

König Ludwig I. verlieh der Stadt Wehringen im Jahr 1837 das erste eingetragene Wappen, und die Familie Müller erhielt im Jahr 1877, also gerade einmal 40 Jahre später, ihr eigenes Wappen. Wieder ist es die Singold, die Lebensader der Region, die sich darauf zu präsentieren weiß, denn in der unteren Hälfte prangt auf hellgrünem Grund ein Müh–lenrad, das Zunftzeichen der Müller, und in der oberen Hälfte, aus dunkelblauer Tiefe heraufsteigend, leuchten drei Birnen.

Im nahe gelegenen Augsburg steht der *Augustusbrunnen,* ein Brunnen, auf dem sich neben dem über allem thro–

---

[223] Vgl. ER 166, Seite 1ff

nenden Kaiser Augustus die Flüsse der Region als Gott–
heiten, aus Bronze geformt, tummeln. Dieser Brunnen zeigt
vier Allegorien, die von dem Augsburger Stadtgießer Peter
Wagner in den Jahren 1588 bis 1594 nach den Entwürfen
des holländischen Bildhauers Hubert Gerhard gefertigt
worden sind, zwei männliche und zwei weibliche Gott–
heiten. Auch wenn nach neueren Erkenntnissen der Kunst–
historikerin Frau Dorothea Diemer davon ausgegangen
wird, dass die Bronzefigur der Singold eben eventuell nicht
die Singold darstellt, sondern eher dem Brunnenbach zuzu–
ordnen ist, so war es wohl doch die mit barockem Liebreiz
ausgestattete schöne Singold, die mit ihrem mit köstlichen
Früchten gefüllten Füllhorn den Heraldiker im Jahr 1877
fesselte. Er zeichnete auf das Familienwappen der Familie
Müller drei Birnen – in Anlehnung an die Früchte der
wohlgeformten Göttin auf dem Augustusbrunnen – und
somit dürfte diese Darstellung auch einen besonderen Wert
erhalten, wenn nun die kokette Singold auf dem Augsbur–
ger Prachtbrunnen mit ihren bronzenen Mitstreitern in die
Liste des UNESCO-Weltkulturerbes einzieht.[224/225]

Es geh'n wohl Mühlenräder in jedem klaren Bach

Es geh'n wohl Mühlenräder in jedem klaren Bach, lässt
Franz Schubert seinen Sänger in dem Lied „*Wohin*" sin–
nierend feststellen. Diese Passage geht mir durch den Kopf,
als ich mit Birgit Dietsche, einer meiner Sängerinnen aus
dem Ensemble Via Lumina, auf dem Weg nach Wehringen
bin. Wir besuchen Deutschlands zweitgrößten Hersteller
von Tiernahrung, den Hauptsponsor der Sighthound-Aus–

---

[224] Vgl. ER 167, Seite 1-5
[225] Vgl. ER 168, Seite 3

stellung in Donaueschingen, einen Mann, der außerge–
wöhnliche Wege aufzeigt:

Wir treffen uns mit Georg Müller!

Wobei in diesem Fall der Nachname Müller eine tatsäch–
liche Zuordnung zu dem Berufsstand des Müllers aufweist.
Die Familie Müller ist eines der ältesten Geschlechter in
Bayern, die der Zunft der Müller angehörten.

Im Jahr 2015 gab es im Hause HAPPY DOG ein unglaub–
liches Jubiläum, denn der Betrieb der Familie Müller konn–
te sein 250-jähriges Bestehen feiern!

Die Fluten der Singold trieben stromauf, stromab viele
Mühlenräder an, nicht von ungefähr wurde die Singold der
Mühlenbach der Region genannt. Im Jahr 1765 wurde eine
Getreidemühle in Wehringen erstmals urkundlich erwähnt
und der Besitzer hieß, wie es sich ziemt, Müller. Seit jenem
Jahr betreibt die Familie Müller von Generation zu Gene–
ration die Mühle an der Singold, und Georg Müller ist nun–
mehr das Oberhaupt dieses Betriebes in Wehringen.

In welchem Zusammenhang steht eine Mühle mit Hunde–
futter?, mag man sich fragen.

Nun, bis 1960 wurde in dem Betrieb immer noch Getreide
zu Mehl gemahlen, wobei jedoch schon im Jahr 1951 pa–
rallel dazu Kartoffeln zu Kartoffelflocken für Viehfutter
verarbeitet wurden. Dies war der Einstieg in die Tierfutter–
mittelproduktion, die dann 1965 erstmals zur Herstellung
von Hundefutter führte, was damals noch unter dem Namen
Müllers Hundenahrung lief. Dabei handelte es sich um
Hundeflocken und Dosenfutter für Hunde. Dieses Produkt
stand jedoch unter keinem guten Stern und so beschloss
man im Hause Müller, die Produktion von Hundefutter
wieder einzustellen.

Dann, an einem Sonntagnachmittag im Jahr 1968, saß die
Familie Müller am Kaffeetisch, und irgendwie hat sich
vielleicht Gott Anubis eingeschlichen oder sonst eine der
ägyptischen Sphinx, denn plötzlich war das Thema Hunde–

nahrung wieder präsent. Man plauderte, diskutierte und phantasierte bei Kaffee und Kuchen in entspannter Atmo–sphäre. In Wehringen an der Singold sollte wieder Hunde–futter produziert werden, aber ein anderer Name würde jetzt für dieses neue Produkt stehen! Vielleicht ein Name, der sich direkt auf die Verbraucher bezieht?

War es der gute Kuchen, die wärmende Atmosphäre des gemütlichen Zusammenseins oder doch Gott Anubis, der den Menschen an der Kaffeetafel in Wehringen plötzlich Klarheit darüber verschaffte? Wer gut isst, fühlt sich wohl, gutes Essen macht glücklich. Warum sollte es bei den vier–beinigen Freunden der Menschen anders sein? Glückliche Hunde durch gute Ernährung, das war der Schlüssel! Das Hundefutter aus dem Hause Müller sollte **HAPPY DOG** heißen, so lautete die Entscheidung dieses Nachmittages! Was für eine glückliche Entscheidung das war, sollte sich im Laufe der Zeit herausstellen.[226]

Ein Extruder ist ein Apparat, der – mit einer überdimen–sionalen Tortenspritze vergleichbar – in der Lage ist, eine zähflüssige bis feste Masse aus einer Düse herauszupressen und der somit Pellets oder Kroketten formt. Solch eine Ma–schine wurde 1976 von der Firma HAPPY DOG in Betrieb genommen.

Längliche oder runde Trockenfutterkroketten in unter–schiedlichen Größen, für kleine und große Hunde, standen jetzt unter dem Namen HAPPY DOG zur Wahl, und die Verbraucher waren und sind glücklich, sowohl Mensch als auch Tier.[227] HAPPY DOG wurde zu einer Marke, die die Welt eroberte, und das Hunde- und Katzenfutter aus Wehringen wird nunmehr in mehr als 70 Länder auf drei Kontinenten exportiert.

---

[226] Vgl. ER 169, Seite 1-5
[227] Vgl. ER 170, Seite 1ff

Das ist die Geschichte eines erfolgreichen Unternehmens, die gelungene Durchführung guter Ideen und konsequenter Geschäftsführung. Georg Müller lenkt als Geschäftsführer und Generalmanager in der siebten Generation die Geschicke des Betriebes und ist mittlerweile einer der Hauptarbeitgeber in der Region.

Doch das ist nicht alles, was Georg Müller antreibt, was ihn bewegt. Ist er ein Visionär, oder ein Idealist? Diese Fragen beschäftigen mich, als ich mich mit Birgit Dietsche auf dem Weg nach Wehringen auf unser Treffen mit Georg Müller einstimme.

Von Süden kommend passieren wir auf unserer Fahrt das Städtchen *Großaitingen*[228]. Zwei riesige, rechteckige Türme fallen dem Reisenden sofort ins Auge, es sind dies die Silos der Firma INTERQUELL, die das Werk erkennen lassen. Hier wird seit 1970 Quellmehl hergestellt, die Voraussetzung für den Einstieg in die Produktion von Babynahrung. Doch wir fahren weiter, denn Herr Müller erwartet uns im Stammwerk von HAPPY DOG, dort wo einst die mit Wasserkraft betriebene Mühle der Familie Müller stand.

Gleich am Ortseingang von Wehringen steht das Gebäude der Firma HAPPY DOG. Wir fahren auf den Firmenparkplatz, nicht ahnend, dass wir die Singold überqueren. Sie duckt sich unter einer Brücke und fließt manierlich und gesittet, wie es sich für eine UNESCO-Bewerberin gehört, ihres Weges, sacht plätschernd durch das Gelände der Familie Müller. Zeigt ein Bild aus dem ausklingenden 19. Jahrhundert noch ein imposantes Wohnhaus mit angrenzendem Mühlengebäude, so empfängt nunmehr ein moderner Industriebetrieb den Besucher.

Wir melden mittels Telefon unseren Besuch im Entree an und umgehend werden wir von einer jungen Dame in die

---

[228] Vgl. ER 171, Seite 1

Chefetage geleitet. Ein Herr steht an der Bürotheke der Chefsekretärin und ich meine, ihn von meinen Internet–recherchen zu kennen. Allerdings verhält er sich äußerst zurückhaltend, sodass ich auf die Dame am Schreibtisch zugehe und uns ihr vorstelle. Frau Pennella, die Chefsekre–tärin, geleitet uns nun in das Chefbüro und bietet uns an, Platz zu nehmen.

Nach wenigen Augenblicken öffnet sich die Tür und der schlanke Herr, der gerade noch so zurückhaltend am Tresen gestanden hat, betritt den Raum. Es ist Georg Müller, und mir geht die Parallele zum Auftritt eines begnadeten Künstlers durch den Kopf: das Beherrschen der augen–blicklichen Präsenz, die Entfaltung einer Persönlichkeit in ihrer Welt, die den Betrachter einlädt, mitzugehen.

Unverzüglich entwickelt sich mit dem Mann, der ein welt–weit bekanntes Hunde- und Katzenfutter produziert, koschere Babynahrung nach konventionellen israelischen Regeln herstellen lässt, an die 250 Menschen beschäftigt, Bildungsprojekte in Afrika unterstützt und sich nun mit uns über Gedanken der Völkerverständigung austauscht, ein warmes, vertrautes Gesprächsklima!

Vor uns auf dem Tisch liegt *Hund Chewakkas Speisekarte*, ein Faltprospekt mit Bildern, auf denen sich Georg Müller Chewakka, einem liebenswürdig dreinschauenden, rauhaa–rigen Berger de Picardie zuwendet. Die Aufnahmen geben die harmonische Gemeinschaft zweier freundlicher, jedoch äußerst wacher und eigenständiger Charaktere wider.

In der Tat ist Georg Müller hellwach – umso mehr, was die Entwicklung der sozialen Stellung des Hundes in unserer heutigen Gesellschaft betrifft.

War der Hund noch bis vor einigen Jahrzehnten mehr oder weniger ein untergeordnetes Nutztier, das seiner Pflicht als Wächter oder Jagdbegleiter nachzugehen hatte, so füllt er in unserer Zeit immer mehr die Lücke, die die soziale Verein–samung hervorgebracht hat. Der Hund ist des Menschen Lebensbegleiter und Freund, Schnittstelle für zwischen–

menschliche Kontakte und aktiver Förderer seelischen und körperlichen Wohlbefindens geworden. In Bezug auf den Hund haben sich somit die Bedürfnisse des Kunden vollkommen gewandelt, dem gegenüber verändern diese Bedürfnisse wiederum das Bewusstsein des Kunden, erklärt uns Georg Müller.

Bekam Bello früher ein paar „Brosamen" vom Tisch seines Herrchens, so soll unser Hausgenosse, Freund und Beschützer nunmehr artgerecht ernährt werden, und das ist wahrlich eine Wissenschaft, mit der man sich ernsthaft beschäftigen muss.

Die Vorfahren unseres canis domesticus konnten sich alles, was sie zum Überleben brauchten, aus der Speisekammer der Natur holen, aber auf den Tafeln in unseren Behausungen fehlt es an vielen Vitaminen, Spurenelementen und Nährstoffen, die ein Hundeleben gesund und vital erhalten.

Deshalb bemühen sich Lebensmittelchemiker, -techniker, Laboranten und Tierärzte im Hause HAPPY DOG fortwährend darum, die Bedürfnisse ihrer vierbeinigen Gäste zu erkunden und zu befriedigen.

Eine bewusste Tierernährung zeitigt seine Wirkung, könnte man umgekehrt sagen! So ist schon manch eine Hundehalterin, manch ein Hundehalter durch die vielfältige Auswahl und ausgewogene Zusammensetzung der Nahrung des Vierbeiners über die Art und Weise der eigenen Ernährung ins Grübeln gekommen, erzählt uns Georg Müller.[229]

Eines hat somit allgemeine Gültigkeit, und das seit der Zeit, da sich der Hund dem Menschen angeschlossen hat: Wandelt sich der Mensch, wandelt sich der Hund. Wandelt sich der Hund, benötigt er wiederum andere Nährstoffe, was bedeutet, dass die Bedürfnisse der Kunden eine ständige Entwicklung vollziehen und Georg Müller mit seinem Team fortwährend neue Rezepturen erarbeitet und auf den Markt bringt.

---

[229] Vgl. ER 172, Seite 1-6

Dabei verfährt Georg Müller ganz nach seinem ureigenen Führungsstil: Ideen werden gemeinsam entwickelt, besprochen und in vertrauenswürdiger, familiärer Atmosphäre ausgearbeitet. Gibt es Unstimmigkeiten oder Probleme im Mitarbeiterstab, so sucht Georg Müller das persönliche Gespräch mit der Mitarbeiterin oder dem Mitarbeiter. Die distanzierte Abwicklung mittels Betriebsrat ist nicht Georg Müllers Sache, gesteht er uns.

Dabei war Georg Müller noch sehr jung, als er die Leitung der Firma übernahm. Sein Vater verunglückte tödlich, als Georg Müller gerade 27 Jahre alt war! Doch der sensible, feingliedrige junge Mann übernimmt die Geschäftsleitung ohne großes Zögern und mit eisernem Willen und stetiger Disziplin baut er kontinuierlich den Erfolg seiner Firma aus.

Parallel zu dem Aufstieg der Firma INTERQUELL eröffnen große Tiernahrungsketten ihre Geschäfte, zunächst deutschland- und dann europaweit. Die Vereinigte Europäische Union bietet einen immensen Markt an und INTERQUELL reagiert. Die sich öffnenden Grenzen zeigen Wachstumschancen, die HAPPY DOG hinaus in die Welt exportieren lässt.

In Europa, in Asien und Afrika können Frauchen und Herrchen aus der üppig aufgestellten *Speisekarte Chewakkas* das passende Futter für ihren vierbeinigen Liebling aussuchen und den Futternapf guten Gewissens damit befüllen. Denn Georg Müller produziert nicht nur artgerechte, sondern auch gesunde, nach tierärztlichen Gesichtspunkten ausgerichtete Tiernahrung.

Waren es die Müller, die uns lehrten, die Kräfte der Natur einzufangen und in kostbare Energie umzuwandeln, so bleibt Georg Müller der alten Tradition des Müllers treu. Demzufolge wird nunmehr auch der Energiebedarf der

Firma HAPPY DOG durch den selbst erzeugten Strom abgedeckt.[230]

Ich schlage nun *Chewakkas Speisekarte,* wie ich den Prospekt im Stillen nenne, auf und bin von der Auswahl schier erschlagen. Über drei Dutzend Nahrungsangebote halten wohl für jeden Hundegaumen und -magen das Passende bereit.

Einige Hundefutterpakete fallen mir besonders ins Auge. Sie haben so schön klingende Namen, wie Neuseeland, Irland, Toscana, Karibik, Canada, Piemont und mitten drin, besonders hervorgehoben, **AFRICA.** Die Namen verrieten dem Kunden, aus welchem Land er das Fleisch beziehungsweise den Fisch für das jeweilige Futter importiere, erklärt uns Georg Müller. Wobei **AFRICA** eben einen besonderen Platz innerhalb dieser Produktreihe einnimmt.

Die Geschäftsbeziehungen mit den Ländern dieses Kontinents seien nicht immer unproblematisch, berichtet der Firmeninhaber Georg Müller, dennoch habe er sich entschlossen, das Straußenfleisch für dieses Futter von einheimischen Farmern in Afrika zu beziehen.

Der Strauß ist ein Laufvogel, der die Weiten, das Klima und die Vegetation dieses Kontinentes braucht, um gesund und artgerecht leben zu können. Bemühen wir uns um artgerechte Ernährung und Haltung unserer Hunde und Katzen, sollten wir auch an die Lebensbedingungen der Tiere denken, die wir schlachten und verarbeiten, so die Überzeugung des Chefs. Aber nicht allein die Lebensbedingungen der Tiere stehen für seine Entscheidung. Die Förderung der Wirtschaft dieser so ausgemergelten Länder liegt Georg Müller ebenfalls am Herzen.

Doch sein größtes Anliegen ist die Bildung der Jugend dieses Kontinents. Sehr bald fasst er den Entschluss, einen Teil der Einnahmen aus der Futterserie **AFRICA** als

---

[230] Vgl. ER 173, Seite 3

Spende für Bildungsförderungsprojekte zur Verfügung zu stellen. So wendet er sich an die von Karl Heinz Böhm ins Leben gerufene Organisation „Hilfe für Afrika" und bietet seine finanzielle Unterstützung an. Doch dort wird Georg Müller mit seinem Antrag, sehr zu seinem Erstaunen, abgelehnt. „Wahrscheinlich hat man mich dort nicht richtig verstanden", sagt er, immer noch etwas verwundert.

Da geht mir das leidige Missverständnis, dem viele anhängen, durch den Kopf, nämlich dass Menschen, die Tiere, insbesondere Hunde mögen, irgendwie „anders" oder gar sonderbare Zeitgenossen sein könnten ...

Schließlich wendet sich Georg Müller an den SOS-Kinderdorf e. V. und dort wird seine Idee, jungen Menschen in Afrika den Zugang zu Schulbildung mittels seiner Geldspenden zu ermöglichen, gerne aufgenommen.

Seit Mai 2009 spendet die Firma **HAPPY DOG** nun **zwei Prozent** pro verkaufte **Tüte AFRICA** an das **SOS-Kinderdorf,** um damit Bildungsprojekte in Afrika sowie den Ausbau der SOS-Schule *Rutana* in Burundi zu unterstützen. Im Jahr 2017 erreichte die Spendenhöhe die magische Grenze von 1 Million Euro, und hat sich aktuell auf 1,4 Millionen Euro gesteigert, was Georg Müller mit besonderer Freude erfüllt.[223]

Hier schließt sich für mich der Kreis. Bildung ist das kostbarste Gut, das dem Menschen gegeben werden kann! Es ist, und hier möchte ich einmal die Bibel (NT, Matthaeus 6,20) zitieren, vergleichbar „mit dem Schatz, den wir sammeln, der weder verrostet, noch von Motten gefressen werden kann."

Bildung ist ein Guthaben, das kontinuierlich Zinsen bringt, sowohl im eigenen Leben als auch im Miteinander. Der gut gebildete Mensch erhält Einblicke und kann Zusammenhänge erkennen, ist nicht mehr ohnmächtig den Behaup-

---

[223] Vgl. ER 173, Seite 1ff

tungen sogenannter kluger Leute und Machtpotentaten aus–geliefert. Bildung befreit und befähigt den Menschen, sein Leben selber in die Hand zu nehmen. Somit ist dies der erste und wichtigste Schritt zum Frieden auf unserem Planeten!

Nun stellt die Schulbildung das unabdingbare Fundament dar, Bildung muss jedoch, so ist meine Überzeugung, ein Leben lang gepflegt und erweitert werden.
Mit seinem Einsatz für Bildungsförderung in Afrika schafft Georg Müller dort ein Fundament für die Entwicklung die–ser Menschen in Richtung Selbstständigkeit und Frieden.
Wir, das Ensemble Via Lumina und ich, möchten mit unserem Projekt hier, in Deutschland, zur Allgemeinbil–dung der Menschen beitragen, um Begegnungen mit ande–ren Kulturen im Kopf und Herzen besser zu ermöglichen und somit ebenfalls einen Schritt in Richtung Frieden vor–geben.
Bildung ist wie ein Baum, der seine Früchte anbietet und mit jeder gereiften Frucht neue Bäume wachsen lassen kann. Das zeigt sich, völlig unvermittelt, in unserem wei–teren Gespräch.
Die Reise unseres Völkerverständigungsprojektes beginnt in Persien beziehungsweise dem Iran, und als ich das er–wähne, entgegnet Georg Müller: „Auch in den Iran liefert HAPPY DOG Tierfutter!“
Mein Gesichtsausdruck muss wohl unmissverständlich meine Verwunderung widergespiegelt haben, denn umge–hend fährt er fort: „Im Iran haben wir einen Kundenstamm wohlhabender Juden, die großen Wert auf artgerechte und gute Ernährung ihrer Katzen legen.“
Nun ist meine Verwunderung vollkommen: Juden im Iran?
Aber Georg Müller lässt keine Zeit für die Frage, denn er ergänzt sogleich: „Es leben viele Juden im Iran. Sie gehören dort der gehobenen Schicht an, nur weiß das hier–zulande eben niemand!“

Woraufhin ich nun meinerseits darauf hinweise, dass die Juden ja schon im Alten Persien gelebt haben und sie dort keinesfalls in finsterster Versklavung dahinvegetiert sind, sondern vielmehr der Führungsschicht angehört haben, bis hin zu dem Prophet Daniel, der, laut Bibel, AT Buch Daniel, der Berater des Königs Nebukadnezar war. Die Juden hatten in jener Zeit Anteil an der Bildung und Kultur des Alten Persien und haben sich mit dem Zoroastrismus befasst, was ja dann zu der Einführung der Dualität von Gott und dem Teufel geführt hat.

Nun kann ich meinen Gesprächspartner überraschen. In diesem Augenblick erkennen wir beide die historischen sowie aktuellen Gemeinsamkeiten der Völkerverständigung, die Dynamik des Austausches und der beständigen Wandlung menschlichen Strebens und die Notwendigkeit, diese Zusammenhänge an die Menschen heranzutragen.

Birgit Dietsche sitzt mir gegenüber, notiert einzelne Passagen unseres Gespräches und stellt hier und da eine Frage.

„Die Begegnung mit Ihnen", sagt sie plötzlich, „ist für unser Projekt ein Geschenk des Himmels!"

Georg Müller sieht sie erstaunt an und nach einem Augenblick des Überlegens antwortet er: „Wieso? Ich mache doch gar nicht so viel, andere machen doch viel mehr, was caritative Aktivitäten anbelangt."

„Es geht nicht um den aufopfernden Einsatz, die selbstlose Hilfe und Selbstaufgabe", antworte ich daraufhin. „Das sind immer Werke einzelner Persönlichkeiten, die zwar sehr wichtig und gut sind, jedoch niemals auf Dauer zu normalen Lebensumständen der bedürftigen Menschen und Regionen führen. Die Einbindung dieser Länder in einen wirtschaftlichen Austausch und das Angebot zur Selbsthilfe mittels Schulbildung ist und kann nur der Weg aus der Sackgasse des Elends und der damit verbundenen kriegerischen Aktivitäten und Flüchtlingswellen sein! Somit ist genau das, was die Firma INTERQUELL macht, eine Botschaft, die es gilt, bekannt zu machen", erläutere ich die Äußerung von Birgit Dietsche, die ja schon von Anfang an mit dem Gedankengut meines Projektes vertraut ist, sich viele Male mit mir ausgetauscht hat und meine Intentionen kennt.

Georg Müller lehnt sich auf seinem Stuhl zurück, schaut uns eine Weile ernst an, dann sagt er: „Das ist jedoch ein langer Weg, der viel Geduld erfordert."
Ich muss lachen. „Oh ja", antworte ich, „das wissen wir nur zu gut. Völkerverständigung ist ein mühseliger Prozess! Unser Projekt hat uns nun schon acht Jahre Arbeit gekostet, aber mit jedem Schritt ist uns die Botschaft bewusster geworden und mit dem, was wir hier in Wehringen in unser „Paket" einschnüren können, haben wir eine wunderbare Aussage für die Menschen, die unser Buch lesen und unser Konzert hören. Wir können von jemandem berichten, der genau das ausführt, was wir anregen möchten."
Ist es jener gute Geist, der mir vor Jahren den älteren türkischen Herren über den Weg schickte und das Rad ins Rollen brachte, oder ist es das Gesetz der Anziehung, das uns nun zusammengeführt hat? Auf jeden Fall spüren wir drei an dem Tisch in Wehringen, dass wir ein gemeinsames Ziel, eine Hoffnung haben: die Hoffnung auf, sagen wir es doch einfach im Sinne des Namens dieser Firma, glück–liche Geschöpfe!

Unser kurzweiliges und herzliches Gespräch mit den über–raschenden Informationen und Erkenntnissen für beide Sei-ten neigt sich dem Ende zu. Zum Abschluss bietet mir Georg Müller an, den Kontakt zum SOS-Kinderdorf e. V. zu knüpfen, sodass ich weitere Informationen über die Projekte in Burundi und Afrika im weiteren Sinne erfragen und diesen Bericht dadurch bereichernd ergänzen kann.
Birgit Dietsche und ich verabschieden uns von Herrn Müller.

Bevor wir jedoch die Rückreise antreten, suchen wir noch kurz das „stille Örtchen" der Firma auf. Ich stehe gerade im Treppenhaus und warte auf meine Begleiterin, als mein Blick von großen Bildern eingefangen wird.

Dünen, vom Wind in samtig gelbe Wellen gelegt, saugen das Auge mit der Faszination endlos glühender Weite an, die Ebene einer Steppe bildet zaghaft ein Grün, die Kulisse für eine uralte Schirmakazie, vor der sich Wasserbüffel wie Urgestalten aufgereiht haben, und auf dem größten der Bilder, etwa 1,60 mal 2,50 Meter, traben Giraffen wie Traumgestalten über die magere Grasnarbe der Steppe und scheinen im nächsten Augenblick aus der Wand herauszu–treten.

Der aus Hamburg stammende Künstler *Michael Poliza*[224] hat Afrika mit dem Auge seiner Kamera eingefangen, die–ses starke Land meisterhaft in Stimmungen auf überpropor–tionale Wandbilder übertragen und damit ein stilles Mahn–mal geschaffen.

Unser Planet, der sich einst in den Farben Blau und über–sattem Grün darstellte, erhält immer mehr gelbe und braune Flecken, und wie ein Greis, dem die Haare ausfallen, wird unsere Erdkugel zunehmend kahler. Waren es vor Jahrtau–senden die Griechen und Römer, die die Zedern des Liba–non oder die Waldbestände des Balkans abholzen ließen, bis nur noch der nackte, ungeschützte Erdboden von Wind, Wasser und Sonne zernarbt und zerfurcht wie ein bloßer, toter Leib dalag, so kommen heute riesige, technische Un–getüme, die in wenigen Tagen einen ganzen Urwald um–hauen, abschälen und nur noch tief aufgerissene Schrunden hinterlassen! Der Mensch zerstört der Erde grüne Lunge, die Grundlage für alles, was da atmet und lebt!

Zweifelsohne benötigt der Mensch Lebensräume, muss Dörfer und Städte errichten und der Natur immer wieder Platz abringen, und er benötigt Holz für so vieles, aber der

---

[224] Vgl. ER 174, Seite 1

Lebenshunger des Menschen muss kanalisiert werden. Der Planet braucht unsere Hilfe, um nicht in naher Zukunft ein Abbild des ohne Zweifel beeindruckenden Szenarios einer windgetriebenen Sand- und Felsenlandschaft widerzuspie–geln, die uns jedoch niemals beheimaten wird.

Da erinnere ich mich, dass die Liebe zu Natur und Umwelt den Firmeninhaber von INTERQUELL noch zu einer anderen Initiative inspiriert hat: „Plant for the Planet" - Pflanze für den Planeten.[225] Es ist dies die Initiative, bei der Wälder neu aufgeforstet werden. Mit Spendengeldern wer–den geeignete Bäume an den entsprechenden Orten wieder angesiedelt, wo sie verkarstete Landschaften zu neuem grünen Leben reanimieren.

Natur und Mensch, für Georg Müller unbedingt als Ganzes zu betrachten, hat ihn dazu inspiriert, dieses Projekt eben–falls zu unterstützen.

Seit 2011 werden 5 Cent pro versandtes Paket der Firma HAPPY DOG diesem Zweck zugeführt und an die 2.500 Bäume pro Jahr neu gepflanzt. Bisher sind schon 14.343 Bäume von der Firma INTERQUELL gesetzt worden und 33.333 sollen es auf jeden Fall werden.

INTERQUELL verwendet für den Versand der Kartonagen grundsätzlich Verpackungen aus recyceltem Material.

---

[225] Vgl. ER 175, Seite 1-8

Georg Müller geht seinen ureigenen Weg, zeigt auf, dass Business und Wirtschaftlichkeit durchaus mit ethischen und menschenfördernden Gedanken und Aktivitäten zu vereinen sind, dass sich der persönliche Einsatz lohnt und gut anfühlen kann und dass Beruf doch im eigentlichen Sinne von Berufung herrührt.

Das einzig ist unter dem Begriff Selbstverwirklichung zu verstehen und kann eben nicht bedeuten, dass sich da laufend etwas selbst verwirklicht, sondern dass das Selbst eine Wirklichkeit erzeugt, wenn es auch wirklich in sich selbst da ist!

Dieses Bewusstsein ist ein entscheidender Teil des Menschen und das unanfechtbare Recht auf ein würdiges Dasein.

Wo immer jedoch Menschen in geistiger Unmündigkeit und sozialem Elend gehalten werden, sind wir, die wir nach diesen Grundvoraussetzungen leben dürfen, aufgerufen, Abhilfe zu schaffen.

Auf unserer Heimfahrt, an den beiden Silos der Firma INTERQUELL vorbeifahrend, entsteht vor meinem geistigen Auge ein eigenes, ein neues Bild:

Die beiden Türme verwandeln sich in zwei Brückenpfeiler, der eine steht auf dem europäischen Kontinent, dem Erdteil der Industrie, Wirtschaft und geistigen Entwicklungen, der andere auf dem afrikanischen Kontinent, dem unendlichen, weiten Land, der Menschheitswiege, dem Ausganspunkt einer der ältesten Kulturen und unseres religiösen Bewusstseins, dem Erdteil wunderbaren Tierreichtums und gewaltigen Natur und der unermesslichen menschlichen Tragödie.

Eine Idee, eine Entscheidung wird zu einer Straße, die die beiden Türme miteinander verbindet, und so Entwicklung, Austausch und Wachstum ermöglicht und entstehen lässt.

In einem Videoclip spricht Georg Müller den Zuschauer persönlich an und schildert die Spendenaktion mit folgenden Worten:

Mit unseren Spenden fördern wir aktuell dieses Projekt:

Die Grundschule im SOS-Kinderdorf in Rutana/Burundi soll erweitert werden, um mehr Kinder aufnehmen zu können und mehr Platz für ein angemessenes Lernumfeld zu schaffen. Dieser Anbau wird von HAPPY DOG finanziert. Die Erwei–terungsarbeiten für drei weitere Klassenräume, eine größere Bibliothek, ein Labor, das Lehrerzimmer, Sanitärräume und den Mehrzwecksaal haben bereits begonnen.

Die Schule wurde gegründet, um verwaisten, alleingelassenen und benachteiligten Kindern in Rutana Schulbildung zu ermöglichen.

Hier möchte ich nun von SOS-Kinderdorf e. V. in Afrika und Burundi, von Hermann Gmeiner und der Initiative von HAPPY DOG berichten, und schließlich das Mädchen Darlène zu Wort kommen lassen.

SOS-Kinderdorf, eine weltumspannende Idee

Der Name Hermann Gmeiner ist gewiss den meisten unserer Leser ein Begriff und ich kann und möchte die umfassende Geschichte dieses außergewöhnlichen Mannes hier nicht erzählen, denn das würde diesen Artikel zwei–felsohne sprengen.
Doch eine kurze Einführung sei mir, der Vollständigkeit und Achtung diesem Menschen gegenüber, gestattet:
Hermann Gmeiner wird am 23. Juni 1919 in Alberschwen–de, Vorarlberg in Österreich geboren. Als er fünf Jahre alt

245

ist, stirbt seine Mutter und seine älteste Schwester Elsa übernimmt seine und seiner Geschwister Betreuung und Erziehung. 1940 wird er im Zuge des Zweiten Weltkrieges zum Militär eingezogen und muss an die Ostfront, in die Sowjetunion. Dort rettet ihm ein sowjetischer Junge das Leben, was für Hermann Gmeiner zu einem Schlüssel–erlebnis wird und ihn zeitlebens inspiriert.

Als er wieder in seine Heimat zurückgekehrt ist, holt er die Matura nach und beginnt das Studium der Medizin. Getra–gen von einer starken Religiosität engagiert er sich in der katholischen Kirche und Jugendbetreuung. Er spricht mit Jugendbetreuerinnen, besucht Heime und Anstalten und, geprägt von der eigenen Erfahrung des frühen Verlustes der Mutter einerseits und der fürsorglichen und liebevollen Be–treuung durch seine Schwester andererseits, entsteht in ihm die Vision eines völlig neuen Modells für die Betreuung verwaister Kinder.

Waisenkinder sollen in einem Verbund, einer Familie gleichwertig, aufwachsen dürfen, betreut von Müttern, in vergleichsweise kleinen Gruppen und eigenen Häusern.

Der mittellose junge Mann schafft das schier Unmögliche. Mithilfe einiger weniger Gleichgesinnter baut er in kurzer Zeit die Initiative SOS-Kinderdorf auf.

Sein erstes Kinderdorfhaus öffnet am Weihnachtsabend des Jahres 1950 in Imst, Österreich, unter der Betreuung der ersten SOS-Kinderdorfmutter Helene Diddl seine Türen für fünf Waisenkinder. Schon im nächsten Jahr können 45 Kinder in fünf weitere SOS-Kinderdorfhäuser einziehen!

Eine unglaubliche Geschichte, getragen von der Idee eines Menschen, basierend auf Spendenaufrufen und Mitglied–schaften im Sinne der Nächstenliebe, nimmt hier ihren Anfang und führt zu einem außergewöhnlichen Projekt von Betreuung, Erziehung, Bildung, Aufklärung und medizini–schen Einrichtungen weltweit!

In seinem Leben sammelt Hermann Gmeiner Kinder von den Straßen der Welt wie andere Goldnuggets im Flussbett. Er hält sie fest, gibt ihnen ein zu Hause und eine Lebensperspektive.

SOS-Kinderdorf ist von Hermann Gmeiner ursprünglich als eine auf Österreich beschränkte Idee angedacht, doch schon fünf Jahre später, 1955, beginnt in München mit der Gründung des deutschen **SOS-Kinderdorf e. V.** eine neue Ära.

Der Gründer „eines der freundlichsten Wunder der Nachkriegszeit", wie es Albert Schweitzer nannte, verstirbt mit nur 67 Jahren an Krebs, nachdem er 37 Jahre seinen Traum von einer besseren Welt für verwaiste und benachteiligte Kinder verwirklicht und gelebt hat.[226]

Im Jahr 2018 erhalten laut aktueller Zusammenfassung des **SOS-Kinderdorf e. V.** auf der ganzen Welt über 100.000 Kinder und Jugendliche in 185 Schulen Unterricht.[227]

Statistiken zeigen uns Zahlen, Hermann Gmeiner und seine Mitstreiter jedoch sehen den Menschen, das einzelne Kind und Schicksal. So hat sich aus der einstigen Idee der Betreuung von Waisen eine Rundumhilfe für Notleidende und Bedürftige entwickelt, die sich den jeweiligen Gegebenheiten und Voraussetzungen auf geniale Weise anzupassen versteht.

In der Infomappe „Bildung für eine bessere Zukunft in Afrika" gibt es eine Seite, auf der der afrikanische Kontinentalriese abgebildet ist, und als habe jemand Reiskörner darauf verstreut, finden sich lauter kleine Punkte mit Zahlen über den Kontinent verteilt, die anzeigen, wo überall Bildungsprojekte in den SOS-Einrichtungen realisiert werden.

Verschiedene Gegebenheiten, Mentalitäten, politische und religiöse Grundlagen – und doch lässt sich ein Konsens,

---

[226] Vgl. ER 176, Seite 1-5
[227] Vgl. ER 177, Seite 7

eine einheitliche Linie erkennen: Leid kann gelindert werden, wenn der Wille dazu besteht und die Erkenntnis zum
Handeln führt.

Eine Schule für Darlène in Rutana, Burundi

Burundi ist mit einer Fläche von 27.834 qkm etwas größer
als der deutsche Bundesstaat Hessen und somit eines der
kleinsten Länder Afrikas, allerdings ist es mit 379 Einwohnern pro qkm wesentlich dichter bevölkert als Deutschland.
Burundi liegt im Südosten Afrikas, grenzt an die Staaten
Ruanda, Tansania und die Demokratische Republik Kongo.
Ein großer Teil der Grenze mit dem Kongo verläuft im
Tanganyikasee[228], dem zweittiefsten See dieser Erde, dem
größten Süßwasservorkommen Afrikas und dem zweitgrößten Süßwasservorkommen dieses Planeten, nach dem
in Russland gelegenen Baikalsee.
Gehen wir vom Tanganyikasee circa 45 km Richtung
Osten, so kommen wir an den längsten Quellfluss des Nil,
dem *Luvironza*, der zwischen den Städten Bururi und Rutana entspringt. Wir befinden uns über 1800 Meter über dem
Meeresspiegel auf einem Hochplateau, das aufgrund seiner
Höhenlage ein angenehm mildes tropisches Klima und ein
ausgewogenes Niederschlagsaufkommen aufweist, und
dennoch ist Burundi eines der ärmsten Länder der Erde,
gebeutelt von politischen Auseinandersetzungen, Men-
schenrechtsverletzungen, Morden und Folter.[229]
Die unzähligen Konflikte zwischen den einzelnen völki-
schen Gruppen hinterlassen eine große Zahl verwaister
Kinder und Jugendlicher, die oftmals monatelang ohne
Betreuung herumirren.

---

[228] Vgl. ER 178, Seite 1
[229] Vgl. ER 179, Seite 6ff

Der SOS-Kinderdorf e. V. bietet diesen jungen, traumati–
sierten Menschen in den Städten Mayinga, Bujumbura und
Rutana in seinen Einrichtungen eine neue Heimat, ärztliche
Versorgung, Schulbildung und Ausbildungsplätze.

Aber nicht nur Waisenkinder werden vom SOS-Kinder–
dorf e. V. gefördert. Die Kinder bedürftiger Familien kön–
nen die Einrichtungen ebenfalls nutzen, und arme,
mittellose Familien gibt es in Burundi genügend.

Die Frau in Burundi bekommt in ihrem Leben laut Statistik
durchschnittlich 6,04 Kinder, wobei das Einkommen bei
fast der Hälfte der Bevölkerung weniger als 1,25 Dollar pro
Kopf am Tag beträgt.

Stellen wir, zur besseren Veranschaulichung, Deutschland
zum Vergleich dazu, so bekommt die deutsche Frau 1,57
Kinder (Stand 2017), bei einem geschätzten Monatsnetto–
einkommen pro Haushalt von über 1.735 Euro![230/231/232]

Somit haben in Burundi die meisten Kinder keine Chance,
jemals einen Kindergarten oder eine Schule zu besuchen,
denn das Geld für Kinderbetreuungsstätten und Schulen ist
für die Eltern unerschwinglich.

Hier leistet SOS-Kinderdorf e. V. wiederum einen wichti–
gen Beitrag zur Förderung der jungen Menschen. Kinder
aus mittellosen Familien können die Kindergärten und
Schulen ebenfalls besuchen, und die Verpflegung sowie
Schulbücher und Schuluniformen werden vom SOS-Kin–
derdorf e.V. übernommen.

Das ist eine äußerst kluge Strategie, denn dadurch bleiben
die SOS-Kinderdorfkinder, die im Dorf leben und oftmals
keine Angehörigen in der Nähe mehr haben, unbeschwert
und natürlich in Kontakt zum alltäglichen Leben ihres
Landes.

---

[230] Vgl. ER 179, Seite 1ff
[231] Vgl. ER 180, Seite 15
[232] Vgl. ER 181, Seite 3

Nach dem Abschluss der Grundschule bietet SOS-Kinder–
dorf e. V. aber auch sämtliche Weiterbildungsmöglich–
keiten wie Sekundarstufe, Berufsausbildung, Matura und
sogar das Studium in SOS-Colleges an. Allein in Afrika
finanziert der SOS-Kinderdorf e. V. rund 46 Bildungspro–
gramme!

Kinder, die in Burundi das Abitur machen, können danach
an einem der internationalen Colleges studieren, denn der
internationale Bildungsaustausch innerhalb der SOS-
Kinderdorf-Organisation ist unproblematisch.

Ein Land, wie Burundi bedarf aber noch weiterer Maß–
nahmen, um aus dem Dilemma von Armut, Mangelversor–
gung und Bildungsnotstand herausgeführt zu werden. So ist
die medizinische Versorgung sehr mangelhaft und die HIV-
Ansteckungsrate sehr groß. Hier sind Präventivmaßnahmen
in Form von medizinischer Aufklärung das erste Gebot,
und betroffene Familien bedürfen fortlaufender Betreuung.
Auch in diesem Punkt leistet SOS-Kinderdorf e. V. mit
entsprechenden Kursen beispielhafte Hilfe in medizini–
schen Einrichtungen.

Das alles sind unschätzbar wichtige Schritte gegen den
Kreislauf von Gewalt, Elend, Angst, Terror und Flucht. Wo
immer dieser Kreislauf unterbrochen wird, bedeutet das
nicht nur einen Akt der Nächstenliebe und des christlichen
Grundgedankens, sondern auch eine Entspannung für die
internationale Flüchtlingskatastrophe.

In der Stadt Rutana, in Burundi, ist die SOS-Kinderdorf-
Schule zu klein geworden. Für die große Schülerzahl wer–
den weitere Zimmer benötigt, ein Anbau muss also erstellt
werden.

Das Angebot von Georg Müller, einen Teil des Verkaufs–
preises von dem Hundefutter HAPPY DOG **AFRICA** für
ein Projekt von SOS-Kinderdorf e. V. zu spenden, kommt
da gerade wie gerufen und eine Million Euro kommen 2016
als Spendensumme zusammen! Nachdem zuvor schon in

Afrika und Burundi einige Projekte von HAPPY DOG unterstützt worden sind, kann nun der Anbau in Angriff genommen werden und im Jahr 2016 können die Schüler das neue Schulgebäude beziehen.

*Diesen Artikel habe ich mit freundlicher Genehmigung aus den Unterlagen des SOS-Kinderdorf e. V. Burundi verfasst.

Nun möchte ich hier, liebe Leserinnen und Leser, Darlène, ein Mädchen aus Burundi, erzählen lassen, denn sie hat uns einiges aus ihrem Leben und der Schule in Rutana zu berichten.

Darlène, ein besonderes Kind in ihrer SOS-Familie

Darlène ist ein zwölfjähriges Mädchen. Sie lebt im Haus 11 des SOS-Kinderdorfs Bujumbura, das auch KUNDANE (= liebt einander) genannt wird. Sie hat ihre leibliche Mutter verloren, steht aber in beständigem Kontakt mit ihrem Vater, der sie oft im SOS-Kinderdorf besucht.

Sie ist in ihrer leiblichen Familie die vierte von sieben Geschwistern und lebt in ihrer SOS-Kinderdorf-Familie zusammen mit ihrem biologischen Bruder Guy Gaël Sin–dayikengera.

Darlène ist ein freundliches Mädchen. In ihrer SOS-Kin–derdorf-Familie wird sie von ihren Geschwistern die „klei–ne Mutter" genannt. Sie wird von den Gleichaltrigen, die sich ihr wie einem Elternteil anvertrauen, geschätzt und re–spektiert.

„Ohne zu übertreiben, meine Tochter ist wirklich phäno–menal. Ihre gutmütige Einstellung, ihre Freundlichkeit, ihr Verantwortungsbewusstsein, all diese Eigenschaften ma–

chen sie zu einem außergewöhnlichen Kind in unserer Familie", beschreibt sie ihre Kinderdorf-Mutter stolz.

Ein gutes Omen für den schulischen Erfolg. Darlène ist eine gute Schülerin. Sie hat vor Kurzem die fünfte Klasse der Grundschule erfolgreich abgeschlossen und versprochen, nie jemand anderem den besten Platz zu überlassen, so ist sie immer unter den besten zwei Schülern in ihrer Klasse. „Weißt du, Mutter, ich möchte unter den fünf besten Schülern sein und bin bereit dafür zu arbeiten", erinnert sich ihre SOS-Mutter an die Worte Darlènes an ihrem ersten Tag an der Grundschule, als sie miteinander gewettet haben. Sie war sehr glücklich über das Bestreben ihrer Tochter und versprach ihr, sie auf dem Weg zum schulischen Erfolg zu begleiten. „Ich helfe meinen Kindern dabei, Träumer zu sein, ehrgeizig mit einer klar definierten Vision. Es ist traurig zu sehen, dass so viele Menschen darum kämpfen, nur um das Nötigste zu haben, und ich möchte meine Kinder vor einem solchen Leben bewahren", sagt Marguerite, die SOS-Kinderdorf-Mutter von Darlène.

Mit der Hilfe ihrer Mutter und den Mitarbeitern von SOS-Kinderdorf kann Darlène nach und nach die Wette gewinnen. Sie ist jedes Mal beste oder zweitbeste in ihrer Klasse und erhält Anerkennung für ihre schulischen Leistungen. Sie hat schon früh einen erweiterten Horizont. Darlène ist ein ehrgeiziges Kind, das auch schon ein Ziel vor ihren Augen sieht. Ihr Traum ist es, die SOS-Hermann-Gmeiner-Sekundarschule zu besuchen und im Anschluss auf das International College of Tema in Ghana zu gehen. Dieser Traum fängt bereits an, Wirklichkeit zu werden. Dank ihrer außergewöhnlichen schulischen Leistungen gehört Darlène zu den Kindern des SOS-Kinderdorfs, die für die Vorbereitung auf den Aufnahmetest für das International College of Tema ausgewählt wurden. Sie ist sehr glücklich über den Schritt, mit dem sie ihren Traum entscheidend näher gekommen ist. „Ich glaube, dass ich wie Micheline, Roxane und Cynthia studieren werde!", ruft sie aus, als der Direktor ihr das Zeugnis übergibt. Die drei Mädchen, die sie genannt hat, sind ihre älteren Kinderdorf-Geschwister, die bereits das College besuchen.

Darlène verfolgt voller Motivation und Enthusiasmus die Vorbereitungskurse, die in den Sommerferien sowie an zwei Stunden pro Woche während der Schulzeit stattfinden. Ihre Lehrer sind zuversichtlich. „Sie wird den Test mit Bravour bestehen!"

Darlène plant bereits ein paar schöne Dinge! Trotz ihres jungen Alters ist sie ein verantwortungsbewusstes Kind, das sich um die Ausbildung ihrer jüngeren SOS-Kinder–dorf-Geschwister kümmert. Sie motiviert sie, hart zu arbei–ten, um keine schlechten Noten zu bekommen, denn für sie ist in ihrer Familie kein Platz für Faulpelze.

„Wir haben Glück, eine solche Mutter zu haben, die uns liebt, uns respektiert und unsere Rechte beschützt. Nur wenige Kinder wie wir haben die Chance, eine so gute Schule wie die unsere besuchen zu können, auch nicht die mit reichen Eltern! Also müsst ihr diesen Vorteil nutzen, meine Lieben!"

Sie sorgt sich auch um das Schicksal ihrer leiblichen Fami–lie. Sie hat große Pläne für ihren Vater, der auch gleich–zeitig ihr bester Freund ist.

„Ich liebe meinen Vater und ich möchte ihm in Zukunft helfen. Wenn ich mit meinem Studium fertig bin und einen Job habe, ist das Erste, was ich tun möchte, ihm ein schö–nes Haus zu bauen. Das, in dem er lebt, ist nur aus selbstgemachten Lehmsteinen gebaut und während der Re–genzeit regnet es rein. Ich werde ihm schöne Anziehsachen kaufen und ich möchte sehen, wie er mit einer Krawatte aussieht."

Originaltext, mit freundlicher Genehmigung des SOS-Kinderdorf e.V.

Auch ein Anliegen Europas

Eines sollten wir bedenken: Diese jungen Menschen, die aufgrund einer soliden Ausbildung eine berufliche Perspektive in ihrem Heimatland haben, werden in ihrem Land bleiben, auch wenn sie unter wesentlich bescheideneren Umständen leben, als es ihnen hier in Europa verheißen wird.

Die Heimat ist für die gesunde, seelische Entwicklung des Menschen ein unschätzbar wichtiger Faktor: die vertraute Landschaft, das dem Körper vertraute Klima, die Geborgenheit der Muttersprache und die alten Informationen der eigenen kulturellen Wurzeln sind mit nichts anderem auszugleichen. Der entwurzelte Mensch wird immer ein Heimatloser bleiben, auch wenn ihm die neue Bleibe ein Überleben gewährt. Es ist dies eben genau das Lebensgefühl, welches das Wort in seiner tiefsten Bedeutung aussagt, ein Überleben und kein selbstverständliches Leben, wie es in der Sehnsucht unseres Herzens veranlagt ist.

Je besser sich Menschen zu einer geistigen Mündigkeit entwickeln können, umso mehr können sie auch von einem wirtschaftlichen Austausch mit besser gestellten Nationen wie Europa oder Amerika profitieren und desto schneller kann sich eine soziale Stabilität herausformen.

Somit ist die wirtschaftliche und intellektuelle Entwicklung der Schwellenländer ein absolutes Anliegen Europas. Und nicht nur das. Mit klarem Menschenverstand betrachtet, kann es nur ein Anliegen der gesamten Welt sein.

Wenn wir endlich begreifen werden, dass die Menschheit miteinander verbunden ist wie es die Organe unseres menschlichen Körpers sind und dass jeder egoistische Alleingang einer Nation oder eines Volkes einen vergleichbaren Vorgang mit dem Alleingang einer wuchernden Krebszelle im Organismus des Menschen darstellt, der auf Dauer nur Zerstörung und Tod bringt, sind wir endlich auf dem richtigen Weg!

Resümee

Bereits seit neun Jahren arbeiten mein Ensemble Via Lumina und ich an diesem Projekt.

Das Ensemble hat schwierige Zeiten durchlebt. Die Begeisterung war zu Beginn sehr groß, doch die Belastungen waren dann doch für einen großen Teil der Ensemblemitglieder zu hoch.

Der erwünschte Erfolg stellte sich nicht gleich ein und Unverständnis und Missfallen an der Idee als solche wurde manch einem der Ensemblemitglieder von Seiten guter Freunde und Familienmitglieder entgegengebracht.

Die politische Situation und die allgegenwärtige Debatte über Flüchtlingswellen in den Medien belastete die Gemüter, die neu aufflammende Energie fremdenfeindlicher Parteien zeugte zeitweilig für Verwirrung in so manch einem einst redlichen, nach christlichen Grundsätzen ausgerichteten Herzen.

Und die Suche nach einer geeigneten Pianistin nach dem – infolge von Krankheit und Alter – Ausscheiden unserer langjährigen, hoch geschätzten Professorin für Klavier, Frau Ursula Krysta, gestaltete sich äußerst schwierig! Obgleich uns so hervorragende Pianistinnen wie Nadja Belnéva, Angelique Rentsch und bis vor Kurzem Tünde Gosztola unterstützten, führte erst in jüngster Zeit die Zusammenarbeit mit Frau Prof. Iva Nàvratovà zu Stabilität und Kontinuität.

Nach und nach entfernte sich ein Ensemblemitglied nach dem anderen von unserem Projekt, aus einstmals 18 Sängerinnen und Sängern hat sich ein Trüppchen von vier bis fünf Ensemblemitgliedern herausgebildet, das nun seit zwei Jahren dieses Projekt wirkungsvoll und eindrücklich in unseren Konzerten an die Menschen heranträgt.

Jedes dieser Konzerte hinterlässt eine Spur des Nachdenkens bei unserem Publikum und wir werden noch Wochen später darauf angesprochen.

Der Bundestagsabgeordnete Thorsten Frei bestätigte uns die Wichtigkeit unserer Botschaft und verfasste ein Empfehlungsschreiben.

Und last, but not least:

Endlich, nach so vielen Einladungen, auch von Seiten der Frankfurter Buchmesse, habe ich im **Scholastika Verlag** einen Verlag gefunden, der meine Intentionen in dieser Buchreihe veröffentlicht und, als hätte es so sein sollen, lernte ich Herrn Georg Müller kennen und kann dieses Pro–jekt, Völkerverständigung auf den Spuren der Windhunde, noch mit seiner besonderen Botschaft im Zusammenhang mit SOS-Kinderdorf e. V. abschließen.

Und doch, es kommt noch besser!

Ganz oben auf diesen Ereignisse, sozusagen als besondere Krönung, hat uns das Schicksal nach langem Suchen einen ganz besonderen Weg aufgezeigt. Es ist dies der Weg mit der Jugend.

Junge Menschen präsentieren mit uns zusammen unser Projekt auf der Buchmesse in Leipzig, sie singen unsere Lieder. Das erste Mal waren es Schülerinnen und Schüler des Projektchores der **Realschule Blumberg**, im Jahr 2019 und unter der Leitung ihrer Lehrerin Anja Schuler, und das zweite Mal sind es die Schülerinnen und Schüler des Pro–jektchores der **Realschule Stühlingen**, unter der Leitung ihrer jungen Musiklehrerin Sabrina Blatter.

Mit Begeisterung nehmen diese jungen Menschen die Ge–danken der Völkerverständigung auf, lernen Lieder in ihnen völlig unbekannten Sprachen, und in ihren Gesichtern kann ich die Freude über diese neuen Gedankenanstöße sehen: Gedanken, die ihnen Mut geben, die schwere Aufgabe der Völkerverständigung mit Zuversicht anzugehen, Gedanken, die sie wegführen vom einengenden Geist des Fremden–hasses.

Die Jugend ist es, die dereinst unsere Zukunft gestalten und über Frieden oder Unfrieden entscheiden wird, ihr sei diese Arbeit ganz besonders gewidmet, und in ihrem Namen begleiten mich Fräulein Wiki und Mr. Media!

Wer weiß, vielleicht gesellen sich ja noch mehr junge Menschen zu uns, reisen weiter mit unserem Chronomobil durch den Zeitstrahl zu anderen Ethnien, Kulturen, Geschichten und Erlebnissen, um unsere und ihre eigenen Wurzeln zu entdecken und sich und die anderen besser zu verstehe. Und gewiss finden wir noch weitere Menschen in unserer Zeit, die uns diese Intention schon vorleben, auch darüber werde ich wieder berichten.

Reiseprogramm Etappe II:

Wann?	Demnächst
Wer?	Natürlich Fräulein Wiki, Mr. Media und ich
Wohin?	Afrika/Maghreb, Islas Canarias und Irland

So wollen wir uns also freuen und gespannt sein, was uns erwartet, wenn wir weiterreisen werden, auf den Spuren der Windhunde, die alten Wege der Menschheit aufstöbernd und Gemeinsamkeiten der Kulturkreise des Orient und Okzident erkundend.

Widmung und Dank

Dieses Projekt wäre gewiss nie entstanden, hätte ich nicht selber die Erfahrung der Migrationsproblematik machen müssen.

Ablehnung und Ausgrenzung sind mir seit frühester Kindheit ein durchaus bekanntes Bewusstsein.

So widme ich dieses Buch und die dazugehörigen Lieder ganz besonders all den Menschen, die ihre Heimat verlassen mussten oder verloren haben und irgendwo in fremden Ländern oder gar Kulturen neu anfangen müssen. Wobei meine größte Hochachtung meinen Eltern zukommt, die diese Herausforderung zweimal bewältigen mussten und mir trotz vieler finanzieller Opfer meine Ausbildung ermöglicht haben.

Aber ebenso sei dieses Werk all den Menschen gewidmet, die sich nach einem friedlichen Miteinander sehnen und die sich insbesondere im Großen wie im Kleinen und im Stillen für den Frieden einsetzen und offen sind für alle neuen und alten Gemeinsamkeiten der Völker. Um diese Idee in die Realität umzusetzen, bedurfte es vieler Gönner und Helfer:

So möchte ich als Erstes **Papst Benedikt XVI** danken, der mir in einem Antwortschreiben seinen geistlichen Beistand zusicherte. Weiterhin haben an dem Projekt mitgewirkt:

Pater Markus Laier SJ, der mir in unzähligen Gesprächen immer wieder den Rücken stärkte und mich nach wie vor ermutigt.

Pater Eugen Hillengass SJ, der mir beratend zur Seite stand und steht.

Unsere langjährige, leider verstorbene Pianistin, **Professo-rin Ursula Krysta,**✝ die mit ihrem unermüdlichen und idealistischen Einsatz dazu beitrug, das Ensemble zu der musikalischen Reife zu führen, die für solch eine Aufnah-me notwendig ist. Zudem vermittelte sie uns als Polin die polnische und russische Sprache,

Evert Menting, der als Manager der weltbekannten EMIL BERLINER STUDIOS, (ehemals DEUTSCHE GRAM-MOPHON), Berlin, mich – als relativ unbekannte Künstle-rin – ernst genommen hat und uns die Aufnahme unter der Leitung des Toningenieurs **Mark Bücker,** (danke Mark, für Deine liebevolle Aufnahmeleitung) ermöglicht hat.

All die **Sprachwissenschaftler** und **Muttersprachler**, die diesem Projekt stets kostenlos ihr Wissen zur Verfügung gestellt haben.

Herr Babrak Wassa, Komponist, Dirigent und Chorleiter, Afghanistan,

Herr Dr. Kossmann, **Berberologe**, Uni Leiden, Niederlande,

Herr Professor Dr. Klute, Ethnologe für Tamashek, Uni Bayreuth,

David Clement, Ethnologe für gälische und keltische Sprachen, Schottland,

Magda Coelho, Portugiesin, Leiterin des Vereins deutsch - portugiesische Freundschaft Waldshut,

der **DWZRV**:

die ehemalige **Präsidentin Frau Wilfriede Schwerm-Hahne**, die Mitarbeiterinnen und Mitarbeiter **Frau Angelika Heydrich**, Schriftleiterin, **Herr Eckehard E. Schritt und Frau**, Öffentlichkeitsarbeit, **Herr Olaf Knauber,** Kommunikation & Marketing, **Herr Peter Sander**, Ansprechpartner in Sachen Windhund und Geschichte, **Herr Jan Scottland**, der mir so oft mit manch gutem Rat und wichtigen Kontakten zur Seite stand,

Herr Rainer Haarmann, Kulturdezernent und Gründer des JazzBaltica, der mir riet, den völkerverständigenden Hintergrund unserer CD mit dem Verfassen eines Buches zu untermauern,

Herr MdB Thorsten Frei, der unser Projekt wohlwollend unterstützt,

Herr Bürgermeister Keller, Stadt Blumberg, ebenfalls ein Gönner dieses Projektes,

eingewanderte Mitbürger unserer Stadt sowie

unbekannte Personen: Taxifahrer, Mitarbeiter meiner Sängerinnen und Sänger aus dem muslimischen Kulturkreis, die uns in spontanen Gesprächen ein wertvolles Feedback gegeben haben,

Herr Dr. Bernward Götte, der nicht nur der Wächter über meine körperliche Kondition ist, sondern mir immer wieder als freundschaftlicher Berater und Gönner beisteht.

Ohne Sie/Euch alle wäre es nicht möglich gewesen, dieses Projekt durchzuführen!

Ihnen/Euch allen gebührt mein und unser herzlichster Dank!

Aber letztendlich, wie weit wäre ich mit meinem Völker–verständigungsprojekt ohne meine **Sängerinnen** und **Sänger** und ohne unsere Pianistinnen gekommen?

Danke euch „Singvögeln", die ihr auch bei stürmischer See treu zu mir gehalten habt und bis heute an Bord geblieben seid!

Unsere Pianistinnen **Nadia Belneeva** und **Angélique Rentsch** haben in kürzester Zeit das Pensum mit uns erar–beitet, da unsere langjährige Pianistin Prof. U. Krysta aus gesundheitlichen Gründen ausscheiden musste.

Frau Professor für Klavier, **Iva Návratová**, hat uns nach der Aufnahme der CD und in einer Zeit, in der wir keine kompetente Begleitung am Piano hatten, klanglich und fachlich unterstützt. Leider musste sie dann aber wegen ihrer beruflichen Neuorientierung wieder gehen.

Unsere neue, junge Pianistin **Tünde Gosztola** gibt mit ih–rem temperamentvollen, leidenschaftlichen Spiel den Geist des Projektes voll und ganz wieder und steht uns nun treu zur Seite.

Last but not least möchte ich **Vreni (Verena) Nido✝** danken, die nicht nur ihre Stimme und Musikalität zur Verfügung gestellt hat, sondern mir in so vieler Hinsicht zur Seite gestanden hat. Sie hat den Kampf gegen den Krebs verloren. Vreni, Du fehlst uns …

Da sei aber auch noch eine **ganz besondere Freundin** erwähnt, die anonym bleiben möchte. So einen Menschen wünsche ich all meinen Leserinnen und Lesern, wenn sie in Not geraten. Unaufgefordert stand sie mir im Augenblick großer Bedrängnis zur Seite.

Und natürlich gebührt auch den **Windhundfreunden**, die mir ihre vierbeinigen Schützlinge zum Zeichnen zur Verfü–gung gestellt haben, ein lieber Dank.

Dann sind da noch die junge **Klavierschülerin** und der junge **Klavierschüler**. Beide haben mir die Gestaltung der Charaktere von Fräulein Wiki und Mr. Media ermöglicht. Danke, meine sensible, begabte Pianistin und danke, Nils Metzger!

Und danke an den **bedeutsamen Augenblick**, als ein türki–scher Herr mich völlig unerwartet wegen meiner beiden Windhunde angesprochen und somit das Rad ins Rollen gebracht hat.

Für alle, die es nicht erwarten können, wie es weitergeht, sei hier schon mal die Reiseroute aufgezeigt:

Wir werden also   Afrika,
                        Islas Canarias und
                        Irland

besuchen und gewiss so manchem Geheimnis auf die Schliche kommen.

Bis dahin alles Gute und liebe Grüße
Eure Expertin für Völkerverständigung

Angelika Dohlien

Quellenverzeichnis

ER 1: Dr. Ndong, Louis, Januar 2017. "WER FREMDE SPRACHEN NICHT KENNT; WEISS NICHTS VON SEINER EIGENEN" Sprache. Kultur. Deutschland Goethe-Institut Sénégal. Online verfügbar: URL = <https://www.goethe.de/ins/sn/de/kul/mag/20903459.html> (letzter Zugriff am 13. 04. 2019).

ER 2: Richard Wagner *1813 gutezitate. Online verfügbar: URL = <https://gutezitate.com/zitat/179540> (letzter Zugriff am 13. 04. 2019).

ER 3: Platon *428/427 v. Chr. zugesandt von: Manuela Schöffmann, „Zitate-Welt" ZITATE VON PLATON. Online verfügbar: URL = < https://www.zitate-welt.de/zitate/autor.php?autor=Platon&id=891> (letzter Zugriff am 13. 04. 2019).

ER 4: VAK, AKADEMSICH GEPRÜFTER VEREIN „Der beste Freund seit 35.000 Jahren" Erstellt am 22.05.2015 „Long- Term Health Effects of Neutering Dogs: der beste Freund, seit 35.000 Jahren" Kategorie: Zoologie. Online verfügbar: URL = <https://www.kynologie.at/veroeffentlichungen-wissenschaft/articles/35000jahre.html> (letzter Zugriff am 13. 04. 2019).

Quellenverzeichnis: Persien
ER 5: zuletzt am 10. August 2018 um 19:38 Uhr bearbeitet „Iranisches Hochland - Wikipedia" Online verfügbar: URL = <https://de.wikipedia.org/wiki/Iranisches_Hochland> (letzter Zugriff am 19. 04. 2019).

6: Diercke Neuer großer Weltatlas Gesamtredaktion und Konzeption: R. Gööck, Texte W. Büdeler (Astronomie), R. Heimrath (Geographie), Kartographie: Verlagsgruppe Bertelsmann GmbH / Kartographisches Institut Bertelsmann Gütersloh, © RV Reise- und Verkehrsverlag GmbH 1975, 1985

ER 7: zuletzt am 17. Februar 2019 um 07:17 Uhr bearbeitet „Geschichte Irans - Wikipedia" Online verfügbar: URL =

https://de.wikipedia.org/wiki/Geschichte_Irans> Seite 1, 2, 3 (letzter Zugriff am 28. 04. 2019).<

8: Die Bibel ©1964 by Lechner. 1994 Eurobooks (Switzerland) SA „Die Bibel: Altes und Neues Testament" AT Der Text folgt der historischen Fassung von 1912 *(Genesis 11,1-9)*

ER 9: zuletzt am 11. April 2019 um 15:31 Uhr bearbeitet „Indogermanische Sprachen - Wikipedia" Online verfügbar: URL = <https://de.wikipedia.org/wiki/Indogermanische_Sprachen> Seite 1, 2, 3 (letzter Zugriff am 19. 04. 2019).

ER 10 zuletzt am 4. Februar 2007 um 01:36 Uhr bearbeitet „Persisch: Indogermanische Wurzeln" WIKIBOOKS
Online verfügbar: URL = <https://de.wikibooks.org/wiki/Persisch:_Indogermanische_Wurzeln> Seite 1, 2 (letzter Zugriff am 19. 04. 2019).

ER 11: zuletzt am 19. August 2018 um 17:56 Uhr bearbeitet „Altpersische Sprache - Wikipedia" Online verfügbar: URL = <https://de.wikipedia.org/wiki/Altpersische_Sprache> Seite 4 (letzter Zugriff am 11. 05. 2019).

ER 12: zuletzt am 5. März 2019 um 19:08 Uhr bearbeitet „Persische Sprache - Wikipedia" Online verfügbar: URL = <https://de.wikipedia.org/wiki/Persische_Sprache#Zugeh%C3%B6rigkeit_zur _indogermanischen _Sprachfamilie> Seite 11 (letzter Zugriff am 19. 04. 2019).

ER 13: zuletzt am 23. April 2019 um 19:34 Uhr bearbeitet „Perser (Volk) - Wikipedia" Online verfügbar: URL = <https://de.wikipedia.org/wiki/Perser_(Volk)> Seite 1, 3 (letzter Zugriff am 30. 04. 2019)

ER 14: zuletzt am 7. April 2019 um 00:41 Uhr bearbeitet „Achämenidenreich - Wikipedia" Online verfügbar: URL =

<https://de.wikipedia.org/wiki/Ach%C3%A4menidenreich> Seite 1 (letzter Zugriff am 11. 05. 2019).

ER 15: zuletzt am 25. Januar 2019 um 20:35 Uhr bearbeitet „Kyros II - Wikipedia" Online verfügbar: URL = <https://de.wikipedia.org/wiki/Kyros_II.> Seite 1, 4 (letzter Zugriff am 30. 04. 2019).

ER 16: zuletzt am 27. April 2019 um 15:42 Uhr bearbeitet „Perserreich – Wikipedia" Online verfügbar: URL = <https://de.wikipedia.org/wiki/Perserreich> Seite 1, 8, 9 (letzter Zugriff am 11. 05. 2019).

ER 17: zuletzt am 1. Mai 2019 um 04:43 Uhr bearbeitet „Kalifat – Wikipedia" Online verfügbar: URL = https://de.wikipedia.org/wiki/Kalifat Seite 2, 3, 4 (letzter Zugriff am 11. 05. 2019).

ER 18: zuletzt am 3. Mai 2019 um 21:56 Uhr bearbeitet „Islamische Revolution - Wikipedia" Online verfügbar: URL = https://de.wikipedia.org/wiki/Islamische_Revolution Seite 7

ER 19: zuletzt am 8. Mai 2019 um 12:51 Uhr bearbeitet. „Iran – Wikipedia" Online verfügbar: URL = https://de.wikipedia.org/wiki/Iran Seite 1 (letzter Zugriff am 11. 05. 2019 (letzter Zugriff am 13. 05. 2019).

ER 20: zuletzt am 10. Mai 2019 um 16:19 Uhr bearbeitet. „Dareios I. – Wikipedia" Online verfügbar: URL = *https://de.wikipedia.org/wiki/Dareios_I. Seite 1(letzter Zugriff am 11. 05. 2019).*

ER 21: zuletzt am 19. April 2019 um 22:57 Uhr bearbeitet „Magier Religion – Wikipedia Online verfügbar: URL = "<https://de.wikipedia.org/wiki/Magier_(Religion)> Seite 1 (letzter Zugriff am 12. 05. 2019).

ER 22: zuletzt am 6. August 2018 um 15:30 Uhr bearbeitet „Teispes - Wikipedia" Online verfügbar: URL =

<https://de.wikipedia.org/wiki/Teispes> Seite 1, 2 (letzter Zugriff am 01. 05. 2019).

ER 23: zuletzt am 16. März 2019 um 13:37 Uhr bearbeitet, „Kyros-Zylinder – Wikipedia" Online verfügbar: URL =   < https://de.wikipedia.org/wiki/Kyros-Zylinder> (letzter Zugriff am 15. 05. 2019).

ER 24: zuletzt am 19. November 2018 um 12:56 Uhr bearbeitet, „Pasyryk-Teppich – Wikipedia" Online verfügbar: URL = <https://de.wikipedia.org/wiki/Pasyryk-Teppich> (letzter Zugriff am 15. 05. 2019).

ER 25: zuletzt am 13. März 2019 um 09:59 Uhr bearbeitet, „Perserteppich – Wikipedia" Online verfügbar: URL = <https://de.wikipedia.org/wiki/Perserteppich> (letzter Zugriff am 16. 05. 2019).

ER 26: zuletzt am 13. November 2018 um 17:44 Uhr bearbeitet, „Behistun-Inschriften – Wikipedia" Online verfügbar: URL = <https://de.wikipedia.org/wiki/Behistun-Inschrift> (letzter Zugriff am 16. 05. 2019).

ER 27: zuletzt am 7. Mai 2019 um 01:15 Uhr bearbeitet, „Persischer Garten – Wikipedia" Online verfügbar: URL = <https://de.wikipedia.org/wiki/Persischer_Garten> (letzter Zugriff am 16. 05. 2019).

ER 28: zuletzt am 9. Oktober 2018 um 23:17 Uhr bearbeitet, „Tschahār Bāgh – Wikipedia" Online verfügbar: URL = <https://de.wikipedia.org/wiki/Tschah%C4%81r_B%C4%81gh> (letzter Zugriff am 17. 05. 2019).

ER 29: zuletzt am 8. April 2019 um 15:52 Uhr bearbeite, „Susa (Persien) – Wikipedia" Online verfügbar: URL = <https://de.wikipedia.org/wiki/Susa_(Persien)> (letzter Zugriff am 17. 05. 2019).

ER 30: zuletzt am 13. April 2019 um 21:49 Uhr bearbeitet, „Codex Hammurapi – Wikipedia" Online verfügbar: URL = <https://de.wikipedia.org/wiki/Codex_Hammurapi> (letzter Zugriff am 17. 05. 2019).

ER 31: zuletzt am 24. April 2019 um 16:37 Uhr bearbeitet, „Qanat – Wikipedia" Online verfügbar: URL = <https://de.wikipedia.org/wiki/Qanat> (letzter Zugriff am 18. 05. 2019).

ER 32: zuletzt am 15. Mai 2019 um 23:11 Uhr bearbeitet „Garten Eden – Wikipedia" Online verfügbar: URL = <https://de.wikipedia.org/wiki/Garten_Eden> (letzter Zugriff am 19. 05. 2019).

ER 33: zuletzt am 14. Mai 2019 um 20:42 Uhr bearbeitet, „Zarathustra – Wikipedia" Online verfügbar: URL = <https://de.wikipedia.org/wiki/Zarathustra> (letzter Zugriff am 19. 05. 2019).

ER 34: zuletzt am 10. April 2019 um 17:59 Uhr bearbeitet, „Daniel – Wikipedia" – Gemälde von Briton Rivière, R.A. (1840–1920), „Daniels Antwort an den König", 1890 (Manchester Art Gallery) Online verfügbar: URL = <https://de.wikipedia.org/wiki/Daniel_(Prophet)> (letzter Zugriff am 20. 05. 2019).

ER 35: zuletzt am 16. Januar 2019 um 21:47 Uhr bearbeitet, „Ahura Mazda – Wikipedia" Online verfügbar: URL = <https://de.wikipedia.org/wiki/Ahura_Mazda> (letzter Zugriff am 20. 05. 2019).

ER 36: zuletzt am 16. Dezember 2018 um 12:23 Uhr bearbeitet, „Ahriman – Wikipedia" Online verfügbar: URL = <https://de.wikipedia.org/wiki/Ahriman> (letzter Zugriff am 20. 05. 2019).

ER 37: zuletzt am 19. Mai 2019 um 17:10 Uhr bearbeitet, „Zoroastrismus – Wikipedia" Online verfügbar: URL = <https://de.wikipedia.org/wiki/Zoroastrismus> (letzter Zugriff am 20. 05. 2019).

38: Tausendundeine Nacht, bearbeitet von Dr. Hedwig Smola !964 Verlag Carl
Ueberreuter, Wien-Heidelberg

ER 39: zuletzt am 13. September 2018 um 19:57 Uhr bearbeitet „Palast von
Dareios I. (Susa) - Wikipedia" Online verfügbar: URL =
<https://de.wikipedia.org/wiki/Palast_von_Dareios_I._(Susa)> (letzter Zugriff
am 23. 05. 2019).

ER 40: zuletzt am 17. Mai 2019 um 14:52 Uhr bearbeitet „Tausendundeine
Nacht – Wikipedia" Online verfügbar: URL =
<https://de.wikipedia.org/wiki/Tausendundeine_Nacht> (letzter Zugriff am 23.
05. 2019).

ER 41: zuletzt am 9. März 2019 um 14:59 Uhr bearbeitet, „Bubastis-Kanal –
Wikipedia" Online verfügbar: URL = <https://de.wikipedia.org/wiki/Bubastis-
Kanal> (letzter Zugriff am 27. 05. 2019).

ER 42: zuletzt am 6. Dezember 2018 um 18:36 Uhr bearbeitet, „Setar
(Saiteninstrument) – Wikipedia" Online verfügbar: URL =
<https://de.wikipedia.org/wiki/Setar_(Saiteninstrument)> (letzter Zugriff am 27.
05. 2019).

ER 43: zuletzt am 27. Oktober 2018 um 14:16 Uhr bearbeitet, „ Madschnun
Laila – Wikipedia" Online verfügbar: URL =
<https://de.wikipedia.org/wiki/Madschn%C5%ABn_Lail%C4%81> (letzter
Zugriff am 27. 05. 2019).

ER 44: zuletzt am 13. Juni 2015 um 16:05 Uhr bearbeitet, „Laila Majnu –
Wikipedia" Online verfügbar: URL =
<https://de.wikipedia.org/wiki/Laila_Majnu_(1976)> letzter Zugriff am 27.
05. 2019).

ER 45: zuletzt am 27. Mai 2019 um 09:33 Uhr bearbeitet, „Dschami –
Wikipedia" Online verfügbar: URL =
<https://de.wikipedia.org/wiki/Dsch%C4%81mi> (letzter Zugriff am 27. 05.
2019). (Seite 5)

ER 46: VDH Verband für das Deutsche Hundewesen / FCI Rassestandart Saluki „Saluki » VDH Rasselexikon 2019 Online verfügbar: URL = https://www.vdh.de/welpen/mein-welpe/saluki (letzter Zugriff am 27. 05. 2019).

ER 47: Hunde.fan.de Hunderassen von A-Z „Saluki – Charakter – Wesen|Hunde-fan.de" Online verfügbar: URL = <https://www.hunde-fan.de/hunderassen/saluki/> (letzter Zugriff am 27. 05. 2019).

Quellenverzeichnis: Afghanistan

ER 48: zuletzt am 11. November 2018 um 11:28 Uhr bearbeitet, „Ghor – Wikipedia" Online verfügbar: URL = <https://de.wikipedia.org/wiki/Ghor> (letzter Zugriff am 03. 06. 2019).

ER 49: zuletzt am 12. Juni 2018 um 19:16 Uhr bearbeitet, „Minarett von Dschām" Online verfügbar: URL = <https://de.wikipedia.org/wiki/Minarett_von_Dschām> (letzter Zugriff am 03. 06. 2019).

ER 50: zuletzt am 31. Juli 2015 um 10:50 Uhr bearbeitet, „Kabulistan – Wikipedia" Online verfügbar: URL = <https://de.wikipedia.org/wiki/Kabulistan> (letzter Zugriff am 03. 06. 2019).

ER 51: zuletzt am 25. Mai 2019 um 08:30 Uhr bearbeite „Chorasan – Wikipedia" Online verfügbar: URL = <https://de.wikipedia.org/wiki/Chorasan> (letzter Zugriff am 03. 06. 2019).

ER 52: zuletzt am 1. Juni 2019 um 19:14 Uhr bearbeitet, „Afghanistan – Wikipedia" Online verfügbar: URL = <https://de.wikipedia.org/wiki/Afghanistan> (letzter Zugriff am 03. 06. 2019).

ER 53: zuletzt am 20. November 2018 um 08:52 Uhr bearbeitet, „Islamisches Emirat Afghanistan – Wikipedia" Online verfügbar: URL <https://de.wikipedia.org/wiki/Islamisches_Emirat_Afghanistan> (letzter Zugriff am 10. 06. 2019).

ER 54: zuletzt am 6. Februar 2019 um 19:50 Uhr bearbeitet „Iranischer Kalender – Wikipedia" Online verfügbar: URL = <https://de.wikipedia.org/wiki/Iranischer_Kalender> (letzter Zugriff am 03. 06. 2019).

ER 55: zuletzt am 3. Juni 2019 um 13:46 Uhr bearbeitet, „Hidschra – Wikipedia" Online verfügbar: URL = <https://de.wikipedia.org/wiki/Hidschra> (letzter Zugriff am 03. 06. 2019).

ER 56: zuletzt am 1. Juni 2019 um 14:48 Uhr bearbeitet, „Gregorianischer Kalender – Wikipedia" Online verfügbar: URL = <https://de.wikipedia.org/wiki/Gregorianischer_Kalender> (letzter Zugriff am 03. 06. 2019).

ER 57: zuletzt am 29. Mai 2019 um 18:31 Uhr bearbeitet, „High Asia Mountain Ranges – Pamir (Gebirge) - Wikipedia" Online verfügbar: URL = <https://de.wikipedia.org/wiki/Pamir_(Gebirge)> (letzter Zugriff am 07. 06. 2019).

ER 58: zuletzt am 27. Mai 2019 um 18:42 Uhr bearbeitet, „Hindukusch - Wikipedia" Online verfügbar: URL = <https://de.wikipedia.org/wiki/Hindukusch> (letzter Zugriff am 09. 06. 2019).

ER 59: zuletzt am 10. Dezember 2015 um 13:24 Uhr bearbeitet, Koh-e Baba – Wikipedia" Online verfügbar: URL =   <https://de.wikipedia.org/wiki/Koh-e_Baba> (letzter Zugriff am 10. 06. 2019).

ER 60: zuletzt am 11. Mai 2019 um 19:14 Uhr bearbeitet, „Safed Koh – Wikipedia" Online verfügbar: URL = <https://de.wikipedia.org/wiki/Safed_Koh> (letzter Zugriff am 10. 06. 2019).

ER 61: zuletzt am 10. Februar 2019 um 14:01 Uhr bearbeitet, „Hilmend – Wikipedia" Online verfügbar: URL = <https://de.wikipedia.org/wiki/Hilmend> (letzter Zugriff am 10. 06. 2019).

ER 62: zuletzt am 22. Januar 2019 um 12:34 Uhr bearbeitet, „Sarasvati –
Wikipedia" Online verfügbar: URL =
<https://de.wikipedia.org/wiki/Sarasvati> (letzter Zugriff am 10. 06. 2019).

ER 63: Posted by Anuradha in Myth & Beyond, Saraswati, "Saraswati The
Goddess of Knowledge and Learning" Online verfügbar: URL =
https://www.google.com/search?q=bilder+saraswati&tbm=isch&source=univ
&sa=X&ved=2ahUKEwjw7-
nWwuHiAhWtSBUIHWWiDAgQ7Al6BAgJEBM&biw=1266&bih=561#img
rc=v0J8ONFHmF2LYM:

ER 64: zuletzt am 23. Mai 2019 um 08:20 Uhr bearbeitet, „Trimurti –
Wikipedia" Online verfügbar: URL =
<https://de.wikipedia.org/wiki/Trimurti> (letzter Zugriff am 10. 06. 2019).

ER 65: zuletzt am 14. Februar 2018 um 22:55 Uhr bearbeitet, „Ahmad Schah
Durrani – Wikipedia" Online verfügbar: URL =
<https://de.wikipedia.org/wiki/Ahmad_Schah_Durrani> (letzter Zugriff am
12. 06. 2019).

ER 66: zuletzt am 6. November 2018 um 05:18 Uhr bearbeitet, „Zorbing –
Wikipedia" Online verfügbar: URL <https://de.wikipedia.org/wiki/Zorbing>
(letzter Zugriff am 12. 06. 2019).

ER 67: zuletzt am 20. Februar 2019 um 17:15 Uhr bearbeitet, „Chaiber-Pass –
Wikipedia" Online verfügbar: URL <https://de.wikipedia.org/wiki/Chaiber-
Pass> (letzter Zugriff am 12. 06. 2019).

ER 68: zuletzt am 13. Mai 2019 um 12:07 Uhr bearbeitet, „Seidenstraße -
Wikipedia" Online verfügbar: URL =
<https://de.wikipedia.org/wiki/Seidenstra%C3%9Fe> (letzter Zugriff am 07.
06. 2019).

ER 69: zuletzt am 13. Oktober 2018 um 19:06 Uhr bearbeitet, „Esfandiyar –
Wikipedia" Online verfügbar: URL =
<https://de.wikipedia.org/wiki/Esfandiyar> (letzter Zugriff am 12. 06. 2019).

ER 70: zuletzt am 29. März 2019 um 17:03 Uhr bearbeitet, „Kabul –
Wikipedia" Online verfügbar: URL =   <https://de.wikipedia.org/wiki/Kabul>
(letzter Zugriff am 12. 06. 2019).

ER 71: zuletzt am 7. Juni 2019 um 20:58 Uhr bearbeitet, „Schlafmohn –
Wikipedia" Online verfügbar: URL =
<https://de.wikipedia.org/wiki/Schlafmohn> (letzter Zugriff am 13. 06. 2019).

ER 72: zuletzt am 24. Mai 2019 um 12:42 Uhr bearbeitet, „Hanf – Wikipedia"
Online verfügbar: URL =   <https://de.wikipedia.org/wiki/Cannabis> (letzter
Zugriff am 14. 06. 2019).

ER 73: zuletzt am 17. Februar 2019 um 08:40 Uhr bearbeitet. „Herat –
Wikipedia" Online verfügbar: URL =   <https://de.wikipedia.org/wiki/Herat>
letzter Zugriff am 14. 06. 2019).

ER 74: zuletzt am 24. Mai 2019 um 22:18 Uhr bearbeitet, „Band-e-Amir-Seen
– Wikipedia" Online verfügbar: URL =
<https://de.wikipedia.org/wiki/Band-e-Amir-Seen> (letzter Zugriff am 15. 06.
2019)

75: Christa Plum, dein hund „Der Afghane" M Verlagsgesellschaft Rudolf
Müller / Köln-Braunsfeld

ER 76:DWZRV „Beschreibung / Bilder" Online verfügbar: URL =
<https://dwzrv.com/86-0-Beschreibung-Bilder.html> (letzter Zugriff am 16.
06. 2019).

ER 77: zuletzt am 7. Mai 2019 um 16:50 Uhr bearbeitet, „Bamiyan-Tal –
Wikipedia" Online verfügbar: URL =
<https://de.wikipedia.org/wiki/Bamiyan-Tal> (letzter Zugriff am 07. 06.
2019).

ER 78: zuletzt am 7. Mai 2019 um 16:43 Uhr bearbeitet, „Bamiyan –
Wikipedia" Online verfügbar: URL =
<https://de.wikipedia.org/wiki/Bamiyan> (letzter Zugriff am 16. 06. 2019).

ER 79: zuletzt am 10. Juni 2019 um 17:15 Uhr bearbeitet, „Afghanische
Küche" Wikipedia" Online verfügbar: URL =
<https://de.wikipedia.org/wiki/Afghanische_K%C3%BCche> (letzter Zugriff
am 16. 06. 2019).

ER 80: Erstellt: 22. Oktober 2008 Carl Montgomery, „Buddhas of
Bamiyan – Bamiyan-Tal – Wikipedia" - Buddahs of Bamiyan,
Afghanistan Uploaded by mangostar Online verfügbar: URL
<https://de.wikipedia.org/wiki/Bamiyan-Tal> (letzter Zugriff am 16. 06.
2019).

ER 81: zuletzt am 11. März 2019 um 09:50 Uhr bearbeitet, „Buddha-Statuen
von Bamiyan – Wikipedia" Online verfügbar: URL =
<https://de.wikipedia.org/wiki/Buddha-Statuen_von_Bamiyan> (letzter
Zugriff am 16. 06. 2019).

ER 82: Unbekannt - http://www.bassenge.com/ Buddhas of Bamiyan, from:
Iwan Lawrowitsch Jaworski:

*Reise der russischen Gesandtschaft in Afghanistan und Buchara in den Jahren
1878-79*, Jena : Costenoble, 1885

ER 83: zuletzt am 4. Januar 2019 um 16:43 Uhr bearbeitet, Balch –
Wikipedia" Online verfügbar: URL =
<https://de.wikipedia.org/wiki/Balch> (letzter Zugriff am 19. 06. 2019).

ER 84: zuletzt am 23. April 2019 um 19:21 Uhr bearbeitet, „Baktrien –
Wikipedia" Online verfügbar: URL <https://de.wikipedia.org/wiki/Baktrien>
(letzter Zugriff am 19. 06. 2019).

ER 85: „Lapislazuli Heilstein »Nutriinfo.de Posted By
„Thomason:°September 07, 2018 In °Esoterik, °Heilsteine Online verfügbar:
URL <https://www.nutriinfo.de/1039-lapislazuli.html> (letzter Zugriff am 19.
06. 2019).

86: Die Edelsteinmedizin der heiligen Hildegard, Dr. Gottfried Hertzka/Dr. Wighard Strehlow, 1994 Verlag Hermann Bauer, Freiburg im Breisgau

ER 87: zuletzt am 24. Dezember 2018 um 09:30 Uhr bearbeitet, „Wakhi – Wikipedia" Online verfügbar: URL = <https://de.wikipedia.org/wiki/Wakhi> (letzter Zugriff am 20. 06. 2019).

ER 88: zuletzt am 24. April 2019 um 16:43 Uhr bearbeitet, „Afghanische Musik – Wikipedia" Online verfügbar: URL = <https://de.wikipedia.org/wiki/Afghanische_Musik> (letzter Zugriff am 20. 06. 2019).

ER 89: Bericht von Roland Strumpf, „Mit Safran gegen Opium und Heroin" Online verfügbar: URL =   <https://www.zdf.de/nachrichten/heute-journal/mit-safran-gegen-opium-und-heroin-100.html> (letzter Zugriff am 20. 06. 2019).

ER 90: 3. Dezember 2017 um 21.45 Uhr Meldung in den Nachrichten des „heute-journals /ZDF" Online verfügbar: URL = <https://www.zdf.de/nachrichten/heute-journal/mit-safran-gegen-opium-und-heroin-100.html>(letzter Zugriff am 30. 08. 2019).

ER 91:Derk Hoberg / Christoph Hantke worlds of food / Gewürze und Kräuter, Safran – eine Frage der Qualität, „Safran – Warum er so teuer ist und wie man guten Safran erkennt" Online verfügbar: URL = <http://www.worldsoffood.de/gesundes-und-bio/gewuerze-a-kraeuter/item/2083-safran-warum-er- -so-teuer-ist-und-wie-man-guten-safran-erkennt.html> (letzter Zugriff am 20. 06. 2019

ER 92: zuletzt am 11. Mai 2019 um 19:18 Uhr bearbeitet, „Safran – Wikipedia" Online verfügbar: URL = <https://de.wikipedia.org/wiki/Safran> (letzter Zugriff am 20. 06. 2019).

ER 93: aktualisiert: 27.05.2019 Carina Rehberg Zentrum der Gesundheit, Kräuter und Gewürze „Safran – Für mehr Spass im Leben!" Online verfügbar:

URL =   <https://www.zentrum-der-gesundheit.de/safran.html> (letzter
Zugriff am 20. 06. 2019).

ER 94: Online verfügbar: URL =
<https://www.google.com/search?q=Bilder+Saraswati-+Google-
Suche&oq=Bilder+Saraswati-+Google-
Suche&aqs=chrome..69i57.1636j0j7&sourceid=chrome&ie=UTF-8> (letzter
Zugriff am 20. 06. 2019).

Quellenverzeichnis: Sizilien
ER 95: zuletzt am 16. Juni 2019 um 10:45 Uhr bearbeitet, Sizilien –
Wikipedia" Online verfügbar: URL .=
<https://de.wikipedia.org/wiki/Sizilien> (letzter Zugriff am 26. 06. 2019

ER 96: zuletzt am 31. Mai 2017 um 09:22 Uhr bearbeitet, „Eurasische Platte -
Wikipedia" Online verfügbar: URL =
<https://de.wikipedia.org/wiki/Eurasische_Platte> (letzter Zugriff am 29. 06.
2019).

ER 97: zuletzt am 21. Februar 2019 um 12:19 Uhr bearbeitet, Afrikanische
Platte – Wikipedia" Online verfügbar: URL =
<https://de.wikipedia.org/wiki/Afrikanische_Platte> (letzter Zugriff am 29.
06. 2019).

ER 98: zuletzt am 26. Juli 2018 um 11:43 Uhr bearbeitet, „Apulische Platte –
Wikipedia" Online verfügbar: URL =
<https://de.wikipedia.org/wiki/Apulische_Platte> (letzter Zugriff am 29. 06.
2019).

ER 99: zuletzt am 9. Mai 2019 um 23:18 Uhr bearbeitet, Ätna – Wikipedia"
Online verfügbar: URL =   <https://de.wikipedia.org/wiki/%C3%84tna>
(letzter Zugriff am 26. 06. 2019).

ER 100: zuletzt am 13. April 2019 um 13:08 Uhr bearbeitet, „Ätna- Tsunami
– Wikipedia Online verfügbar: URL =

<https://de.wikipedia.org/wiki/%C3%84tna-Tsunami> (letzter Zugriff am 08. 07. 2019).

ER 101: zuletzt am 13. März 2019 um 17:37 Uhr bearbeitet, „Europa (Mythologie) – Wikipedia" Online verfügbar: URL = <https://de.wikipedia.org/wiki/Europa_(Mythologie)> (letzter Zugriff am 08. 07. 2019).

ER 102: zuletzt am 6. Juni 2019 um 09:45 Uhr bearbeitet, „Skylla – Wikipedia" Online verfügbar: URL = <https://de.wikipedia.org/wiki/Skylla> (letzter Zugriff am 08. 07. 2019).

ER 103: zuletzt am 1. März 2018 um 18:47 Uhr bearbeitet, „Charybdis – Wikipedia" Online verfügbar: URL = <https://de.wikipedia.org/wiki/Charybdis>(letzter Zugriff am 08. 07. 2019).

ER 104: zuletzt am 14. Mai 2019 um 19:16 Uhr bearbeitet, „Sonnenwagen – Wikipedia" Online verfügbar: URL = <https://de.wikipedia.org/wiki/Sonnenwagen> (letzter Zugriff am 08. 07. 2019).

ER 105: zuletzt am 5. Februar 2019 um 18:52 Uhr bearbeitet, „Hephaistos – Wikipedia" Online verfügbar: URL = <https://de.wikipedia.org/wiki/Hephaistos> (letzter Zugriff am 08. 07. 2019).

ER 106: Raub der Persephone (Albrecht Dürer, 1516),„Dürer - Die Entführung auf dem Einhorn – Herzog Anton Ulrich-Museum - Hades – Wikipedia – Google Chrome" <https://de.wikipedia.org/wiki/Hades#/media/Datei:D%C3%BCrer_-_Die_Entf%C3%BChrung_auf_dem_Einhorn_-_Herzog_Anton_Ulrich-Museum.png> (letzter Zugriff am 09. 07. 2019).

ER 107: zuletzt am 3. Juni 2019 um 23:32 Uhr bearbeitet, „Nereide (Mythologie) – Wikipedia" Online verfügbar: URL = <https://de.wikipedia.org/wiki/Nereide_(Mythologie)> (letzter Zugriff am 09. 07. 2019).

ER 108: zuletzt am 24. Mai 2019 um 02:28 Uhr bearbeitet, „Monti Sicani –
Wikipedia" Online verfügbar: URL =
<https://de.wikipedia.org/wiki/Monti_Sicani> (letzter Zugriff am 12. 07.
2019).

ER 109: zuletzt am 8. Oktober 2018 um 13:02 Uhr bearbeitet. „Rocca
Busambra – Wikipedia" Online verfügbar: URL =
<https://de.wikipedia.org/wiki/Rocca_Busambra> (letzter Zugriff am 12. 07.
2019).

ER 110: zuletzt am 15. Mai 2018 um 07:36 Uhr bearbeitet, „Hekate –
Wikipedia" Online verfügbar: URL =
<https://de.wikipedia.org/wiki/Hekate> (letzter Zugriff am 17. 07. 2019).

ER 111: zuletzt am 25. Juni 2019 um 17:02 Uhr bearbeitet, „Hermes –
Wikipedia" Online verfügbar: URL =
<https://de.wikipedia.org/wiki/Hermes> (letzter Zugriff am 19. 07. 2019).

ER 112: è stata modificata per l'ultima volta il 2 giu 2019 alle 15:57 / zuletzt
am 02. Juni 2019 um 15:57 bearbeitet, „Monti Erei – Wikipedia" Online
verfügbar: URL = <https://it.wikipedia.org/wiki/Monti_Erei> ins Deutsche
übersetzt: A. Dohlien (letzter Zugriff am 19. 07. 2019).

ER 113: zuletzt am 28. März 2013 um 09:40 Uhr bearbeitet, „Monti Erei –
Wikipedia" Online verfügbar: URL =
<https://de.wikipedia.org/wiki/Monti_Erei> (letzter Zugriff am 22. 07. 2019).

ER 114: è stata modificata per l'ultima volta il 26 mag 2019 alle: 17:29 /
zuletzt am 26. Mai 2019 um 17:29 bearbeitet, „Monte Altesina Wikipedia"
Online verfügbar: URL =
<https://it.wikipedia.org/wiki/Monte_Altesina>(letzter Zugriff am 22. 07.
2019).   Übersetzung:A. Dohlien

ER 115: zuletzt am 25. Mai 2019 um 00:15 Uhr bearbeitet, „Enna –
Wikipedia" Online verfügbar: URL =

<https://de.wikipedia.org/wiki/Lago_di_Pergusa> (letzter Zugriff am 19. 07. 2019).

ER 116: zuletzt am 1. Mai 2019 um 03:21 Uhr bearbeitet, „Helios – Wikipedia" Online verfügbar: URL = <https://de.wikipedia.org/wiki/Helios>(letzter Zugriff am 20. 07. 2019).

ER 117: zuletzt am 15. Juli 2019 um 22:25 Uhr bearbeitet, „Raub der Persephone – Wikipedia" Online verfügbar: URL = <https://de.wikipedia.org/wiki/Raub_der_Persephone> (letzter Zugriff am 19. 07. 2019).

ER 118: zuletzt am 11. Juni 2019 um 11:22 Uhr bearbeitet, „Isis – Wikipedia" Online verfügbar: URL = <https://de.wikipedia.org/wiki/Isis> (letzter Zugriff am 20. 07. 2019).

ER 119: zuletzt am 24. April 2019 um 03:36 Uhr bearbeitet, Demeter – Wikipedia" Online verfügbar: URL = <https://de.wikipedia.org/wiki/Demeter> (letzter Zugriff am 20. 07. 2019).

ER 120: zuletzt am 15. April 2019 um 11:22 Uhr bearbeitet, „Enna – Wikipedia" Online verfügbar: URL = <https://de.wikipedia.org/wiki/Enna> (letzter Zugriff am 22. 07. 2019).

ER 121: zuletzt am 27. Juli 2017 um 12:40 Uhr bearbeitet, „Soufresicile2 Schwefelbergbau in Sizilien – Wikipedia" Online verfügbar: URL = <https://de.wikipedia.org/wiki/Schwefelbergbau_in_Sizilien> (letzter Zugriff am 22. 07. 2019).

ER 122: zuletzt am 15. Oktober 2015 um 16:07 Uhr bearbeitet, „Monti Iblei – Wikipedia" Online verfügbar: URL = <https://de.wikipedia.org/wiki/Monti_Iblei> (letzter Zugriff am 22. 07. 2019).

ER 123: zuletzt am 15. März 2019 um 10:32 Uhr bearbeitet, Riserva naturale orientata Cavagrande del Cassibile – Wikipedia" Online verfügbar: URL =

<https://de.wikipedia.org/wiki/Riserva_naturale_orientata_Cavagrande_del_C assibile> (letzter Zugriff am 22. 07. 2019).

ER 124: zuletzt am 11. September 2017 um 14:24 Uhr bearbeitet, Dammuso – Wikipedia" Online verfügbar: URL = <https://de.wikipedia.org/wiki/Dammuso> (letzter Zugriff am 23. 07. 2019).

125: Wort und Sinn, Lesebuch für den Deutschunterricht, Dritter Band, Ferdinand Schöningh – Paderborn, für den Schulgebrauch genehmigt – Kult- Min. Bremen Lehrbuchliste 1966 „Die Bürgschaft" Friedrich Schiller

ER 126: zuletzt am 17. Juli 2019 um 23:16 Uhr bearbeitet, Dionysios I. von Syrakus – Wikipedia" Online verfügbar: URL = <https://de.wikipedia.org/wiki/Dionysios_I._von_Syrakus> (letzter Zugriff am 24. 07. 2019).

ER 127: zuletzt am 15. Juni 2019 um 08:42 Uhr bearbeitet, Geschichte von Syrakus – Wikipedia" Online verfügbar: URL = https://de.wikipedia.org/wiki/Geschichte_von_Syrakus> (letzter Zugriff am 24. 07. 2019).

ER 128: zuletzt am 1. Januar 2019 um 14:26 Uhr bearbeitet, „Castello Eurialo – Wikipedia", Online verfügbar: URL = <https://de.wikipedia.org/wiki/Castello_Eurialo> (letzter Zugriff am 24. 07. 2019).

ER 129: zuletzt am 18. Juli 2019 um 07:07 Uhr bearbeitet, Rhetorik – Wikipedia" Online verfügbar: URL = <https://de.wikipedia.org/wiki/Rhetorik> (letzter Zugriff am 24. 07. 2019).

ER 130: zuletzt am 6. September 2018 um 06:39 Uhr bearbeitet, „Eristik – Wikipedia" Online verfügbar: URL = <https://de.wikipedia.org/wiki/Eristik> (letzter Zugriff am 24. 07. 2019).

ER 131: zuletzt am 12. Juli 2019 um 14:29 Uhr bearbeitet, „Adept (Schüler) – Wikipedia" Online verfügbar: URL =

<https://de.wikipedia.org/wiki/Adept_(Sch%C3%BCler)> (letzter Zugriff am 24. 07. 2019).

ER 132: zuletzt am 7. April 2019 um 22:16 Uhr bearbeitet, Damon und Phintias – Wikipedia" Online verfügbar: URL = <https://de.wikipedia.org/wiki/Damon_und_Phintias> (letzter Zugriff am 06. 08. 2019).

ER 133: zuletzt am 19. Dezember 2018 um 23:42 Uhr bearbeitet, Pythagoreer – Wikipedia" Online verfügbar: URL = <https://de.wikipedia.org/wiki/Pythagoreer> (letzter Zugriff am 06. 08. 2019).

ER 134: zuletzt am 29. Juli 2019 um 23:32 Uhr bearbeitet, „Pythagoras – Wikipedia" Online verfügbar: URL = <https://de.wikipedia.org/wiki/Pythagoras> (letzter Zugriff am 06. 08. 2019).

ER 135: zuletzt am 10. Juni 2019 um 13:42 Uhr bearbeitet, „Kosmologie – Wikipedia" Online verfügbar: URL = <https://de.wikipedia.org/wiki/Kosmologie> (letzter Zugriff am 06. 08. 2019).

ER 136: zuletzt am 17. Juni 2019 um 17:03 Uhr bearbeitet, „Yin und Yang – Wikipedia" Online verfügbar: URL = <https://de.wikipedia.org/wiki/Yin_und_Yang> (letzter Zugriff am 06. 08. 2019).

ER 137: zuletzt am 22. März 2019 um 14:51 Uhr bearbeitet, „Tetraktys – Wikipedia" Online verfügbar: URL = <https://de.wikipedia.org/wiki/Tetraktys> (letzter Zugriff am 06. 08. 2019).

ER 138: zuletzt am 28. September 2018 um 16:50 Uhr bearbeitet, „Goldenen Verse – Wikipedia" Online verfügbar: URL = <https://de.wikipedia.org/wiki/Goldene_Verse> (letzter Zugriff am 06. 08. 2019).

ER 139: < zuletzt am 25. Juli 2019 um 08:22 Uhr bearbeitet, „Platon – Wikipedia" Online verfügbar: URL = https://de.wikipedia.org/wiki/Platon> (letzter Zugriff am 06. 08. 2019).

ER 140: zuletzt am 26. Dezember 2013 um 17:39 Uhr bearbeitet, „Akusmata – Wikipedia" Online verfügbar: URL = <https://de.wikipedia.org/wiki/Akusmata> (letzter Zugriff am 06. 08. 2019).

ER 141: zuletzt am 23. Juni 2019 um 00:05 Uhr bearbeitet, „Vandalen – Wikipedia" Online verfügbar: URL = <https://de.wikipedia.org/wiki/Vandalen#Vandalen_und_V%C3%B6lkerwand erung> (letzter Zugriff am 07. 08. 2019).

ER 142: zuletzt am 23. Juli 2019 um 19:29 Uhr bearbeitet, „Mafia – Wikipedia" Online verfügbar: URL = <https://de.wikipedia.org/wiki/Mafia> (letzter Zugriff am 07. 08. 2019).

ER 143: zuletzt am 20. Februar 2019 um 16:28 Uhr bearbeitet, „I Mafiusi di la Vicaria _ Wikipedia" Online verfügbar: URL = <https://de.wikipedia.org/wiki/I_mafiusi_di_la_Vicaria>(letzter Zugriff am 07. 08. 2019).

ER 144: zuletzt am 23. Februar 2019 um 13:37 Uhr bearbeitet, „Hybris – Wikipedia" Online verfügbar: URL = <https://de.wikipedia.org/wiki/Hybris> (letzter Zugriff am 07. 08. 2019).

ER 145: zuletzt am 4. August 2019 um 08:10 Uhr bearbeitet, „Cosa Nostra – Wikipedia" Online verfügbar: URL = <https://de.wikipedia.org/wiki/Cosa_Nostra>(letzter Zugriff am 08. 08. 2019).

ER 146 zuletzt am 8. August 2019 um 18:13 Uhr bearbeitet, „Giovanni Falcone – Wikipedia „Online verfügbar: URL = <https://de.wikipedia.org/wiki/Giovanni_Falcone> (letzter Zugriff am 24. 09. 2019).   (Seite 2f)

ER 147 zuletzt am 30. März 2017 um 19:34 Uhr bearbeitet, „Addiopizzo –
Wikipedia" Online verfügbar: URL =
<https://de.wikipedia.org/wiki/Addiopizzo> (letzter Zugriff am 24. 09. 2019)
(Seite 1f)

ER 148: zuletzt am 11. Dezember 2018 um 16:25 Uhr bearbeitet, „Monte
Pellegrino – Wikipedia" Online verfügbar: URL =
<https://de.wikipedia.org/wiki/Monte_Pellegrino> (letzter Zugriff am 08. 08.
2019).

ER 149: zuletzt am 26. Juni 2019 um 05:18 Uhr bearbeitet, Addaura-Höhlen –
Wikipedia" Online verfügbar: URL =
<https://de.wikipedia.org/wiki/Addaura-H%C3%B6hlen> (letzter Zugriff am
08. 08. 2019).

ER 150: zuletzt am 20. Mai 2019 um 21:08 Uhr bearbeitet, „Sizilianische
Vesper – Wikipedia" Online verfügbar: URL =
<https://de.wikipedia.org/wiki/Sizilianische_Vesper> (letzter Zugriff am 08.
08. 2019).

ER 151: zuletzt am 14. Juli 2019 um 12:58 Uhr bearbeitet, „Rosalia (Heilige)
– Wikipedia" Online verfügbar: URL =
<https://de.wikipedia.org/wiki/Rosalia_(Heilige)> (letzter Zugriff am 08. 08.
2019).

ER 152: zuletzt am 16. Juli 2019 um 21:30 Uhr bearbeitet, „Palermo –
Wikipedia" Online verfügbar: URL =
<https://de.wikipedia.org/wiki/Palermo> (letzter Zugriff am 09. 08. 2019).

ER 153: zuletzt am 12. Juli 2016 um 13:32 Uhr bearbeitet, „Pasta alla Norma
– Wikipedia" Online verfügbar: URL =
<https://de.wikipedia.org/wiki/Pasta_alla_Norma> (letzter Zugriff am 09. 08.
2019).

ER 154: zuletzt am 1. August 2019 um 11:51 Uhr bearbeitet, „Sizilianische
Küche – Wikipedia" Online verfügbar: URL =

<https://de.wikipedia.org/wiki/Sizilianische_K%C3%BCche>(letzter Zugriff am 09. 08. 2019).

ER 155:Autorin: Gabriele Schröter dwzrv Deutscher Windhundzucht- und Rennverband e. V. „Cirneco dell´Etna" Online verfügbar: *URL* = <https://www.windhundverband.de/rassen/cirneco-delletna/>(letzter Zugriff am 09. 08. 2019).

ER 156: zuletzt am 16. September 2015 um 03:07 Uhr bearbeitet, „Cirneco dell´Etna – Wikipedia" Online verfügbar: URL = <https://de.wikipedia.org/wiki/Cirneco_dell%E2%80%99Etna> (letzter Zugriff am 09. 08. 2019)